Waltraud Herbstrith
Das wahre Gesicht Edith Steins

Reihe Edith-Stein-Karmel Tübingen
Band 4
herausgegeben von Waltraud Herbstrith

Waltraud Herbstrith

Das wahre Gesicht Edith Steins

Kaffke-Verlag · Aschaffenburg

Nihil obstat
München, 19. Juli 1971, P. Werner Parzl OCD, Provinzial
Imprimatur
Fuldae, die 30. Julii 1971
Josef Plettenberg Vicarius Generalis

Die Bildvorlagen lieferte mit freundlicher Genehmigung
das Kloster Karmel Maria vom Frieden, Köln

1. Auflage 1971
5. kritisch durchgesehene und erweiterte Auflage 1983
6. verbesserte Auflage 1987

Gesamtherstellung: Funk-Druck, Eichstätt
Printed in Germany

ISBN 3-87391-104-3

Was nicht in meinem
Plane lag,
das hat in Gottes
Plan gelegen.

Edith Stein

Im Gedenken an
Schwester Teresia Renata Posselt

Inhalt

Vorwort zur sechsten Auflage 8
Vorwort zur fünften Auflage 9
Zum Geleit 11
Einführung zur vierten Auflage (1980) 18
I Kindheit und Glaubensverlust 21
II Von der Psychologie zur Philosophie 34
III Was ist Wahrheit? 45
IV Assistentin Husserls 53
V Taufe 61
VI Lehrerin in Speyer 73
VII Begegnung mit Thomas von Aquin 79
VIII Kraft des Betens 84
IX Vorträge für die berufstätige Frau 91
X Dozentin in Münster 98
XI Judenverfolgung 108
XII Eintritt in den Kölner Karmel 116
XIII Edith Steins Philosophie – Die Frage nach Wesen und Aufbau der Person 132
XIV Leben mit Gott 143
XV Flucht nach Holland 151
XVI Letzte Zeugnisse 162
XVII Nachwort 175
Bibliographie 183
Anmerkungen 197

Vorwort zur sechsten Auflage

Papst Johannes Paul II. spricht Edith Stein am 1. Mai 1987 in Köln selig. Damit gibt er der Hoffnung vieler Gläubigen und Freunde Edith Steins in Deutschland und im Ausland Ausdruck.
Zu diesem Anlaß kann vorliegende Biographie mit Hilfe des Kölner Erzbistums in 6., verbesserter Auflage erscheinen. Autorin und Verleger hoffen, daß durch die Seligsprechung Edith Steins ihr Zeugnis für Frieden und Versöhnung unter den Völkern noch wirksamer wird.

Edith-Stein-Karmel Tübingen,
Fest der Erscheinung des Herrn, 6. Januar 1987

Waltraud Herbstrith

Vorwort zur fünften Auflage

Am 9. August 1982 gedachten wir des 40. Todestages Edith Steins. In Funk- und Fernsehsendungen, in Büchern, Zeitschriften, Zeitungen sowie in gottesdienstlichen Feiern wurde der großen Jüdin und Philosophin gedacht. Im Januar 1983 gab die deutsche Bundespost eine Sondermarke mit dem Bildnis Edith Steins als Karmelitin heraus. Es ist erfreulich, daß weite Kreise in Deutschland in Edith Stein eine wegweisende Persönlichkeit erkennen, daß Schulen, Institute, Bibliotheken, Gemeindezentren, Studentinnenheime, Straßen und Plätze ihren Namen tragen.

„Edith Stein ist eine der bedeutendsten deutschen Frauen unseres Jahrhunderts. Menschen aller Berufe und Konfessionen und aus allen Erdteilen haben in Edith Stein einen Menschen erkannt, der als Jüdin und Christin, als Wissenschaftlerin und als berufstätige Frau und schließlich als Opfer der Gewaltherrschaft in der Gefolgschaft Jesu steht. Ihr Ziel war es, Menschen heranzubilden zu helfen, die ihr Leben als gläubige Christen zu bestehen wissen. Besonders den Frauen wollte sie mit ihrem Einsatz für die volle Gleichberechtigung die Aufgaben bewußt machen, die ihnen in Gesellschaft und Kirche aufgetragen sind[1]."

Am 14. Januar 1983 war Bischof Dr. Georg Moser anläßlich eines Ad-Limina-Besuchs der Bischöfe der südwestdeutschen Region bei Papst Johannes Paul II. in Rom. Bischof Moser sprach mit dem Papst über Edith Stein. Johannes Paul II. erwies sich als guter Kenner des Lebens und Schicksals Edith Steins. Er sprach seine Freude darüber aus, daß in Tübingen, im Bistum Rottenburg-Stuttgart, ein Karmel gegründet wurde, der nach Edith Stein benannt ist.

Durch vielfaches Interesse ermutigt, kann die Biographie

„Das wahre Gesicht Edith Steins" in fünfter, neu durchgesehener und erweiterter Auflage erscheinen. Die Bibliographie am Ende des Buches bietet einen repräsentativen Überblick über die gegenwärtige Edith-Stein-Forschung und Literatur, vor allem im deutschsprachigen Raum, ohne jedoch Anspruch auf Vollständigkeit zu erheben.

Ich danke Herrn Prof. Dr. Jan H. Nota SJ für die Freundlichkeit, daß er dieses Buch in einem Geleitwort durch seine Erinnerungen an Edith Stein bereichert hat. Ich danke meinen Mitschwestern Celine Mansutti und Gabriele Dick für ihre Hilfe bei der Fertigstellung und Durchsicht des Buches. Ebenso danke ich Herrn Prof. Dr. F.G. Friedmann (München) und Frau Wöllfert-Herold (Freiburg) für Hinweise und Verbesserungen.

Edith-Stein-Karmel Tübingen,
15. April 1983

Waltraud Herbstrith

Zum Geleit

Ich freue mich, daß ich zur fünften Auflage des Buches „Das wahre Gesicht Edith Steins" ein Geleitwort schreiben kann. Im November 1941 habe ich Edith Stein in Echt/Holland kennengelernt. Ich erfuhr sie als einen Menschen, der auch im Karmel eine große Philosophin geblieben ist. Philosophie gehörte zu ihrem Personsein und die Philosophie war der Grund unserer ersten Begegnung.
Edith Stein hatte seit dem Silvesterabend 1938 im Karmel in Echt eine neue Heimat gefunden, da sie nach der Reichskristallnacht wegen der nationalsozialistischen Judenverfolgung ihr Kölner Kloster verlassen hatte. Das Haus der Jesuiten in Maastricht war nach der Besetzung Hollands 1940 von den Nationalsozialisten beschlagnahmt worden. Die holländischen Jesuiten zogen daher in die deutsche Jesuitenniederlassung in Valkenburg/Holland. Ich wohnte als junger Jesuit in Valkenburg und hatte damals gerade über Max Scheler promoviert. Edith Steins philosophisches Werk „Endliches und Ewiges Sein", das die Professoren Alexandre Koyré und Alois Dempf die „Biographie ihres Lebens" nannten, war 1936 beim Verlag Borgmeyer in Druck gesetzt. Die Judengesetze in Deutschland verhinderten jedoch die Herausgabe des Buches und der Satz wurde eingeschmolzen. Die Obern in Echt fragten in Valkenburg an, ob in Holland oder Belgien eine Drucklegung möglich sei und ob einer der Patres Edith Stein helfen könnte. Pater Hirschmann – er wurde besonders nach dem 2. Vatikanischen Konzil eine markante Persönlichkeit im deutschen Katholizismus – war in den 40er Jahren in Valkenburg. 1941 empfahl er mich dem Echter Karmel. So entstand eine kurze, aber tiefe Freundschaft zwischen Edith Stein und mir.

Edith Steins Obern drängten auf eine Herausgabe des Werkes „Endliches und Ewiges Sein", Edith Stein aber war realistisch. Sie wußte, daß im besetzten Holland die Veröffentlichung des Buches einer Jüdin nicht mehr möglich war. Im Gespräch sagte sie ruhig zu mir: „Ich denke, es wird ein posthumes Werk werden." Ihre Worte waren ohne Bitterkeit, ruhig, fast freudig. Ich hatte den Eindruck, daß Edith Stein in Anbetracht der politischen Lage sich keine Illusionen machte und zum äußersten bereit war.
Edith Stein ging es nicht nur um ihre persönliche Wahrheit, sondern um die Wahrheit als solche. Im Umgang mit anderen wollte sie Wahrheit hören, auch wenn es auf Kosten ihrer eigenen Person ging. Sie hatte auch den Mut, anderen Wahrheit zu sagen. Man übertreibt, wenn man sagt, sie habe nie Nachteiliges über Abwesende gesagt. Ich erinnere mich, daß sie, bei aller Wertschätzung Martin Heideggers, nicht einverstanden war mit dessen Opportunismus in seiner Beziehung zu Edmund Husserl während der Hitlerzeit. An Professor Vierneisel schrieb Edith Stein nach Husserls Tod: „Haben sich die badischen Zeitungen zu Husserls Tod geäußert? Heute wurde mir eine kurze Notiz aus dem Hamburger Fremdenblatt geschickt von erschreckender Frostigkeit. Dem lieben Meister kann das nichts anhaben. Er war von allem Irdischen gelöst, als er heimging. Aber an die Nachwelt möchte man fast Goethes Kraftwort über die Hans-Sachs-Verkenner richten[1]." Die deutsche Öffentlichkeit hatte sich von Husserl zurückgezogen wegen seiner jüdischen Abstammung.
Die nach meiner Ansicht anziehende Charaktereigenschaft Edith Steins, an sich selbst und an anderen Schwächen zu sehen, ohne jemand zu verurteilen, wurde nicht immer verstanden. Ich habe den Eindruck, daß in einer christlichen Umgebung auch ihr jüdisches Selbstverständnis, ihre Liebe und ihr Engagement für das Judentum nicht immer richtig

eingeschätzt wurden. Edith Stein erzählte mir, daß sie schon als junger Mensch sich nicht von der öffentlichen Meinung über die Rollen von Mann und Frau beherrschen ließ. Ihr ging es einfach um die Suche nach Wahrheit, die beiden Geschlechtern in gleicher Weise aufgetragen ist. Das Faszinierende an Edith Stein war für mich, daß für sie Wahrheit nicht abstrakt war, sondern inkarniert in Personen und daher nicht denkbar ohne Liebe. Adrienne von Speyr hat es richtig gedeutet, wenn sie sagt, Edith Steins Konversion zur katholischen Kirche war „Einsatz *in* der Kirche". Edith Stein hat nicht Christus und seinen Leib, Christus und sein Volk getrennt. Als Phänomenologin hatte sie in ihrer religiösen Erfahrung Christus erkannt, wie er sich in seiner Kirche offenbart und nicht wie man Christus oft rationalistisch umgedeutet hat. Christus war für Edith Stein Jude, und sie war stolz, zum Volk Jesu Christi zu gehören.
Edith Stein gehörte zu den wenigen, die schon vor 1933 erkannten, welche Flut von Unheil auf ihr jüdisches Volk zukam. Ihrer Bitte an Papst Pius XI. um eine Enzyklika zum Schutz der Juden 1933, wurde durch mangelnde Vermittlung nicht entsprochen, aber es ist gut zu wissen, daß der Papst diese Anfrage nicht vergaß, sondern später die Jesuiten P. La Farge und P. Grundlach beauftragte, ein Dokument gegen die Rassenverfolgung zu erstellen. Wegen des Ausbruchs des Zweiten Weltkriegs und dem Tod des Papstes blieben diese Arbeiten liegen[2]. Aber Texte daraus sind in die Ansprachen Pius XII. eingegangen.
Im Wunsch Edith Steins, sich für den Frieden der Welt und die Rettung des jüdischen Volkes zu opfern, sehe ich nichts Ungesundes. Edith Stein wollte sich nicht opfern um des Opfers willen. Suche nach Leiden oder unmenschliche Passivität lagen ihr fern. Sie hat einmal gesagt, daß Philosophieren ein beständiges Wandeln am Abgrund sei. Auch im Karmel wußte sie, daß sie am „Rande des Abgrunds" lebte, aber

sie hatte den Sinn des menschlichen Lebens und Leidens verstanden im Blick auf Christus. Mit ihm wollte sie sich Gott hingeben. Edith Stein war ein Mensch, der aus der christlichen Hoffnung lebte, die allen Optimismus und Pessimismus transzendiert. Ein für sie teurer Plan war die Übersiedlung in den Karmel nach Bethlehem in Israel. Aber sie hatte schon im voraus das Scheitern des Projekts angenommen.

Ich besuchte Edith Stein zum letzten Mal am 16. Juli 1942. An diesem Tag wurde im Karmel das Hochfest des Ordens gefeiert: „Maria vom Berge Karmel", in Erinnerung daran, daß im 13. Jahrhundert die ersten Karmel-Mönche auf dem Gebirge bei Haifa/Israel ein Leben des Gebetes begründeten. Edith Stein bat mich um eine Predigt für eine Gebetsstunde. Ich war etwas unsicher, da ich nach meiner Priesterweihe noch nicht öffentlich gepredigt hatte. Edith Stein zeigte mir einige schöne Schrifttexte im Karmeloffizium. Sie erleichterte mir die Vorbereitung und machte mir die Predigt fast fertig. Das tat sie in einfacher, freundlicher Art, froh darüber, daß ich ihre Mitarbeit annahm. Mir fiel auf, daß Edith Steins wissenschaftliche Fähigkeiten in keiner Weise ihre Fraulichkeit verdrängten. Sie war sehr besorgt, daß mir auf der Heimreise nicht das Nötigste an Speise und Trank fehlte. Sie liebte es, mir Fotos von ihrer Familie zu zeigen, von E. Husserl und Max Scheler. Vor seinem plötzlichen Tod 1928 sprach Max Scheler in seinen letzten Vorlesungen in Köln über das Thema „Einfühlung". Scheler hat Edith Stein philosophisch verstanden und hoch geachtet. Er kam in einer seiner letzten Vorlesungen mehrmals auf die phänomenologischen Arbeiten Edith Steins zu sprechen, vor allem auf ihre Doktorarbeit, die den Titel „Zum Problem der Einfühlung" hat. In seinem Buch „Wesen und Formen der Sympathie" zitiert Scheler Edith Stein häufig.

Als ich mich am 16. Juli 1942 von Edith Stein verabschiedete, dachte ich nicht daran, daß es der letzte Tag sei, an dem ich etwas für sie tun konnte. Später habe ich mir Vorwürfe gemacht, daß ich nichts unternahm, daß sie rascher in die Schweiz einreisen konnte. Aber ich glaube, ich hätte ihr nicht helfen können. Wir lebten alle von einem Tag zum anderen. Edith Stein hat das Ausmaß der Vernichtungsstrategie der Nationalsozialisten eher geahnt als wir. Zehn Tage nach meinem Besuch in Echt wurde der Protestbrief der katholischen Bischöfe gegen die Judenverfolgung in den niederländischen Kirchen verlesen. Als Racheakt gegen die Kirche wurde Edith Stein mit vielen anderen katholischen Juden am 2. August 1942 von der SS verhaftet.

Edith Stein folgte der Stimme ihres Gewissens auf ungewöhnlichen Pfaden. Auch heute steht das jüdische Volk wieder allein. In der Verwirrung unserer Zeit zeigt uns Edith Steins Schicksal und Lebenszeugnis die bleibende Auserwählung ihres Volkes. Edith Stein war eine Frau, ein Mensch, völlig der Erde treu, aber sich bewußt, daß sie unterwegs war mit ihren Mitmenschen zu Gott. Edith Stein hat Beachtliches geleistet in der Philosophie und meisterhafte Übersetzungen erarbeitet. Bei all diesem Können war sie eine Frau von großer Bescheidenheit und Demut, so einfach, daß viele in ihrer Umgebung diese Größe nicht vermuteten. Demut ist jedoch Voraussetzung für das Finden der Wahrheit, sei es in der Philosophie, sei es in der Religion.

Am 40. Todestag Edith Steins – am 9. August 1982 – feierte ich mit den Schwestern des Edith-Stein-Karmel in Tübingen einen Gedenkgottesdienst. Ebenso habe ich in mehreren Gottesdiensten in der Pfarrkirche St. Johannes/Tübingen über meine Erinnerungen an Edith Stein vor vielen Interessierten sprechen können. Mit Vorliebe wende ich auf Edith Steins Schicksal die Worte an, die in der Gedenkhalle Yad Vashem in Jerusalem für die sechs Millionen getöteter Juden stehen: „Das Geheimnis der Erlösung liegt in der Erinnerung."

1977 war ich zu einem Gasttrimester nach Jerusalem eingeladen. Ich war erschüttert, als ich Yad Vashem besuchte. Es ist ein Ort, der von Pilgern und Touristen nicht häufig aufgesucht wird. Jeden Morgen um 11 Uhr ist eine Gebetsstunde für die Opfer des Nationalsozialismus. Beeindruckend ist das Mosaik in einer schwach erleuchteten Halle, mit Namen und Zeichen von 22 Konzentrationslagern: Auschwitz, Bergen-Belsen, Dachau, Mauthausen u. a. Eine ewige Flamme brennt vor einer Urne, die mit der Asche von Märtyrern gefüllt ist. „Das Geheimnis der Erlösung liegt in der Erinnerung". Darum heißt die Halle auch „Halle der Erinnerung", des Gedächtnisses: „Remember, and do not forget; erinnere dich und vergiß es nicht."
Edith Stein ist eine von sechs Millionen Juden, die auf unmenschliche Art vernichtet wurden. Seien wir wachsam und ängstlich darauf bedacht, daß solche grauenhaften Verirrungen die Völker nicht mehr bedrohen.
Auch in Kanada und in den USA beginnt das Interesse an Edith Steins wegweisender Gestalt und ihrer wissenschaftlichen Leistung zu wachsen. In Vorträgen und auf Symposien habe ich öfters die Gelegenheit, über sie und ihr Werk zu sprechen.
Beeindruckend war für mich das Gespräch mit den Gästen im Edith-Stein-Karmel am 9. August 1982, die Edith Stein noch gekannt haben. Es waren drei Schülerinnen Edith Steins aus der Speyerer Zeit, die später selbst Lehrerinnen wurden, sowie eine Kollegin Edith Steins, die Malerin Uta Baroneß von Bodmann, die jahrelang bei den Dominikanerinnen in Speyer mit Edith Stein gewohnt hat. Alle vier schilderten Edith Stein als eine Frau von hoher Kultur und tiefer Herzensbildung. Sie konnte eine Klasse leiten, ohne zu Strengheiten Zuflucht nehmen zu müssen. Baroneß von Bodmann berichtete, daß Edith Stein 1930 bei der Übernahme des Rheinlandes durch deutsche Truppen nicht glück-

lich war. Sie habe geäußert: ‚Erst kommt in Deutschland eine Judenverfolgung, dann wird auch die Kirche verfolgt werden'. Edith Stein habe oft darauf hingewiesen, daß Gott die Menschen gleichwertig erschaffen hat, alle sozialen und Klassenunterschiede habe sie abgelehnt[3].

Ich möchte wünschen, daß Edith Steins Schriften in handlichen Ausgaben stärker unter die Studenten und Interessierten gelangen. Nur in intensivem Studium von Edith Steins Leben und Werk kann uns aufgehen, was sie unter Menschsein verstanden hat, und wie wir unser Menschsein in der heutigen bedrohten Weltlage sinnvoll und brüderlich miteinander leben können.

Jan H. Nota SJ
Professor der Philosophie und Phänomenologie
McMasters-Universität, Ontario, Kanada

Einführung zur vierten Auflage 1980

Frau Dr. Erna Biberstein, die im Januar 1978 in den USA verstorbene Schwester Edith Steins, schrieb zum Buch „Das wahre Gesicht Edith Steins": Ich fand, „wie schon früher, daß diese Lebensbeschreibung meiner Schwester eine der besten ist. Nicht nur ihr Lebensbild ist mit großer Liebe gezeichnet, sondern auch ihre Entwicklung im Zusammenhang mit der Philosophie und darüber hinaus mit ihrem Übertritt zum Katholizismus, ist mit höchstem Verständnis geschildert. Die Ausführungen zeigten großes philosophisches und phänomenologisches Wissen. Als Karmelitin kann Sr. Theresia Ediths Entwicklung auch in religiöser Hinsicht und im klösterlichen Leben besonders gut verfolgen. Obwohl sie Edith nicht persönlich gekannt hat, ist es ihr gelungen, ein, wie ich glaube, sehr lebenswahres Bild zu entwickeln."

Das Leben Edith Steins und die Orientierung vieler junger und älterer Menschen an ihrem Schicksal gibt uns Hoffnung. Ihre Suche nach Wahrheit, Gerechtigkeit und Frieden teilte sie mit Menschen verschiedenster Weltanschauungen. Die Berührung mit dem Christentum ließ in ihr, Jahre vor ihrer Konversion, das Geheimnis des Kreuzes und der Auferstehung Christi aufleuchten. Diese Erfahrung, die durch die Begegnung mit Christen in ihr ausgelöst wurde, führte sie nicht unmittelbar in eine kirchliche Gemeinschaft. Die Philosophin erkannte immer stärker, daß die wesentlichen Probleme des Menschen nicht allein durch Denken und Wissen gelöst werden, sondern durch Liebe, die die Übergabe an ein Du verlangt und gerade dadurch zur Selbst-Findung führt.

Edith Stein war eine redliche und genaue Denkerin. Mühsam bahnte sie sich Wege zur Wahrheit, und wenn ihr Wahrheit aufging, empfand sie dies als unvermutetes Geschenk. Was in ihren Entscheidungen für Außenstehende, auch für ihre jüdische Familie, tragisch oder unfaßlich erschien, war in Edith Stein selbst schon lange vorbereitet. Mit ungefähr dreizehn Jahren löste sie sich innerlich von der Familie und der jüdischen Tradition, was darin zum Ausdruck kam, daß sie sich das Beten bewußt abgewöhnte. Ihre Begegnung mit Christen während ihrer Studienzeit verunsicherte ihre atheistische Weltanschauung. 1922 ließ sich die Husserl-Schülerin zum Erstaunen mancher Freunde taufen. Sie gab zunächst die wissenschaftliche Arbeit auf und wirkte als Lehrerin an der Schule der Dominikanerinnen in Speyer. Erich Przywara SJ gewann sie für die wissenschaftliche Forschung zurück. Diese Tätigkeit schenkte Edith Stein eine neue Hinwendung zur Welt, zu den Menschen, in der Sicht des Glaubens. Seit 1927 wurde sie in Deutschland, Österreich und der Schweiz zu zahlreichen Vorträgen eingeladen mit dem Thema: Bildung und berufliche Qualifikation der Frau.

1932 erhielt Edith Stein einen Lehrauftrag am Deutschen Institut für Wissenschaftliche Pädagogik in Münster. Nach einjähriger, fruchtbarer Tätigkeit verlor sie, wie viele ihrer Volksgenossen, durch die Nichtariergesetze ihre Stellung. Nun war sie frei, ihren langgehegten Wunsch, in den Karmel einzutreten, auszuführen. Fünf Jahre lebte Edith Stein im Karmel in Köln. Nach der Kristallnacht 1938 floh sie nach Holland, in den Karmel in Echt, 1940 besetzten die Nationalsozialisten Holland. Damit war Edith Stein erneut der Judenverfolgung ausgeliefert. Mit ihrer wachen sensiblen Natur ahnte sie, daß Letztes von ihr verlangt würde. Wir besitzen mehrere von ihr geschriebene Akte der Hingabe, in denen sie Gott bittet, er möge ihr Lebensopfer für den Frieden in der Welt annehmen. Im gleichen Geist verfaßte sie ihr Testament.

Edith Steins Vorahnungen wurden Wirklichkeit. Schon lange hatte sie sich mit der Gestalt der Königin Esther im Alten Bund identifiziert. Wie Esther suchte sie Rettung und Heil für ihr Volk. Esther wurde mit ihrem Gebet: „Herr und Gott, König, Gott Abrahams, verschone dein Volk. Denn sie blikken voll Haß auf uns und wollen uns ins Verderben stürzen. Sie sind darauf aus zu vernichten, was von Anfang an dein Eigentum war... Höre auf mein Flehen, hab Erbarmen mit deinem ererbten Besitz und verwandle unsere Trauer in Freude, damit wir am Leben bleiben und deinen Namen preisen, Herr" (Est 4,17 ff.), unmittelbar erhört. Edith Stein jedoch mußte wie Christus einen gewaltsamen Tod erleiden. Aus den letzten Lebenszeugnissen über sie wissen wir, daß sie dieser Vernichtung ruhig und gefaßt, wenn auch nicht ohne Angst entgegen sah.

Weihbischof Pachowiak, Hildesheim, faßte diese Erinnerungen in die Worte: „Edith Stein setzte allem Leid grenzenlose Geduld und ein Übermaß an Liebe entgegen. Sie nahm alle Grausamkeit und Brutalität der Peiniger in Verbindung mit Christi Leiden als einen Beitrag zur Sühne auf sich. Sie war zutiefst davon durchdrungen, daß aller Haß der Welt nur durch die ausgleichende Liebe wahrhaft überwunden werden kann. Wo andere verzeifelten, verbitterten und dem Haß verfielen, gab sie Trost und stille Aufmunterung und leistete Kindern, Kranken und Sterbenden auch die geringsten Dienste[1]."

I Kindheit und Glaubensverlust

Edith Stein wurde in Breslau am 12. Oktober 1891 geboren als jüngstes von elf Kindern einer gläubigen, jüdischen Familie. Ihre Vorfahren stammten aus Posen und Oberschlesien. Sie waren tüchtige, aufstrebende Geschäftsleute, deren kinderreiche Familien vom Geist der Psalmen und von der Verehrung des Gottes Israels in Gebet und liturgischer Feier geprägt waren. Die religiösen Höhepunkte des Jahres waren das Neujahrs- und Osterfest und der Versöhnungstag im Herbst. Ein starkes Gemeinschaftsbewußtsein belebte diese jüdische Tradition, in der die Mutter des Hauses eine hervorragende, von Vater und Kindern geehrte Stellung einnahm. Der Urgroßvater Edith Steins mütterlicherseits war Kantor und Vorbeter im eigenen Betsaal. Die Urgroßmutter, eine »mulier fortis«, entzündete am Freitagabend die Sabbatlichter und betete die an die Kindeskinder weitergegebenen Worte: „Herr, schicke uns nicht zuviel, nur so viel, wie wir ertragen können." Das Leid und die Mühen des arbeitsreichen Alltags wurden in geduldiger Zuversicht auf Gottes Hilfe angenommen. Die Kinder lernten von den Eltern Liebe zu den Armen, das alte biblische Verschenken der ersten Früchte und die Achtung vor der Religion des andern. Besonders die Großmutter Edith Steins war eine bedeutende Frau. Ihr feines, geistvolles Gesicht zog Edith Stein an. Sie war Beraterin vieler Hilfesuchender, beim Adel galt es als Ehre, sie zur Freundin zu haben.

Vor diesem Hintergrund hebt sich die starke Persönlichkeit von Edith Steins Mutter ab. Frau Auguste Stein war von Jugend auf an Arbeit gewöhnt. Die kluge, tatkräftige Frau vererbte tiefe Spuren ihres Wesens an ihr jüngstes Kind. Sie war das formende Grundelement in Edith Steins Entwicklung, der Schwerpunkt, welcher der Heranwachsenden

Kraft und Wärme schenkte. Schweres hatte Frau Stein zu bewältigen, aber sie trug alles in der Verbundenheit mit Gott. Vier Kinder verlor sie in ihren ersten Ehejahren, dazu kamen die Sorgen im aufblühenden Holzgeschäft in Lublinitz. Nach anfänglichem Erfolg wurde die Familie durch wirtschaftliche Not gezwungen, nach Breslau überzusiedeln. Dies hieß die Heimat aufgeben, auf die Nähe der Verwandten verzichten. Kaum hatte man sich in Breslau eingelebt, brachte der plötzliche Tod des 48jährigen Vaters auf einer Geschäftsreise der Familie neues Leid. Frau Stein stand mit ihren sieben Kindern und dem verschuldeten Geschäft allein da. Edith Stein war eindreiviertel Jahre alt.

In dieser Heimsuchung brach die Energie der Mutter sich Bahn. Frau Stein lehnte die gutgemeinten Ratschläge der Verwandten ab, gab das Geschäft nicht auf, sondern arbeitete mit Gottvertrauen, um die Existenz ihrer Kinder zu sichern. Edith Stein war für die Mutter das letzte Vermächtnis des Vaters. Nie vergaß sie, wie das Kind den Vater noch einmal zurückgerufen hatte, ehe er fortging. An der Arbeitsstelle im Wald traf ihn ein Hitzschlag. Zudem war Edith Stein am Versöhnungstag geboren. In ihren Erinnerungen sagt sie: „Meine Mutter hat auf diese Tatsache großen Wert gelegt, und ich glaube, daß dies mehr als alles andere dazu beigetragen hat, ihr ihr jüngstes Kind besonders teuer zu machen . . . Der höchste jüdische Feiertag ist der Versöhnungstag, der Tag, an dem einst der Hohepriester ins Allerheiligste eintrat und das Versöhnungsopfer für sich und das ganze Volk darbrachte, nachdem der Sündenbock, auf den alle Sünden des Volkes geladen wurden, in die Wüste hinausgetrieben war[1]." Mutter und Tochter freuten sich über diese Auserwählung, ohne zu ahnen, wie schmerzlich das Versöhnungsopfer für ihr Leben sein würde.

Die Überlastung Frau Steins durch das Holzgeschäft und die große Familie bewirkte, daß die Jüngsten der Kinderschar, Erna und Edith, unzertrennlich waren. Die älteste Tochter Else half der Mutter bei der Erziehung. Dies war nicht immer einfach. Vor allem war Edith, trotz ihres anhänglichen Wesens, nicht leicht zu lenken. Edith Stein schilderte später humorvoll ihre ersten sieben Jahre. Wenn nicht alles nach ihrem Willen ging, machte sich ihre übersprudelnde, lebhafte Art in Zornausbrüchen Luft. Selbst das Einschließen in eine Kammer half nichts, weil das Trommeln der Fäuste an die Tür die Hausbewohner störte. „Naseweis" redete sie bei den Gesprächen der Erwachsenen mit und überraschte sie durch ihre Einfälle. Eine Jugendfreundin Edith Steins erzählt: „Daß sie als Jüngste eines großen Geschwisterkreises altklug war, war ja nicht zu verwundern; daß sie viel las und entsprechende Anregung durch die Geschwister erhielt, war wohl wünschenswert; daß sie aber einen unbezähmbaren Ehrgeiz entwickelte, dessen Spannung sich in Tränen der Wut auflösen konnte, wenn sie nicht erreichte, was sie wünschte, sich nicht als Beste, als Tüchtigste erwies, das war weniger liebenswürdig[2]." Das Kind Edith Stein zeigte temperamentvolle, eigenständige Züge. Seine frühreife Intelligenz und die Fähigkeit, Gedichte und Erzählungen leicht zu behalten, machten es zu einer Art Wunderkind. „Aber", schreibt Edith Stein, „in meinem Innern gab es noch eine verborgene Welt... Was ich am Tage sah oder hörte, wurde dort verarbeitet[3]."

Ohne besondere Ursache vollzog sich in der Siebenjährigen eine Umwandlung. Aus dem quecksilbrigen Kind wurde ein stilles, verträumtes Mädchen. Sosehr Edith Stein an ihrer großen Schwester Else hing, sosehr sie mit ihrer Mutter, deren erster Weg nach Geschäftsschluß an das Bett des Kindes führte, verbunden war, so tief fühlte ihre erwachende Vernunft die Einsamkeit. Ihr Inneres war eine Welt in der Welt, und die Anziehungskraft dieser inneren Welt war so stark, daß die äußeren Eindrücke nur Stoff lieferten, um im geheimen eine neue Welt zu bauen. Dieser Zug nach innen, diese spürbare Vereinzelung bedeuteten Leiden, Alleinsein, mitten im frohen Familienleben. „Trotz dieser innigen Verbundenheit", schreibt Edith Stein, „war meine Mutter nicht meine Vertraute, so wenig wie sonst jemand. Ich führte von früher Kindheit an ein merkwürdiges Doppelleben und machte für den äußeren Betrachter unbegreifliche, sprunghafte Umwandlungen durch[4]."

Dieses Doppelleben zog manche Veränderungen nach sich. Die Periode eigenwilliger Zornanfälle wurde abgelöst von einer Zeit seelischer Ängste und Überempfindlichkeit. Das Kind war äußeren Eindrücken wehrlos ausgeliefert. Der Anblick eines Betrunkenen auf der Straße, ein achtlos hingeworfenes ungutes Wort in ihrer Umgebung verursachten Edith Stein große Leiden. Die überreizte Phantasie, die Gehörtes oder Gesehenes nicht allein bewältigen konnte, verursachte Fieberanfälle. „Von allen Dingen, an denen ich heimlich litt, sagte ich niemandem ein Wort. Es kam mir ja nie in den Sinn, daß man über so etwas sprechen könnte[5]."

Besonders eindringlich haftete in Edith Stein ein Erlebnis beim Tanz, das ihre Einfühlungsgabe und Frühreife verrät. Bei einem der großen Familienfeste gab sie mit Erna ein Tänzerpaar ab. Da die Kinder wenig geschult waren, stellte die französische Ballettmeisterin beide in den Hintergrund. Sie war sehr erstaunt über die Fixigkeit Ediths, die ihre Anregungen mit Eleganz nachahmte. Edith wurde zur Glanznummer des Abends und mit Lob und Auszeichnungen überhäuft. Die Ballettmeisterin machte ihr den Vorschlag, dem Ballett beizutreten. Dieses Angebot hielt Edith Stein keiner „ernsthaften Beantwortung" wert. Zu Hause tadelten die Geschwister die kleine Tänzerin wegen ihrer koketten Blicke beim Tanz. „Von früher Kindheit an", schreibt Edith Stein, „wurde ich in der ganzen großen Verwandtschaft hauptsächlich durch zwei Eigenschaften charakterisiert: Man warf mir Ehrgeiz vor (sehr mit Recht), und man nannte mich mit Nachdruck die ‚kluge' Edith. Beides schmerzte mich sehr. Das zweite, weil ich herauszuhören glaubte, daß ich mir auf meine Klugheit etwas einbildete; und ich wußte doch von den ersten Lebensjahren an, daß es viel wichtiger sei, gut zu sein als klug[6]."

Die Frömmigkeit der Mutter, die Gebetsbräuche in der Familie beeindruckten Edith Stein wenig. Sie erfuhr Gott durch die Liebe ihrer Mutter. Diese Gotterkenntnis bannte jedoch nicht die Schatten der inneren Welt. Es ist bezeichnend, welche Gründe Edith Stein bestimmten, ihr lebhaftes Temperament zu bändigen, um lenksam und ruhig zu werden. Wohl kannten die Kinder den Abscheu der Mutter gegen alles, was Sünde heißt, nie hätten sie etwas getan, was diese mißbilligte. Mehr aber half Edith Stein zur Selbsterziehung die Angst, die „eigene Geistesfreiheit und Menschenwürde" durch „Sichgehenlassen" einzubüßen. Tief erfaßte das Kind die Erniedrigung, die in der Unfreiheit der sich hemmungslos auswirkenden Leidenschaften liegt. Die Freiheit des Geistes war Edith Stein so wertvoll, daß sie ihr zuliebe eine erstaunliche Charakterfestigkeit entwickelte. „Ich erreichte schon früh eine solche Selbstbeherrschung, daß ich fast ohne Kampf eine gleichmäßige Ruhe bewahren konnte[7]", schrieb sie von jener Zeit. Die Festigkeit des Willens und die Ausrichtung auf das als „wahr" Erkannte formten die künftige Persönlichkeit. Daher war es verständlich, daß die Geschwister Stein die beiden Jüngsten der Familie sehr verschieden beurteilten. Erna sahen sie „durchsichtig, wie klares Wasser", Edith aber war für die Großen „ein Buch mit sieben Siegeln".

Die Ängste des frühreifen Kindes wandelten sich mit dem Fortschritt des Selbstbewußtseins in Träume strahlender Zukunftshoffnung. Edith Stein fühlte sich zu Großem berufen. Der erwachende Geist wollte die Fessel der wuchernden Phantasie sprengen, er verlangte nach Freiheit und Anerkennung. Edith Stein empfand es als demütigend, Kind zu sein in der bürgerlichen Enge verständnisloser Erwachsener. Sie sehnte sich nach Wissen und Verständigung. So lag es nahe, daß sie in die Schule wollte. Rückblickend schrieb sie: „In der Schule wurde ich ernst genommen[8]." Die Schule war der Ort, der dem Kind jene Freiheit schenkte, nach der es begehrte. Mit unglaublichem Eigensinn gelang es der Sechsjährigen, vor dem regulären Eintritt die Aufnahme in die Viktoria-Schule in Breslau zu erhalten. Energisch lehnte sie den Kindergarten ab, er stand unter ihrer Würde. An ihrem 6. Geburtstag verzichtete Edith Stein auf alle Geschenke, damit ihr die Schulerlaubnis zuteil wurde. Else Stein, die Lehrerin an der Viktoria-Schule war, erwirkte Edith mitten im laufenden Schuljahr die Aufnahme. In einem halben Jahr hatte Edith die Anfangsklasse geschafft und behauptete von da ab einen der ersten Plätze. Wie sehr ihr lebhafter Geist der formenden Bildung bedurfte, sieht man aus ihren Worten: „In unserer Kindheit spielte die Schule eine große Rolle. Ich glaube fast, daß ich mich dort heimischer fühlte als zu Hause[9]." Bedenkt man Edith Steins starke Familienverbundenheit, ist dieses Bekenntnis erstaunlich.

Die Schule, das alte Schaffgottsche Palais am Ritterplatz in Breslau, wurde zu Edith Steins zweiter Heimat. Aus den Erzählungen der Geschwister war Edith Stein alles vertraut, leicht lebte sie sich in den neuen Arbeitsrhythmus ein. Das, was sie bisher in den „eigenen Tiefen" erlebt hatte, wurde jetzt zur fest umrissenen Gestalt. Die Schülerin war glücklich, in Aufsatz und Klassenarbeiten ihre innere Welt aussprechen zu können, ohne daß Erwachsene herablassend dazu lächelten. Heißhungrig „verschlang" sie die Lehrbücher, besonders über Geschichte und Deutsch. Selbst beim Frisiertwerden beschäftigte sie sich mit Lesen, und die einfachen Hausarbeiten erweckten wenig Interesse. Diese einseitige Entwicklung bedauerte Edith Stein später. Was auf andere Kinder wie Strebertum und Ehrgeiz wirkte, war oft der Drang, dem lebhaften Geist genügend Nahrung zuzuführen. Sie sagte von sich: „Allmählich wurde es auch in der inneren Welt lichter und klarer[10]." Die Seelenkräfte ordneten sich zum Kosmos, die Phantasie errichtete sich aus Erlebnis und Lektüre kühne Bauten. Erna Stein erzählte von Edith: „Da es damals nicht üblich war, das Schuljahr im Herbst zu beginnen, besuchte sie die unterste Klasse nur ein halbes Jahr. Trotzdem war sie Weihnachten schon eine der Besten. Sie war sowohl begabt als auch fleißig und von eiserner Willenskraft. Doch war sie nie eine Streberin im schlechten Sinne, sondern immer ein guter Kamerad und hilfsbereit[11]."

Um so mehr überraschte es, daß ein willensstarkes, begabtes Mädchen wie Edith Stein mit 13 Jahren erklärte, sie wolle das Studium aufgeben. Vielleicht spielten ihre zarte Konstitution und die daraus sich ergebende seelisch-geistige Erschöpfung bei diesem unerwarteten Entschluß eine Rolle. Vielleicht auch der Zusammenbruch ihres jüdischen Kinderglaubens. Edith Stein bekannte später, daß sie vom 15. bis zum 21. Lebensjahr nicht mehr an die Existenz eines persönlichen Gottes glauben konnte. Wie sehr die Familie von ihrem neuen Wunsch beeindruckt war, geben Erna Steins Worte wieder: „Obwohl Edith während der ganzen Schulzeit glänzende Leistungen aufwies und wir alle es als selbstverständlich annahmen, daß sie nach Abschluß der Mädchenschule, wie ich, die relativ neuen Realgymnasialkurse an der Viktoriaschule absolvieren würde, um studieren zu können, überraschte sie uns mit dem Entschluß, die Schule zu verlassen. Da sie immer noch sehr klein und zart war, willigte meine Mutter ein[12]." Edith Stein wurde zur Erholung nach Hamburg geschickt, in den Arzthaushalt ihrer Schwester Else, die froh war, für ihre drei kleinen Kinder eine Hilfe zu bekommen. Erna Stein berichtet weiter: „Dort blieb sie acht Monate und tat ihre Pflicht, auch da gewissenhaft und unermüdlich, obwohl ihr Hausarbeit nicht gut lag[13]." Die Wesenszüge Edith Steins traten hervor. Scharfe Intelligenz, eiserne Willenskraft, Pflichtbewußtsein, liebevolle Hilfsbereitschaft. Obwohl sie sich in jener Zeit still und schweigsam in die eigene „innere Welt eingesponnen" sah, war sie doch fähig, praktische äußere Aufgaben gewissenhaft zu lösen. Als Frau Stein sie in Hamburg besuchte, war Edith zu einem blühenden Mädchen herangewachsen. Die praktische Arbeit hatte ihr offenbar über die Krise hinweggeholfen. Trotzdem hielt die geistige Unsicherheit in Breslau an. Die selbstsichere Edith tastete nach einem neuen Lebensinhalt. Die Mutter kam ihr zu Hilfe und wies sie auf die Wiederaufnahme des Studiums hin. Edith Stein war einverstanden. Die neue Lebenskraft gab ihr die Freude an der geistigen Welt zurück. Mit Eifer vertiefte sie sich in Latein und Mathematik und strebte von jetzt ab nach dem Lehrberuf. „Dieses halbe Jahr rastloser Arbeit ist mir immer als die erste ganz glückliche Zeit meines Lebens in Erinnerung geblieben. Es lag wohl daran, daß zum ersten Mal meine geistigen Kräfte in einer ihnen entsprechenden Aufgabe voll angespannt waren. Wenn ich ganz allein in dem Zimmer, das mir zur Arbeit angewiesen war, am Schreibtisch saß, kümmerte mich die ganze übrige Welt nicht mehr. Nach jeder gelösten Mathematikaufgabe pfiff ich ein paar Takte als Triumphlied. Ich zog es nie in Erwägung, Mathematik zu studieren . . . Es war nicht das, wofür ich geboren war. Ganz anders war es beim Latein. Das Erlernen der neuen Sprachen hatte mir nicht annähernd soviel Freude gemacht. Diese Grammatik mit ihren strengen Gesetzen entzückte mich. Es war, als ob ich meine Muttersprache lernen würde. Daß es die Sprache der hl. Kirche ist und daß ich später einmal in dieser Sprache beten sollte, davon ahnte ich damals noch nichts[14]." Nach kurzer Vorbereitung bestand Edith Stein die Aufnahmeprüfung für die Obersekunda.

Edith Stein war wieder in ihrem Element und hatte durch die kurze Entspannung gewonnen. Ihr lebhaftes Naturell, das vorlaute Besserwissen der Kinderjahre mäßigten sich zu stiller, heiterer Bescheidenheit, die von jetzt ab das Fundament ihrer seelischen Tragkraft wurde. Eine Mitschülerin schreibt: „Sie war sehr fleißig, ohne eine ehrgeizige Streberin zu sein. Schon damals besaß sie eine große Bescheidenheit . . . Bisher habe ich immer geglaubt, daß sie uns nicht nur an Wissen, sondern auch an Jahren übertraf, wohl nur, weil sie reifer und ernster war als die andern. Ich habe sie als einen stillen und tief innerlichen, dabei sehr lieben Menschen in Erinnerung[15]." Die Rückkehr zum Studium bedeutete für Edith Stein die Rückkehr in eine Welt ohne Gott. Sie hatte ihre Niedergeschlagenheit überwunden und die Frage nach den letzten Gründen des Daseins nicht aufgegeben. An die Stelle des Kinderglaubens trat die Suche nach Wahrheit. Das religiöse Vorbild der Mutter, ihr langes Gebet in der Synagoge, ihre selbstlose Liebe zu den Kindern, ihre Bußstrenge im vierundzwanzigstündigen Fasten am Versöhnungstag, übertrug Edith Stein auf ihr sittliches Verhalten.

Sosehr die Schülerin sich auf die Jahresprämien der öffentlichen Preisverteilung freute, so sehr mißfiel es ihr, äußerlich aufzufallen oder von ihren Leistungen zu sprechen. Die „glänzenden Zukunftshoffnungen" wandelten sich in selbständige, objektive Leistung. Edith Stein überraschte eine Schulgefährtin mit den Worten: „Der Übersetzer muß sein wie eine Fensterscheibe, die alles Licht durchläßt, aber selbst nicht gesehen wird[16]." Welche Entwicklung liegt zwischen diesen Worten der Fünfzehnjährigen und dem Trotzkopf von ehedem! Edith Stein wurde für ihre Gefährtinnen eine gute Freundin. Ihr wissenschaftliches Streben verband sich mit einer anziehenden geselligen Seite. Sie war beliebt wegen ihres Frohsinns, ihrer Verschwiegenheit, ihres Urteils. Erna Stein berichtete: „Neben der Schule nahm sie an geselligen Unterhaltungen regen Anteil, war nie eine Spielverderberin. Man konnte ihr alle Sorgen und alle Geheimnisse anvertrauen, sie war immer bereit zu raten und zu helfen, und alles war bei ihr gut aufgehoben[17]."

Edith Steins Vorliebe für abstrakte Wissenschaft hemmte nicht ihr Interesse am Lebendigen. Die künftige Phänomenologin hatte eine leidenschaftliche Liebe zu den Erscheinungen der Natur. Für das Stadtkind war es eine Freude, ihre Schulferien auf dem Land verbringen zu dürfen. Begeistert berichtet Edith Stein von ihren Wanderungen durch Felder und Wiesen, vom Aufatmen ihres Innern in der Natur. Kamen Erna und Edith Stein am klaren Wasser eines Bächleins vorbei, nahm Edith die lebendigen Fische in die Hand. Gleiche Freude bereiteten den Kindern die Ferienbesuche bei den Verwandten in Lublinitz. Das behäbige Bürgerstädtchen war ein ergiebiges Feld für Edith Steins Interesse. Die geheimnisvollen Schätze im Geschäft des Onkels, die wohlgemeinten Ermahnungen der besorgten Tante, die Gespräche am Feierabend, das fröhliche Spiel mit Vettern und Basen, all dies nahm sie mit wachem Verständnis und Humor in sich auf. Eine ihrer Freundinnen, Rose Bluhm, schreibt: „Ich habe Edith in den letzten Jahren auf der Viktoriaschule, die wir zusammen besuchten, kennengelernt. Ich lernte sie gut kennen, da wir zusammen Privatstunden in deutscher Literatur bei einer wunderbaren blinden Frau hatten. Ich erinnere mich sehr lebhaft, was für ein reizendes Mädel Edith war: sehr warmherzig, sehr heiter und mit einem herrlichen Sinn für Humor. Wenn sie lachte, strahlten ihre schönen grauen Augen, und sie hatte ein reizendes Grübchen am Kinn, das wir alle sehr liebten[18]."

Trotz der herzlichen Familienverbundenheit – Frau Stein

betrachtete Lublinitz immer noch als ihre Heimat – lockerten sich die verwandtschaftlichen Beziehungen aus weltanschaulichen Gründen. Frau Stein fühlte sich von dem immer mehr um sich greifenden liberalen Zeitgeist abgestoßen. Die Sittenstrenge ihrer Töchter wurde von der Gesellschaftsmoral weiter Kreise als weltfremder, verstiegener Idealismus gedeutet. So ergab es sich von selbst, daß Frau Stein sich im eigenen Haus am wohlsten fühlte.

Bei der sparsamen Lebensführung des vaterlosen Haushaltes war es keine Frage, daß Erna und Edith Stein nach dem Abitur einen Beruf ergreifen würden. Während die älteren Geschwister am Geschäftsleben teilnahmen, stand den Jüngsten die Universität offen. Das war für die damalige Zeit etwas Ungewöhnliches, und nur begabten Frauen wurde diese Gunst zuteil. Edith Stein wollte Lehrerin werden. Was zuerst nur Nachahmung ihrer Schwester Else war, wurde jetzt innere Notwendigkeit. Als Siebzehnjährige erteilte sie einigen Gefährtinnen Nachhilfeunterricht, einfach aus Freude am Lehren. Edith Stein besaß die notwendigen Eigenschaften eines guten Erziehers: Takt, Autorität, Geduld, Freude am Lehrstoff und die Gabe, mit Menschen, besonders mit Kindern, umzugehen.

Ehe Edith Stein die Universität bezog, mußte sie noch eine Probe bestehen. Ihr Onkel David in Chemnitz, ein wohlhabender Apotheker, hatte mit seinen intelligenten Nichten große Pläne vor. Er wollte ein Sanatorium gründen und sah im Geist Erna und Edith als Ärztinnen an der Arbeit. Oft wurden die zukünftigen Ärztinnen zu Kahnpartien und Autofahrten eingeladen. Die elegante Apothekersgattin tat alles, um ihre hübschen Nichten gesellschaftsfähig zu machen. Die beiden Studentinnen fühlten sich wohl bei den kinderlosen Apothekersleuten, aber Onkel Davids Pläne brachten Edith Stein nicht aus der Fassung. Wie sie als Kind eine kleine Kusine durch ihre unnachgiebige Ruhe in

Empörung versetzt hatte, daß diese ausrief: „Laß mich doch auch einmal recht haben[19]." blieb sie jetzt gegenüber ihrem Onkel David standhaft. Die Überredungskünste des Apothekers waren umsonst. Er hatte sich in der sanften, liebenswürdigen Edith verrechnet. „Ich konnte nicht handeln, solange kein innerer Antrieb vorhanden war. Die Entschlüsse stiegen aus einer mir selbst unbekannten Tiefe empor. Wenn so etwas einmal ins helle Licht des Bewußtseins getreten war und feste gedankliche Form angenommen hatte, dann ließ ich mich durch nichts mehr aufhalten; ja ich hatte eine Art sportliches Vergnügen daran, scheinbar Unmögliches durchzusetzen[20]." Als Edith Stein merkte, daß Erna dem Arztstudium nicht abgeneigt war, sagte sie zu ihr: „Tue, was du selbst für das Richtige hältst." Dem Onkel erklärte sie, der Mensch habe die Pflicht, seinen Beruf nach persönlicher Anlage und Neigung zu wählen. Für sie komme nur der Lehrberuf in Frage. Diese modernen Ideen leuchteten dem Apotheker zwar nicht ein, doch empfand er Hochachtung vor Edith Steins selbständigem Denken. Bei Erna Stein hatte der Onkel mehr Glück. Trotz ihrer Vorliebe für Sprachen gab sie seinen Vorschlägen nach. Es entstand zwar kein gemeinsames Sanatorium, aber Erna Stein wurde später eine tüchtige Ärztin.

Als Edith Stein zwanzigjährig das Abitur bestand, war sie ein charakterfester Mensch, der wußte, was er wollte. Von ihrem Abitur schreibt sie: „Von dem großen Glücksgefühl, wie ich es nach der Prüfung erwartet hatte, war gar nichts vorhanden, vielmehr eine große innere Leere. Eine liebe und vertraute Lebensweise war für immer vorbei. Was kam nun? Ich erwog die unausgesprochenen Einwände des guten Onkels gegen meine Berufswahl. Hatte ich wirklich die richtige Entscheidung getroffen? Wir sind auf der Welt, um der Menschheit zu dienen . . . Das kann man am besten, wenn man das tut, wofür man die geeigneten Anlagen mit-

Familie Stein.
Das Bild des Vaters wurde hinzugefügt,
da er zum Zeitpunkt der Aufnahme schon tot war.
Edith rechts unten neben Erna.

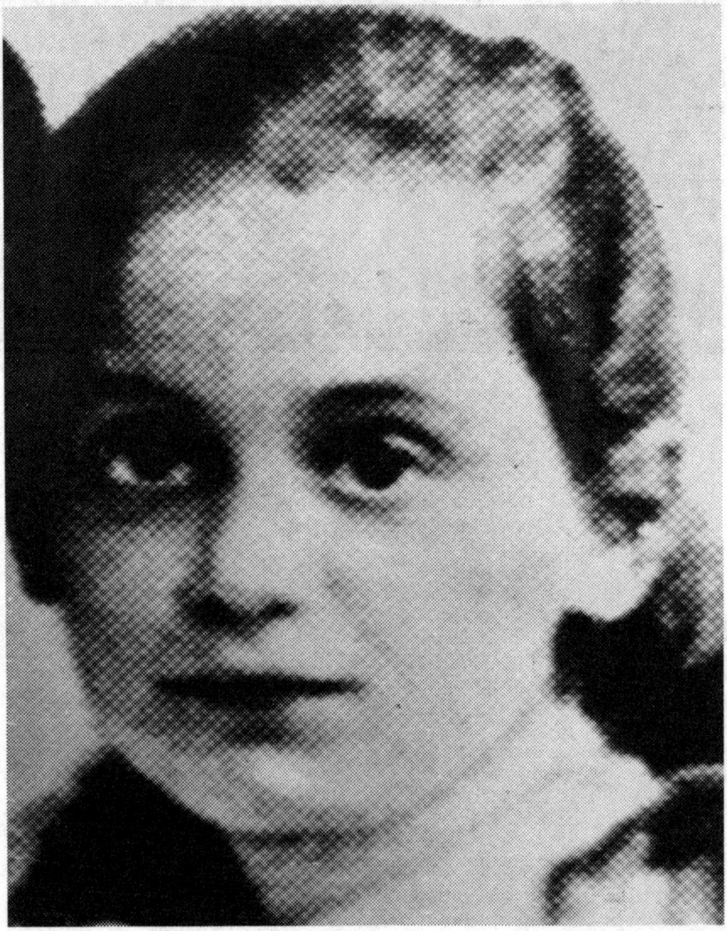

Edith um 1898.

Edith und Erna Stein mit ihrem Neffen Gerhard um 1904.
Gerhards Tochter, Prof. Dr. Waltraut Stein (USA),
hat die Doktorarbeit Edith Steins
ins Englische übertragen.

Edith Stein bei ihrer Schwester Else Gordon
in Hamburg (1906).
In dieser Zeit beginnt sie den Glauben an Gott abzulehnen.

bringt . . . Also . . . Der Schluß schien mir einwandfrei[21]."
An den geistigen Umwälzungen einer industrialisierten Welt, die das Schicksal der Frau wesentlich mitbestimmten und umformten, nahm Edith Stein regen Anteil. Sie erkannte die neuen Probleme und wollte aktiv an ihrer Lösung mitarbeiten. Beruf war für sie nicht nur eine Sache des Geldverdienens, der sozialen Einordnung, sondern die Auswirkung einer inneren Gesetzmäßigkeit, welcher der einzelne verpflichtet ist.

II Von der Psychologie zur Philosophie

Als Edith Stein im März 1911 die Universität in ihrer Heimatstadt Breslau betrat, änderte sich, äußerlich gesehen, nichts in ihrem Leben. Sie war weiterhin mit ihrer Familie, ihren Verwandten und Freunden verbunden. Da sie sich für den Lehrberuf entschieden hatte, belegte sie Germanistik und Geschichte. Mehr als diese fachliche Ausbildung interessierte die junge Atheistin etwas anderes. Sie hörte auch Psychologie, weil sie die Grundlagen und den Sinnzusammenhang der menschlichen Existenz erforschen wollte. Die Seele als Mitte der menschlichen Person war das Grundproblem, um das ihre Gedanken kreisten. Sie glaubte, durch die Experimentalpsychologie der Wahrheit einen Schritt näherzukommen. Sie hörte die Professoren Hönigswald und Stern und arbeitete in den Seminarsitzungen Referate über die Denkpsychologie aus. Was sie vorfand, war enttäuschend. Sie begegnete einer naturwissenschaftlichen, mechanischen Methode, die ihr beweisen wollte, daß es keine Seele gibt.

Man sprach von einer „Psychologie ohne Seele". „Geist, Sinn und Leben" wurden aus dem Fluß des seelischen Lebens ausgeschaltet, und es blieb dem einzelnen überlassen, ob er sich hinter den Sinnesempfindungen eine geistige Einheit vorstellen wollte oder nicht. Das Reich der Seele war ein irrationales, mythologisches Etwas, über das der Skeptiker lächelnd hinwegging. Damit gab sich Edith Stein nicht zufrieden. Bei ihren Seminararbeiten stieß sie auf ein Buch, das eine Umwälzung in ihrem bisherigen Geistesleben hervorrief: „Die logischen Untersuchungen" des Phänomenologen Edmund Husserl. In diesem, damals epochemachenden Werk fand sie zunächst Antwort auf ihre Frage nach klärenden Grundbegriffen. Husserl mühte sich um eine Wiederentdeckung des Geistes, um saubere Geisteswissenschaft, die ohne begrifflichen Apparat, durch eine innere Wesenserkenntnis dem Sein der Dinge auf die Spur kommen will. Edith Stein war begeistert. Sie überraschte ihre Professoren durch phänomenologisches Wissen und wurde in Seminarsitzungen zu Rate gezogen.

Sie hatte von jetzt ab den Wunsch, Breslau zu verlassen und in Göttingen bei Husserl weiterzustudieren. Sie notierte in ihr Tagebuch: „In meinem vierten Semester bekam ich den Eindruck, daß Breslau mir nichts mehr zu bieten hätte und daß ich neue Anregungen brauchte... Es drängte mich fort... Ich wußte ... niemanden, der mir raten konnte. Und so suchte ich mir ganz getrost selbst meinen Weg[1]." Wie in einer geheimen Angst vor dem Neuen, das auf sie zukam, erbat sie sich von Prof. Stern eine Doktorarbeit. Bei der Stellung des Themas: „Die Erforschung des kindlichen Denkens durch Ausfrageexperimente" wurde ihr klar, die dürftige Forschungsmethode der damaligen Psychologie kam für sie nicht in Frage. Energisch sagte sie sich: „Mein ganzes Psychologiestudium hatte mich ja nur zu der Einsicht geführt, daß diese Wissenschaft noch in den Kinderschuhen steckte, daß es ihr noch am notwendigen Fundament geklärter Grundbegriffe fehle und daß sie selbst nicht imstande sei, sich diese Grundbegriffe zu erarbeiten. Und was ich von der Phänomenologie bisher kennengelernt hatte, entzückte mich darum so sehr, weil sie ganz eigentlich in solcher Klärungsarbeit bestand und weil man sich hier das gedankliche Rüstzeug, das man brauchte, von Anfang an selbst schmiedete[2]." Wie Edith Stein als Kind bei Spaziergängen gern dorthin ging, „wo sie noch niemals gewesen war", so lockten sie jetzt das selbständige Vorgehen der phänomenologischen Methode und die Neuheit des Forschungsgebietes.

Edith Steins Wunsch traf ihre Familie unerwartet. Hatte früher einmal das poesievolle Heidelberg Erna und Edith Stein angezogen, fiel dies aus praktischen Gründen bald weg. Erna Stein stand kurz vor dem Staatsexamen, und die sparsame Lebensführung der zahlreichen Familie begünstigte einen Ortswechsel Edith Steins nicht. Um so erstaunlicher war das Verständnis Frau Steins, die sich nur ungern von ihrer Jüngsten trennte. Edith Stein berichtet: „Meine Mutter sagte: ‚Wenn es für dein Studium nötig ist, will ich dir gewiß nicht im Wege sein. Tu, was du für richtig hältst, du wirst es selbst am besten wissen'. Aber sie war traurig – viel trauriger, als es der Trennung für ein kurzes Sommersemester entsprach[3]." Ohne die geistige Entwicklung der Tochter übersehen zu können, ahnte die Mutter den drohenden weltanschaulichen Riß. Frau Stein hatte beobachtet, daß Edith sich vom Gott der Väter abgewandt hatte. Trotz der Frömmigkeit der Mutter beeinflußten liberale Auffassungen Tradition und Brauchtum der Familie. Es blieb die Verehrung der Kinder, die sie ihrer Mutter entgegenbrachten. Edith Stein begleitete sie treu zur Synagoge, aber „dort erbaute sie sich mehr an der Andacht ihrer ganz in Gott versunkenen Mutter als an der gottesdienstlichen Feier[4]".

Trotz ihrer Wissensfreude ahnte Edith Stein die Bedeutung der nahenden Trennung. „Im tiefsten Herzen hatte ich . . . eine geheime Ahnung, daß es ein schärfer einschneidender Abschied sei[5]." Das Verlassen des heimatlichen Breslau war das Verlassen der jüdisch-mosaischen Welt. Aber Edith Stein war fest entschlossen. „Hier, wie später noch im Leben, konnte ich die scheinbar festesten Bande mit einer leichten Bewegung abstreifen und davonfliegen wie der Vogel, der der Schlinge entronnen ist[6]."

Hugo Hermsen, der Begründer einer pädagogischen Gruppe, der auch Edith Stein angehörte, sagte ihr zum Abschied: „Nun wünsche ich Ihnen, daß Sie in Göttingen Menschen treffen möchten, die Ihnen recht zusagen[7]." Über diese Worte war Edith Stein sehr betroffen, sie verunsicherten sie. „Ich war an keinen Tadel mehr gewöhnt. Zu Hause wagte mir kaum noch jemand etwas zu sagen; meine Freundinnen hingen mit Liebe und Bewunderung an mir. So lebte ich in der naiven Selbsttäuschung, daß alles an mir recht sei: wie es bei ungläubigen Menschen mit einem hochgespannten ethischen Idealismus häufig ist. Weil man für das Gute begeistert ist, glaubt man, selbst gut zu sein. Ich hatte es auch immer als mein gutes Recht angesehen, auf alles Negative, das mir auffiel, schonungslos den Finger zu legen, oft in spottendem und ironischem Ton. Es gab Leute, die mich ‚entzückend boshaft' fanden. So mußten mich diese ernsten Abschiedsworte eines Mannes, den ich hochschätzte und liebte, sehr schmerzlich berühren. Ich war ihm nicht böse darum. Ich schüttelte sie auch nicht als ungerechten Vorwurf ab. Sie waren wie ein erster Weckruf, der mich nachdenklich machte[8]."

In Göttingen wurden rasch Verbindungen geknüpft, und Edith Stein ging voll Hoffnung in eine neue Welt. „Ich war 21 Jahre alt und voller Erwartung dessen, was nun kommen sollte ... Das liebe alte Göttingen! Ich glaube, nur wer in den Jahren zwischen 1905 und 1914, der kurzen Blütezeit der Göttinger Phänomenologenschule, dort studiert hat, kann ermessen, was für uns in diesem Namen schwingt[9]." Die Tagebuchaufzeichnungen geben den Zauber wieder, der Edith Stein in der alten Universitätsstadt Göttingen umfing. Ungezwungenheit und sorglose Freiheit im freundschaftlichen Verkehr mit ihren Studiengefährten verband Edith Stein mit Entdeckerfreuden in Natur und Umwelt. Mit Humor weiß sie von den gemütlichen Göttingern und ihrem traditionsreichen, gepflegten Städtchen zu erzählen. Ihrer scharfen Beobachtungsgabe entging nichts. Rasch eroberte sie sich ihre neue Umwelt und zeigte sich in ihrer lebendigen Anteilnahme als geborene Phänomenologin. Rose Bluhm-Guttmann schreibt von jener Zeit: „Wir verbrachten ein herrliches Sommersemester zusammen in Göttingen, wo ich Mathematik und Philosophie, Edith auch noch Geschichte hörte. Wir wurden unzertrennliche Freunde auf der Universität, da meine sehr gute alte Freundin Lilli Berg-Platau Medizin studierte und sich sehr mit Erna Stein anfreundete, während Edith und ich auf der philosophischen Seite immatrikuliert waren. Wir waren sicher sehr fleißig, aber wir taten auch viele Dinge, die jungen Menschen liegen. Wir machten wunderbare Touren ins Gebirge, wir tanzten und machten sehr schöne musikalische Abende und Aufführungen für gemeinsame Silvesterfeiern. Wir vier (Lilli, Edith, Erna und ich) verbrachten alle Ferien zusammen, in denen Erna und Lilli ein Zimmer teilten und Edith und ich ein anderes. Wir diskutierten nicht nur bis tief in die Nacht hinein, sondern lasen sehr viel zusammen, besonders Philosophie, an der wir beide sehr interessiert waren. Wir machten oft herrliche Wandertouren in den Harz und nach Thüringen und waren oft am Wochenende mit dem Rucksack auf dem Rücken in den Weserbergen. – Wir waren in allen philosophischen und pädagogischen Seminaren zusammen und arbeiteten für die demokratische Partei (wir hatten damals das Wahlrecht noch nicht), und wir waren sehr interessiert an allen Fragen, die die berufstätige Frau angingen. – Wir hatten eine reizende kleine Wohnung zusammen, ein Schlafzimmer und ein Arbeitszimmer und – wenn ich mich richtig erinnere – eine Kochgelegenheit. Wir nahmen die Hauptmahlzeiten außerhalb ein, machten uns aber die kleinen Mahlzeiten selbst. Edith konnte so gut kochen und waschen wie ich. Sie war die begabteste Frau, die ich in meinem Leben getroffen habe – und ich habe viele außergewöhnliche Frauen kennengelernt –, wir waren ja unter den ersten Frauen, die auf die Universität gehen durften, und wir waren daher eine gute Auswahl: Edith war von einer tiefen Wahrheitsliebe. Sie hatte einen gründlichen und schöpferischen Verstand, und jedes Problem wurde so lange untersucht, bis die Wahrheit ans Licht kam[10]." Dieser Bericht gibt ein lebendiges Bild von Edith Steins fröhlichem und ernstem Studentenleben.

Der Mangel an religiöser Orientierung hatte Edith Stein nach Göttingen geführt, um für lange Zeit in die Schule Edmund Husserls zu gehen und neue geistige Impulse zu empfangen. Die Persönlichkeit des Meisters der revolutionären phänomenologischen Forschungsmethode war der Magnet, der sie anzog. Sie erkannte, daß Husserl eine Richtung wies, die sie in der Philosophie vergeblich suchte: Hinwendung zur Wahrheit des Seienden.

Edith Steins Enttäuschung über die Psychologie, die aus sich heraus nicht fähig ist, einen geistigen Sachverhalt aufzuweisen, trieb sie an, die Wahrheit in einer philosophischen Denkform zu suchen. Diese wurde ihr in Husserls Hinwendung zu den Phänomenen, den Erscheinungsweisen des Seienden, zuteil. Husserl brachte den alten, verachteten Namen der Ontologie wieder zu Ehren, in einer Zeit, da die sogenannte „Christliche Philosophie aus ihrem Dornröschenschlaf langsam erwachte[11]". Er rückte mit seinem Postulat einer apriorischen Wesenserkenntnis Empirismus, Skeptizismus und Relativismus zu Leibe. Junge, begeisterte Realisten sammelten sich um ihn in der sogenannten Göttinger Schule.

Als Edith Stein 1913 Göttingen betrat, war die Blütezeit der Göttinger Schule vorbei. Ihre bedeutendsten Vertreter, Adolf Reinach, Hedwig Conrad-Martius, Alexander Koyré, Dietrich von Hildebrand und Johannes Hering, hatten sich habilitiert oder selbständig gemacht. Trotzdem bestimmte Husserls Geist noch die Atmosphäre, man sprach sogar auf den Straßen von „Phänomenen". Edith Stein war beeindruckt von der Persönlichkeit Husserls. Seine Schüler nannten ihn „Meister", was er nicht gerne hörte. Rasch war das Eis bei der ersten Vorstellung gebrochen, als Edith Stein Husserl erklärte, sie habe den ganzen zweiten Band seiner Logischen Untersuchungen gelesen. „Den ganzen zweiten Band? Nun, das ist eine Heldentat[12]!" erwiderte Husserl lächelnd, und damit war Edith Stein in seinen Schülerkreis aufgenommen.

Mit Eifer stürzte sich die Studentin in die Arbeit. In ihrer entschlossenen Art bot sie sich an, die schwierigen Protokolle in den Seminarsitzungen zu übernehmen, und überraschte ihre Gefährten durch Schlagfertigkeit und geistige Gewandtheit in den Diskussionen. Mit Einfühlung ging sie auf die Gedanken Husserls ein und wurde bald seine verständnisvollste Schülerin.

Edith Stein suchte nach Wahrheit. Bei Husserl hörte sie: „Wissenschaft geht, wie der Name besagt, auf Wissen ... Im Wissen besitzen wir die Wahrheit[13]." Unter Wahrheit verstand Husserl „die lichtvolle Gewißheit" dessen, was ist oder nicht ist, und so traf er eine strenge Scheidung gegen alles bloße nur Meinen oder blinde Überzeugtsein. Er wollte den Skeptizismus durch die Erarbeitung eines reinen Sachverhaltes überwinden. In der Philosophie als strenger Wissenschaft glaubte er der Wahrheit nahe zu kommen. Husserl hatte ein Gespür für die passive Leistung des Verstandes, für das Empfangen der Wahrheit aus den Dingen. Damit schien er sich der Scholastik zu nähern, und seine phänomenologische Methode erregte großes Aufsehen. Husserl erzog seine Schüler zu strenger Vorurteilslosigkeit, zum Abwerfen rationalistischer Scheuklappen. Freiheit und Beweglichkeit seiner Methode schufen eine Atmosphäre, die geistige Freundschaft ermöglichte. So wurde er, ohne es zu wollen, der Initiator einer geistigen Bewegung, die viele seiner Schüler zum Christentum führte.

Welche Umwälzung Husserls Weltsicht für viele bedeutete, sagte Hedwig Conrad-Martius, Edith Steins Freundin: „Die tief gemeinsame Art des Denkens und Forschens stellte ... einen Bezug zwischen den Husserlschülern her, den ich nicht anders bezeichnen kann als eine natürliche Geburt aus einem gemeinsamen Geiste ... Wir besaßen keine Fachsprache, kein gemeinsames System, das am allerwenigsten. Es war nur der geöffnete Blick für die geistige Erreichbarkeit des Seins in allen seinen nur denkbar möglichen Gestaltungen ... was uns einte ... Es war das Ethos der sachlichen Reinheit und Reinlichkeit ... Das mußte natürlich auf Gesinnung, Charakter und Lebensweise abfärben. So war es selbstverständlich, daß wir untereinander befreundet waren, welcher Herkunft, Rasse, Konfession wir auch immer angehören mochten. Edith Stein war geborene Phänomenologin. Ihr nüchterner, klarer, objektiver Geist, ihr unverstellter Blick, ihre absolute Sachlichkeit prädestinierten sie dazu[14]."

Neben der Philosophie beschäftigte Edith Stein sich mit dem Studium der Geschichte. Dieses Studium weitete ihren Horizont und wurde für sie ein Betätigungsfeld, ihre phänomenologische Begabung zu entwickeln und ihr Gewissen zu bilden. „Die Liebe zur Geschichte war bei mir keine bloß romantische Versenkung in vergangene Zeiten; mit ihr hing aufs engste zusammen eine leidenschaftliche Teilnahme an dem politischen Geschehen der Gegenwart als der werdenden Geschichte, und beides entsprang wohl einem ungewöhnlich starken sozialen Verantwortungsbewußtsein, einem Gefühl für die Solidarität der Menschheit, aber auch der engeren Gemeinschaften. So sehr mich ein darwinistischer Nationalismus abstieß, so fest war ich doch immer von dem Sinn und der natürlichen geschichtlichen

Notwendigkeit einzelner Staaten und verschieden gearteter Völker und Nationen überzeugt. Darum konnten sozialistische Auffassungen und andere internationale Bestrebungen niemals Einfluß auf mich gewinnen. Mehr und mehr machte ich mich auch von den liberalen Ideen frei, in denen ich aufgewachsen war, und kam zu einer positiven, der konservativen nahestehenden Staatsauffassung, wenn ich mich auch von der besonderen Prägung des preußischen Konservatismus immer freihielt. Zu den rein theoretischen Erwägungen kam als ein persönliches Motiv eine tiefe Dankbarkeit gegen den Staat, der mir das akademische Bürgerrecht und damit den freien Zugang zu den Geisteswissenschaften der Menschheit gewährte ... Ich war empört über die Gleichgültigkeit, mit der die Mehrzahl der Kommilitonen den allgemeinen Fragen gegenüberstand: Ein Teil ging in den ersten Semestern nur dem Vergnügen nach, andere waren ängstlich darauf bedacht, das nötige Examenswissen zusammenzubekommen und sich später eine Futterkrippe zu sichern. Aus diesem starken sozialen Verantwortlichkeitsgefühl heraus trat ich auch entschieden für das Frauenstimmrecht ein; das war damals innerhalb der bürgerlichen Frauenbewegung noch durchaus nicht selbstverständlich. Der preußische Verein für Frauenstimmrecht, dem ich mit meinen Freundinnen beitrat, weil er die volle politische Gleichberechtigung für die Frauen anstrebte, umfaßte überwiegend Sozialistinnen ... Wir waren auch alle Mitglieder des ‚Bundes für Schulreform' und besuchten gemeinsam seine Versammlungen[15]."

Mit Begeisterung hörte Edith Stein den Rankeschüler Max Lehmann und freute sich „an seiner Art, europäisch zu denken". Sie war stolz, durch ihn eine Enkelschülerin des Historikers Ranke zu sein. Doch strebte sie nach Gerechtigkeit. Die gelegentlichen Seitenhiebe Max Lehmanns auf das Preußentum, dem er den englischen Imperialismus vorzog, bestärkten Edith Stein in ihrer Vorliebe für das Preußentum. Ihr Ziel war die Erkenntnis der Einheit der menschlichen Person. Wie tief ihr geistesgeschichtliches Anliegen war, zeigt sie in folgenden Worten: „Nur wer sich selbst als Person, als sinnvolles Ganzes erlebt, kann andere Personen verstehen. Und wir verstehen ebensogut, warum Ranke sein Selbst ‚auslöschen' möchte, um Dinge zu sehen, wie sie gewesen sind ... Das Selbst ist die individuelle Erlebnisstruktur. In ihr erkennt der große Meister des Verstehens die Täuschungsquelle, von der uns Gefahr droht. Wenn wir sie als Maßstab nehmen, dann sperren wir uns ein ins Gefängnis unserer Eigenart; die andern werden uns zu Rätseln, oder was noch schlimmer ist, wir modeln sie um nach unserem Bilde und fälschen so die historische Wahrheit[16]."

Die Leidenschaft, von der Edith Stein ergriffen wurde, war ihr Verlangen nach der „Meisterschaft des Verstehens". Aus Ichverhaftung wollte sie in einfühlender, geistiger Hingabe eine objektive Wertordnung erreichen. Sie wählte das Doktorthema „Zum Problem der Einfühlung". Sie beabsichtigte, das Thema Professor Husserl vorzulegen, und sah das Staatsexamen in weiter Ferne. Es wurde ihr bewußt, daß sie Göttingen nicht verlassen konnte. Für ein Semester war sie hergekommen, wieviel hatte sich seitdem in ihr verändert. „Je näher das Semesterende kam, desto unmöglicher war mir der Gedanke, daß ich nun fortgehen und nicht wiederkommen sollte. Diese Monate, die hinter mir lagen, waren doch keine Episode, sondern der Anfang eines neuen Lebensabschnittes[17]." Wie sollte Edith Stein die neue Situation der Familie klarmachen? Hatte ihre Mutter nicht genug Opfer für das Semester in Göttingen gebracht? Unerwartet kam Professor Lehmann zu Hilfe. Ihre historische Seminararbeit gefiel ihm so gut, daß er ihr vorschlug, sie sollte ihr Referat zur Staatsexamensarbeit ausbauen. Dieses Angebot konnte Edith

Stein nicht ablehnen. Es veränderte zwar alle bisherigen Pläne, aber die Familie in Breslau war nun leicht zu überzeugen, daß sie in Göttingen bleiben mußte.

Husserl war erstaunt, als Edith Stein ihn um das Doktorthema bat. „Sind Sie denn schon so weit?" fragte er sie. Husserl war bei seinen Doktoranden an lange Arbeitszeit gewöhnt. Unerbittlich verlangte er zuerst das Staatsexamen. Die gründliche Vertrautheit mit den Methoden der anderen Wissenschaften schien ihm unerläßlich für die Philosophie. Dies fiel Edith Stein schwer, hatte sie doch vor, die Promotion als erstes in Angriff zu nehmen. Aber sie ging auf alle Bedingungen ein. Hauptsache war, sie durfte in Göttingen bleiben, und so entwarf sie ihre nächsten Pläne. In ihrem Tagebuch lesen wir: „Wenn ich das Staatsexamen vor dem Doktor machen sollte, dann wollte ich es mir so bald wie möglich vom Halse schaffen. Ich hatte jetzt fünf Semester hinter mir. Damit durfte ich mich noch nicht zur Prüfung melden. Die vorgeschriebene Mindestzahl war sechs. Aber sie stammte aus alter Zeit, als noch nicht soviel Stoff zu bewältigen war. Jetzt nahmen sich die meisten Leute acht bis zehn Semester Zeit. Davon konnte bei mir keine Rede sein. Mein Entschluß war gefaßt: Im kommenden Winter müßte der Entwurf der Einfühlungsarbeit fertig werden, und ich müßte mit der Vorbereitung zur mündlichen Prüfung so weit kommen, daß ich mich am Ende des Semesters zur Prüfung melden konnte[18]."

III Was ist Wahrheit?

1913 veröffentlichte Husserl seine „Ideen zu einer reinen Phänomenologie und phänomenologischen Philosophie". Edith Stein schreibt: „Die ‚Logischen Untersuchungen' hatten vor allem dadurch Eindruck gemacht, daß sie als eine radikale Abkehr vom kritischen Idealismus kantischer und neukantischer Prägung erschienen. Man sah darin eine ‚neue Scholastik', weil der Blick sich vom Subjekt ab- und den Sachen zuwandte: Die Erkenntnis schien wieder ein Empfangen, das von den Dingen sein Gesetz erhielt, nicht wie im Kritizismus ein Bestimmen, das den Dingen sein Gesetz aufnötigte. Alle jungen Phänomenologen waren entschiedene Realisten. Die ‚Ideen' aber enthielten einige Wendungen, die ganz danach klangen, als wollte ihr Meister zum Idealismus zurückkehren. Was er uns mündlich zur Deutung sagte, konnte die Bedenken nicht beschwichtigen. Es war der Anfang einer Entwicklung, die Husserl mehr und mehr dahin führte, in dem, was er ‚transzendentalen Idealismus' nannte . . . den eigentlichen Kern seiner Philosophie zu sehen und alle Energie auf seine Begründung zu verwenden: ein Weg, auf dem ihm seine alten Göttinger Schüler zu seinem und ihrem Schmerz nicht folgen konnten[1]."

Edith Stein fragte sich, ob diese Philosophie für sie weiterhin ein Weg war. Ihr phänomenologischer Idealismus wurde, wie einst ihre Vorliebe für Experimentalpsychologie, erschüttert. Edith Stein mußte einsehen, „Philosophie als strenge Wissenschaft" genügte nicht allen idealen Anforderungen. Sie war in ihrem „jeweiligen Zustand ... immer ein Bruchstück, und es gehörten dazu auch alle Irrtümer, Umwege und Entstellungen, denen der Menschengeist bei seinen

Bemühungen verfallen ist[2]." In diesen sich schrittweise anbahnenden Erkenntnissen wurde für Edith Stein die Begegnung mit zwei Menschen von ausschlaggebender Bedeutung.

In Göttingen lernte sie den Phänomenologen Max Scheler kennen. Seine „seherische Philosophie" hinterließ in ihr einen unauslöschlichen Eindruck. Scheler kam aus München, er war konvertierter Jude, und in der Zeit, da Edith Stein ihn hörte, erfüllt von der Schönheit katholischer Glaubenswelt. Sein Werk „Der Formalismus in der Ethik und die materiale Wertethik", haben auf das Geistesleben tiefer eingewirkt als Husserls „Ideen". Die jungen Phänomenologen scharten sich um ihn. Im Vergleich zur Sachlichkeit Husserls hatte er etwas Betörendes. „Nie wieder", schreibt Edith Stein, „ist mir an einem Menschen so rein das ‚Phänomen der Genialität' entgegengetreten. Aus seinen großen, blauen Augen leuchtete der Glanz einer höheren Welt. Sein Gesicht war schön und edel geschnitten, aber das Leben hatte verheerende Spuren darin hinterlassen[3]." Schelers leidenschaftliche Intuition, sein „Wertfühlen", das alle Systeme, Begriffe und Aprioris sprengt[4], um die Fülle des Seins dem „schauenden Auge und dem einfühlenden Herzen" zu offenbaren, brachte Edith Stein mit einer ihr unbekannten Welt in Berührung.

Schelers Neuentdeckung des Christlichen stellte die Phänomenologin vor Tatsachen, die eine Auseinandersetzung forderten. Eine Bekannte Edith Steins berichtet: „Der Münchner Phänomenologe (hielt damals) in Göttingen Abendvorträge über religiöse Fragen, z. B. das Wesen des Heiligen. Sie waren ein Ereignis in der kleinen Universitätsstadt und dürften wohl den Anstoß gegeben haben zu der Bewegung zur katholischen Kirche hin, die damals unverkennbar durch die Kreise der Husserl- und Reinachschüler ging. Das bewegte uns sehr. Wir waren aber noch beide Weltkinder. Von Übertritt war zwischen uns nie die Rede.

Und doch war es mir und wohl auch ihr ein erster Anstoß auf dem Wege zur Bekehrung[5]." Mit genialer Eindringlichkeit zeigte Scheler Edith Stein, daß nur Religion den Menschen zum Menschen mache. Demut war für ihn Fundament des sittlichen Strebens, das keine andere Aufgabe habe, als den Menschen zu einem Sichverlieren in Gott, zu einer neuen Auferstehung hinzuführen.

So hatte noch niemand zu Edith Stein gesprochen. Sie ließ sich nicht blenden von Schelers faszinierender Sprachgewalt, aber der Wahrheitsgehalt seiner Aussagen traf sie tief. „Das war meine erste Berührung mit dieser mir bis dahin völlig unbekannten Welt. Sie führte mich noch nicht zum Glauben. Aber sie erschloß mir einen Bereich von ‚Phänomenen', an denen ich nun nicht mehr blind vorbeigehen konnte[6]." Die Konfrontierung mit der christlichen Welt stieß Edith Stein auf die Not ihres Herzens, auf die Frage nach dem Ewigen, das in den Dingen aufleuchtet.

In Göttingen war Edith Stein befreundet mit Eduard Metis, einem strenggläubigen und gesetzestreuen Juden. Sie hatten das Fach Deutsch gemeinsam und lasen den Evangelientext des Ulfilas. Edith Stein berichtet aus jener Zeit: „Als ich später in Göttingen anfing, mich mit religiösen Fragen zu beschäftigen, fragte ich Metis einmal brieflich nach seiner Gottesidee: Ob er an einen persönlichen Gott glaube. Er antwortete kurz: Gott ist Geist. Mehr sei darüber nicht zu sagen. Das war mir, als ob ich einen Stein statt Brot bekommen hätte[7]."

In Edith Steins Doktorarbeit lesen wir: „Indem wir einfühlend auf uns verschlossene Wertbereiche stoßen, werden wir uns eines eigenen Mangels oder Unwertes bewußt[8]." Der Schelersche Mensch, der betet und Gott sucht, war sie das nicht selbst? Scheler riß Edith Stein eine Binde von den Augen, und sie ging der neuen Wirklichkeit nicht aus dem Weg. „Nicht umsonst wurde uns beständig eingeschärft, daß wir alle Dinge vorurteilsfrei ins Auge fassen, alle Scheuklappen abwerfen sollten. Die Schranken der rationalistischen Vorurteile, in denen ich aufgewachsen war, ohne es zu wissen, fielen, und die Welt des Glaubens stand plötzlich vor mir. Menschen, mit denen ich täglich umging, zu denen ich mit Bewunderung aufblickte, lebten darin. Sie mußte zum mindesten eines lebhaften Nachdenkens wert sein[9]."

Zu den Menschen, die Edith Steins Bewunderung hervorriefen, gehörte der Privatdozent Adolf Reinach. Er war Husserls rechte Hand, das Bindeglied zwischen Meister und Schülern, weil er – im Gegensatz zu Husserl – gut mit Menschen umgehen konnte. Bei ihm „war es kein Dozieren und Lernen, sondern ein gemeinsames Suchen . . . an der Hand eines sicheren Führers[10]." Dieser Gelehrte hinterließ bei allen Phänomenologen einen unvergeßlichen Eindruck. Frau Hedwig Conrad-Martius nannte Reinach „unsern sehr geliebten, jüngeren Lehrer, einen Urphänomenologen". Durch ihn und seine Frau wurden Edith Stein entscheidende Impulse zuteil. Was Scheler lehrte, lebte Reinach. Über ihre erste Begegnung mit ihm schreibt sie: „Ich war nach dieser ersten Besprechung sehr glücklich und von einer tiefen Dankbarkeit erfüllt. Es war mir, als sei mir noch nie ein Mensch mit einer so reinen Herzensgüte entgegengekommen. Daß die nächsten Angehörigen und Freunde, die einen jahrelang kennen, einem Liebe erweisen, schien mir selbstverständlich. Aber hier lag etwas ganz anderes vor. Es war wie ein erster Blick in eine ganz neue Welt[11]."

Für Edith Stein wurde das Sommersemester 1913 durch ein einsames, arbeitsreiches Wintersemester abgelöst. Ihre Freundinnen hatten Göttingen verlassen, und ihre philosophischen Probleme lagen plötzlich wie ein Alpdruck auf ihr. Sie erfuhr Stimmungen der Verzweiflung und sagt darüber: „Zum erstenmal begegnete mir hier, was ich bei jeder späteren Arbeit wieder erfahren habe: Bücher nützten mir nichts, solange ich mir die fragliche Sache nicht in eigener Arbeit zur Klarheit gebracht hatte. Dieses Ringen nach Klarheit vollzog sich nun in mir unter großen Qualen und ließ mir Tag und Nacht keine Ruhe. Damals habe ich das Schlafen verlernt, und es hat viele Jahre gedauert, bis mir wieder ruhige Nächte geschenkt wurden. Nach und nach arbeitete ich mich in eine richtige Verzweiflung hinein. Es war zum erstenmal in meinem Leben, daß ich vor etwas stand, was ich nicht mit meinem Willen erzwingen konnte. Ohne daß ich es wußte, hatten sich die Kernsprüche meiner Mutter: ‚Was man will, das kann man' und ‚Wie man sich's vornimmt, so hilft der liebe Gott' ganz tief in mir festgesetzt. Oft hatte ich mich damit gerühmt, daß mein Schädel härter sei als die dicksten Mauern, und nun rannte ich mir die Stirn wund, und die unerbittliche Wand wollte nicht nachgeben. Das brachte mich so weit, daß mir das Leben unerträglich schien. Ich sagte mir oft selbst, daß das ja ganz unsinnig sei. Wenn ich die Doktorarbeit nicht fertigbrächte – fürs Staatsexamen würde es doch wohl reichen; und wenn ich keine große Philosophin werden könnte, dann doch vielleicht eine brauchbare Lehrerin. Aber die Vernunftgründe halfen nichts. Ich konnte nicht mehr über die Straße gehen, ohne zu wünschen, daß ein Wagen über mich hinwegführe. Und wenn ich einen Ausflug machte, dann hoffte ich, daß ich abstürzen und nicht lebendig zurückkommen würde. – Es ahnte wohl niemand, wie es in mir aussah. In der Philosophischen Gesellschaft und in Reinachs Seminar war ich glücklich bei der gemeinsamen Arbeit; ich fürchtete nur das Ende dieser Stunden, in denen ich mich geborgen fühlte, und den Wiederbeginn meiner einsamen Kämpfe[12]."

Die sonst so selbstsichere Edith Stein fühlte sich innerlich unsicher, verlassen. Wieder kam ihr Reinach zu Hilfe. Er ermunterte sie, ihre Arbeit fortzusetzen, und sein Verstehen bannte die Schatten. Edith Stein erfuhr in Reinachs Frau und Schwester Menschen, die nicht zu ihr aufschauten, sondern zu denen sie bewundernd aufblicken mußte und deren geistige Arbeit von einer Sicherheit getragen war, die ihr abging. Immer gewohnt, zu raten, zu geben, wurden ihr im Licht dieser Begegnungen erschreckende persönliche Mängel bewußt. „Ich hatte noch nicht jene Stufe der Klarheit erreicht, auf der der Geist in einer gewonnenen Einsicht ruhen kann, von da aus neue Wege sich öffnen sieht und sicher fortschreitet. Ich tastete wie im Nebel voran[13]."

Reinach ließ sich während des Krieges, der 1914 ausbrach, mit seiner Frau evangelisch taufen. Aus dem Feld schrieb er, er wolle später nur philosophieren, um die Menschen zum Glauben zu führen. Mehrere Phänomenologen schlugen dieselbe Richtung ein. Diese Ereignisse gingen nicht spurlos an Edith Stein vorüber. Die Aufgaben im Studium verdrängten jedoch die Glaubensfrage. Dennoch war sich Edith Stein einer Verwandlung bewußt. „Vorläufig", schrieb sie, „ging ich noch nicht an eine systematische Beschäftigung mit den Glaubensfragen; dazu war ich noch viel zu sehr mit anderen Dingen ausgefüllt. Ich begnügte mich damit, Anregungen aus meiner Umgebung widerstandslos in mich aufzunehmen, und wurde – fast ohne es zu merken – dadurch umgebildet[14]."

Die Vorbereitung der Doktorarbeit und der Abschluß des Staatsexamens im Januar 1915 erforderten starke Konzentration. In der Tiefe aber schritt die „Umbildung" unaufhaltsam fort. Edith Steins Verstand zögerte die Entscheidung hinaus, der Existenzmöglichkeit Gottes aber konnte sie sich nicht länger verschließen. Viele ihrer Freunde wurden zum Heer eingezogen, da wollte auch sie nicht hinter dem Mut der Soldaten zurückstehen. Manche Studentinnen meldeten sich in die Lazarette. Edith Stein entschied sich für das Seuchenlazarett in Mährisch-Weißkirchen. „Ich habe jetzt kein eigenes Leben mehr", schrieb sie. „Meine ganze Kraft gehört dem großen Geschehen. Wenn der Krieg vorbei ist und wenn ich dann noch lebe, dann darf ich wieder an meine privaten Angelegenheiten denken ... Natürlich stellte ich mich bedingungslos zur Verfügung. Ich hatte ja keinen anderen Wunsch als möglichst bald und möglichst weit hinauszukommen, am liebsten an die Front in ein Feldlazarett[15]."

Mit Umsicht pflegte Edith Stein die an Flecktyphus, Ruhr und Cholera erkrankten Soldaten der österreichischen Armee. Eine ihrer Freundinnen, Margarete Behrens, schreibt: „Wir waren so froh, helfen zu können und so weit wie möglich Leiden zu lindern. Edith Stein tat ihre Arbeit ruhig, still und umsichtig. Die staatlich geprüften Krankenschwestern, unter denen wir arbeiteten, machten uns die Arbeit nicht leicht, wahrscheinlich, um uns fühlen zu lassen, daß unsere ‚höhere Bildung' auf der Universität nichts wert sei im Vergleich zu ihrem Wissen und Können in der Krankenpflege, worin sie natürlich recht hatten. Aber wir ließen uns dadurch nicht unterkriegen[16]." Von einem der Ärzte in Mährisch-Weißkirchen berichtet Edith Stein: „Ein einziger deutscher Arzt war bei uns tätig: Dr. Scharf, ein freundlicher Österreicher. Er arbeitete gut, und ich war immer froh, wenn ich ihm helfen durfte. Er sprach auch gern ein paar Worte mit mir, wenn die Arbeit erledigt war. Bald hatte er es heraus, was ich ‚in Zivil' sei. Ich hielt es durchaus nicht mehr geheim ... Dr. Scharf erkundigte sich, warum ich denn meine wissenschaftlichen Arbeiten unterbrochen habe und hierhergekommen sei. (Darüber schienen sich alle zu wundern). Ich erklärte ihm, meine Studiengefährten seien alle im Feld, und ich sähe nicht ein, warum ich es besser haben sollte als sie. Das schien ihm Eindruck zu machen[17]."

Edith Stein war von Natur aus ein „Genie der Freundschaft". Ihre Liebenswürdigkeit, ihre Hilfsbereitschaft und Selbstbeherrschung befähigten sie dazu. Immer war sie mit einem zahlreichen, stets wachsenden Freundeskreis verbunden. Die Studiengefährten schätzten ihre ruhige, sachliche Art. Eine ihrer Freundinnen, Lilli Berg-Platau, nennt sie den gütigsten Menschen, der ihr in diesem Leben begegnet sei. Die Glaubenserfahrungen machten Edith Stein bescheidener, gütiger, der eigenen Bedürftigkeit bewußter. „Sie war noch so jung, als ich sie kannte; aber schon damals gewann man den Eindruck einer abgeklärten Persönlichkeit; so bescheiden und unauffällig und zurückgezogen, nie mit ihren Kenntnissen und ihrem tiefen Wissen hervortretend oder besserwissend; so taktvoll, daß sie nie das Gefühl aufkommen ließ, überlegen zu sein[18]."

Für ihr selbstloses Wirken im Lazarett wurde Edith Stein mit der Tapferkeitsmedaille ausgezeichnet. Die Schicksalsgemeinschaft inmitten tödlicher Bedrohung belehrte sie, daß nicht Erkenntnis, sondern personale Hingabe das Letzte ist. Obwohl sie nach Beendigung des Lazarettdienstes sich wieder intensiv der wissenschaftlichen Arbeit zuwandte, schrieb sie von jener Zeit: „Bei aller Hingabe an die Arbeit trug ich doch die Hoffnung auf eine große Liebe und glückliche Ehe im Herzen. Ohne irgendwelche Kenntnisse von katholischer Glaubens- und Sittenlehre zu haben, war ich doch ganz vom katholischen Eheideal erfüllt. Es kam vor, daß mir unter den jungen Menschen, mit denen ich zusammenkam, einer sehr gut gefiel und daß ich ihn mir als den künftigen Lebensgefährten dachte. Aber davon merkte kaum jemand etwas, und so mochte ich den meisten Menschen kühl und unnahbar erscheinen[19]."

IV Assistentin Husserls

1916 erhielt Husserl einen Ruf an die Universität Freiburg. Er wählte Edith Stein als Assistentin, weil er ihre sachliche Hilfe zu schätzen wußte. Zuerst promovierte Edith Stein im Sommer 1916 summa cum laude. Dann mußte sie die mit der phänomenologischen Methode noch nicht vertrauten Freiburger Studenten in Pro-Seminaren in das neue Sachgebiet einführen. Daneben leistete sie viel bei der Sichtung der stenografischen Manuskripte Husserls.

Ende des Jahres 1917 traf eine schmerzliche Nachricht ein. Adolf Reinach, der Freund der Phänomenologen, war auf den Schlachtfeldern Flanderns gefallen. Edith Steins Trauer war groß, sie dachte an Reinachs Frau. Aus Göttingen kam die Bitte, sie möge Reinachs Nachlaß ordnen. Edith Stein fürchtete sich, die Witwe wiederzusehen. Ihr Inneres war verstört, Reinach, neben Husserl der Mittelpunkt des Göttinger Kreises, war nicht mehr. Durch seine Güte durfte sie einen Blick in jene Welt tun, die ihr verschlossen schien. Die Erinnerung half ihr nicht. Was sollte sie der verzweifelten Gattin sagen? Edith Stein konnte nicht an ein ewiges Leben glauben. Da traf sie wie ein Strahl aus jenem verborgenen Reich die ergebene Haltung Frau Reinachs. Die Witwe war nicht zerbrochen. Mitten im Leid war sie von Hoffnung erfüllt, die tröstete und Frieden schenkte. Vor dieser Erfahrung zerbrachen Edith Steins rationale Argumente. Nicht klare Erkenntnis, sondern Angerührtwerden vom Wesen der Wahrheit verwandelte sie. Der Glaube leuchtete ihr auf – im Geheimnis des Kreuzes. Es war noch ein langer Weg, bis es ihr gelang, alle Konsequenzen aus diesem Erlebnis zu ziehen. Für einen Denker wie Edith Stein war es schwer, alle Brücken abzubrechen und den Sprung in das neue Leben zu wagen. Aber der Anstoß war so groß, daß sie noch kurz vor ihrem Tod P. Hirschmann SJ von dieser Erfahrung erzählte. „Es war dies meine erste Begegnung mit dem Kreuz und der göttlichen Kraft, die es seinen Trägern mitteilt. Ich sah zum erstenmal die aus dem Erlöserleiden geborene Kirche in ihrem Siege über den Stachel des Todes handgreiflich vor mir. Es war der Augenblick, in dem mein Unglaube zusammenbrach und Christus aufstrahlte, Christus im Geheimnis des Kreuzes[1]."

Edith Stein begann das Neue Testament zu lesen, sie fragte sich, ob sie in evangelischer oder katholischer Richtung konvertieren sollte. Es wurde ihr klar, daß eine Welt in sie eingebrochen war, die das Studium und die philosophische Forschung übertraf. In unbeachteten „Zufällen" des Lebens erkannte sie plötzlich die weise Führung der Liebe Gottes. Rückblickend schrieb sie: „Ich habe ein bestimmtes Studium vor und suche mir dafür eine Universität aus, die mir besondere Förderung in meinem Fach verspricht ... Daß ich in jener Stadt einen Menschen kennenlerne, der ‚zufällig' auch dort studiert, und eines Tages ‚zufällig' mit ihm auf weltanschauliche Fragen zu sprechen komme, erscheint mir zunächst nicht durchaus als verständlicher Zusammenhang. Aber wenn ich nach Jahren mein Leben überdenke, dann wird mir klar, daß jenes Gespräch von entscheidendem Einfluß auf mich war, vielleicht ‚wesentlicher' als mein ganzes Studium, und es kommt mir der Gedanke, daß ich vielleicht ‚eigens darum' in jene Stadt ‚gehen mußte'[2]." Über ihre persönliche Wandlung berichtet sie: „Ich hatte es gelernt, daß man Menschen nur selten bessert, indem man ihnen ‚die Wahrheit sagt': Das kann nur dann helfen, wenn sie selbst das ernste Verlangen haben, besser zu werden, und wenn sie einem das Recht zur Kritik einräumen[3]."

Die wichtigsten Impulse für ihre religiöse Wende hatte Edith Stein in Göttingen erfahren. In Freiburg vertiefte sich ihr Ringen. Ihre Assistententätigkeit bei Husserl fiel mit den Erschütterungen des hoffnungslos ausgehenden Weltkriegs zusammen. Die Menschen waren von Pessimismus und Niedergeschlagenheit erfüllt. Verzweiflung und Selbstmord mehrten sich. Edith Stein erlebte den freiwilligen Tod eines Bekannten. Ein Brief aus jener Zeit zeigt ihre Tapferkeit und gesunde Lebensbejahung, mit der sie in äußerster Dunkelheit an den Sieg der Wahrheit glaubte. „Ich bitte Dich sehr, Dich jetzt, soviel Du kannst, um Rosa zu kümmern. Es ist doch das Schlimmste, was sie treffen konnte. Natürlich ist es ein großer Unterschied, ob ein natürlicher Tod oder ein freiwilliger . . . vorliegt . . . und entsprechend härter ist es für uns. Aber man muß auch das tragen und zu verstehen suchen, wozu es gut ist. Es tut mir wirklich weh, bei Dir und Rosa so ausgesprochen pessimistische Wendungen zu finden. Ich möchte Euch so gern etwas von dem einflößen, was mir nach jedem neuen Schlage wieder frische Kraft gibt. Ich kann nur sagen, daß ich nach allem, was ich in dem letzten Jahr durchgemacht habe, das Leben stärker bejahe als je. Ich schicke Dir einen Aufsatz von Rathenau, damit Du siehst, daß andere Leute ähnlich über die Kriegsaussichten denken wie ich. Ich glaube wirklich manchmal, man muß sich mit dem Gedanken vertraut machen, daß man das Ende des Krieges nicht erlebt. Und man darf auch dann nicht verzweifeln. Man muß sich nur nicht auf das Stückchen Leben beschränken, das man selbst übersieht, und gar auf das, was deutlich greifbar an der Oberfläche liegt. Es ist doch ganz sicher, daß wir an einem Wendepunkt in der Entwicklung des menschlichen Geisteslebens stehen, und man darf sich nicht beklagen, wenn die Krisis länger dauert, als es dem einzelnen nach seinem Ermessen bekömmlich ist. Alles, was jetzt so schrecklich ist und was ich gewiß nicht beschönigen will, das ist der Geist, der überwunden werden muß. Aber der neue Geist ist bereits da, und er wird sich zweifellos durchsetzen. Wir haben ihn ganz sichtbar in der Philosophie und in den Anfängen einer neuen Kunst im Expressionismus. Und so gewiß hier der Materialismus und Naturalismus überwunden sind, so gewiß werden sie es – wenn auch langsam und unter schmerzlichen Kämpfen – auf allen anderen Lebensgebieten. Man spürt den Willen dazu auch in den politischen und sozialen Kämpfen, in denen ja die treibenden Motive ganz andere sind als die abgestandenen Schlagworte, die die Leute dafür halten. Gutes und Böses, Erkenntnis und Irrtum sind auf allen Seiten gemischt, und jeder sieht auf seiner Seite nur das Positive und bei den anderen nur das Negative. Die Völker wie die Parteien. Das wirbelt nun alles entfesselt durcheinander, und wer will wissen, wann wieder etwas Ruhe und Klarheit eintreten wird. Jedenfalls ist das Leben viel zu kompliziert, als daß man ihm mit einem noch so klug erdachten Weltverbesserungsplan zu Leibe rücken und ihm nun endgültig und eindeutig vorschreiben könnte, wie es zu gehen hat. Du merkst wohl, daß das nicht gegen Dich gerichtet ist. Du wirst mir ja so ziemlich zustimmen. Nur den Glauben möchte ich Dir beibringen, daß die Entwicklung, deren Gang wir nur in sehr bescheidenen Grenzen vorausahnen und in noch viel bescheideneren Grenzen mitbestimmen können, letzten Endes eine gute ist[4]."

Nüchtern überblickte Edith Stein die Zeitsituation. Sie erwartete das Heil von Selbstbescheidung und geduldigem Wartenkönnen. Die Realität des Lebens mußte trotz aller Schwierigkeiten durchgetragen werden. Diese Lebensbejahung war mit natürlichen Kräften allein nicht zu leisten. Sie wurde bei Edith Stein aus jenem „Ruhen in Gott" gespeist, das die gläubig Gewordene zeitweise erfuhr. Ihre Begegnung mit Christus hatte eine innere Sehnsucht in ihr entfacht, die sie später in die Worte faßte: „Meine Sehnsucht nach Wahrheit war ein einziges Gebet[5]."

Die Glaubenserfahrung wurde zur Quelle neuer Leiden. Edith Stein glaubte an Gott, sie glaubte auch an Christus. Aber sie zögerte vor dem letzten Schritt, vor dem Einschnitt der Konversion. Dazu kamen persönliche, schmerzliche Erfahrungen und die Einsicht, daß sie Husserl nicht mehr folgen konnte. Ihr innerer Kampf spiegelte sich in ihren wissenschaftlichen Arbeiten. Die Titel „Psychische Kausalität", „Individuum und Gemeinschaft" oder „Eine Untersuchung über den Staat" verraten, um was es Edith Stein ging. Glänzend handhabt sie die phänomenologische Methode, ein gegebenes Material streng und in die Tiefe dringend zu analysieren. Erlebnisse, Bewußtseinszustände, die Struktur der „Seele" im materiellen und geistigen Bereich werden erörtert. Auffallend ist, daß das Glaubensproblem immer im Zusammenhang mit einem durch persönliche Schicksalsschläge ausgelösten Erschöpfungszustand erwähnt wird. Im Gewand sachlicher Darstellung beschrieb Edith Stein ihr eigenes Schicksal, ihr Ringen mit dem „Todesschatten" und ihr innerstes Verlangen nach „Leben". „Ich kann mich nach religiösem Glauben sehnen, mich darum bemühen mit allen Kräften, und er braucht mir doch nicht zuteil zu werden. Ich kann mich in die Größe eines Charakters vertiefen, ohne die Bewunderung, die ihm gebührt, aufbringen zu können[6]."

Ehe die Übergabe an Gott geschah, mußte Edith Stein die Not einer geistigen Nacht durchleiden. Die sonst so Entschlossene war im Wollen gelähmt und aller Aktivität beraubt. Diese „Totenstille" hinderte sie, das „Einströmen" der objektiven Welt, den Ruf Gottes, sachgemäß zu erwidern. Sie spricht von der Kraftlosigkeit, danken zu können, von der Unfähigkeit, richtig zu lieben. Was sie nicht im Stich ließ, war dieses „Einströmen", dieses innere Erfahren Gottes, das gerade in der äußersten Ermattung vernommen wurde. „Es gibt einen Zustand des Ruhens in Gott, der völligen Entspannung aller geistigen Tätigkeit, in dem man keinerlei Pläne macht, keine Entschlüsse faßt und erst recht nicht handelt, sondern alles Künftige dem Willen Gottes anheimstellt, sich gänzlich ‚dem Schicksal überläßt'. Dieser Zustand ist mir in etwa zuteil geworden, nachdem ein Erlebnis, das meine Kräfte überstieg, meine geistige Lebenskraft völlig aufgezehrt und mich aller Aktivität beraubt hat. Dieses Ruhen in Gott ist gegenüber dem Versagen der Aktivität aus Mangel an Lebenskraft etwas völlig Neues und Eigenartiges. Jenes war Totenstille. An ihre Stelle tritt nun das Gefühl des Geborgenseins ... und indem ich mich diesem Gefühl hingebe, beginnt nach und nach neues Leben mich zu erfüllen ... Dieser belebende Zustrom erscheint als Ausfluß einer Tätigkeit, die nicht die meine ist[7]."

Die äußeren Lebensumstände der Philosophin trugen dazu bei, den angespannten Intellekt zum Schweigen zu bringen. Der Verstand gab sich jedoch nicht so leicht geschlagen. Der Kampf ging weiter. „Ein überzeugter Atheist wird in einem religiösen Erlebnis der Existenz Gottes inne. Dem Glauben kann er sich nicht entziehen, aber er stellt sich nicht auf seinen Boden, er läßt ihn nicht in sich wirksam werden, er bleibt unbeirrbar bei seiner ‚wissenschaftlichen Weltanschauung', die durch den unmodifizierten Glauben über den Haufen geworfen würde ... Oder ein Mensch flößt mir Zuneigung ein, und ich kann es nicht verhindern: Aber ich will mich innerlich nicht dazu bekennen, ich entziehe mich ihr[8]." Durch menschliche Liebeserfahrung lernte Edith Stein die göttliche. Die Selbstoffenbarung Gottes geschah nicht unmittelbar, sondern wurde transparent durch das „Phänomen" des Gott ausstrahlenden Menschen. Wie schwer Edith Steins innere Nöte waren, lassen folgende Worte ahnen: „Ich nehme mir etwas vor, im nächsten Jahr eine Reise zu machen, in eine andere Stadt zu übersiedeln, eine angefangene Arbeit abzuschließen usw., und richte mein gegenwärtiges Leben ganz im Hinblick auf diese Zukunftspläne ein. Im Grunde bin ich aber fest davon überzeugt, daß irgendein Ereignis eintreten wird, das alle meine Pläne über den Haufen wirft. Diesem echten, lebendigen Glauben versage ich meine Zustimmung und lasse ihn nicht in mir wirksam werden[9]." Gott hatte Edith Stein im Grund ihres „Persönlichkeitskerns" berührt, jenem unwandelbaren Besitz der geistigen Person, um dessen gedankliche Durchdringung ihre ganze Philosophie kreist. Aber „diese innere Sphäre, als allen Einflüssen entzogen, ist nicht nur den äußeren Einwirkungen, sondern auch der Selbsterziehung unzugänglich . . . Wenn in dieser Sphäre ein Wandel eintritt, so ist er nicht das Ergebnis einer ‚Entwicklung', sondern als Verwandlung durch eine ‚jenseitige Macht' anzusehen, d. h. eine außerhalb der Person und aller natürlichen Zusammenhänge[10]."

Der Glaube hatte Edith Steins Leben in eine neue Richtung gewiesen. Die Zustimmung des Verstandes zur Annahme des Glaubens genügte jedoch nicht. Gott ist ein Liebender, der vom Geliebten die Übergabe des Willens erbittet. Erst in der Liebe geschieht Verwandlung. Edith Stein machte den Eindruck eines Menschen, der sich vor dieser Übergabe ängstigte, weil der Verstand Einspruch erhob. Sie „machte also Pläne". Sie wollte Freiburg verlassen und sich in Göttingen habilitieren. Husserl schrieb ihr eine glänzende Empfehlung, aber sein Einfluß war gering. Das Leid des verlorenen Krieges und die politische Unsicherheit begünstigten nicht die Lehrtätigkeit einer Frau, die für die Nachkriegsjahre etwas Neuartiges war. Der Versuch mißglückte.

Edith Stein zog sich 1919 nach Breslau zurück, um ihre wissenschaftlichen Arbeiten fortzusetzen und eine Besserung der Lage abzuwarten. Daneben interessierte sie sich für Politik und nahm aktiv daran teil. Ihre Abhandlungen über

„Individuum und Gemeinschaft" und über den Staat geben ihre Gedanken zu den Problemen der Zeit wieder. Sie untersuchte die Stellung des einzelnen zur Gemeinschaft und umgekehrt und warf religiöse Fragen auf. Vor allem wies sie dem Staat die Beschränkung zu, daß er nicht Träger religiöser Werte sein könne, also nicht das Recht habe, in die religiös-personale Sphäre des Menschen einzugreifen. Es ist, als habe Edith Stein angesichts der russischen Ereignisse von 1917 eine Vorahnung gehabt vom kommenden Unheil der atheistischen Gewaltsysteme Europas. Das Ergebnis ihrer Untersuchungen war die Erkenntnis der „unauflöslichen Einzigartigkeit" der menschlichen Person, die sich in einem geistigen Zusammenhang gegebener Realitäten vorfindet.

Neben ihren philosophischen Arbeiten erteilte Edith Stein in Breslau Privatunterricht in Phänomenologie und mühte sich weiter um eine endgültige Klärung ihrer religiösen Fragen. Bei einem Besuch im Frankfurter Dom hatte sie ein Erlebnis, das sich ihr tief einprägte: „Wir traten für einige Minuten in den Dom, und während wir in ehrfürchtigem Schweigen dort verweilten, kam eine Frau mit ihrem Marktkorb herein und kniete zu kurzem Gebet in einer Bank nieder. Das war für mich etwas ganz Neues. In die Synagogen und in die protestantischen Kirchen, die ich besucht hatte, ging man nur zum Gottesdienst. Hier aber kam jemand mitten aus den Werktagsgeschäften in die menschenleere Kirche wie zu einem vertrauten Gespräch. Das habe ich nie vergessen können[11]."

V Taufe

Außer dem Evangelium beschäftigte sich Edith Stein mit der Lektüre des dänischen Religionsphilosophen Sören Kierkegaard. Sie las seine „Einübung ins Christentum". Aber Kierkegaards Betonung des allein vor Gott dastehenden Menschen, seine Sicht des Glaubens, der nur als Wagnis, als Sprung ins Ungewisse gesehen wird, befriedigte sie nicht. Im Sommer 1921 geschah die Wende, die Edith Steins „langem Suchen nach dem wahren Glauben ein Ende macht". Edith Stein verbrachte oft lange Zeit auf dem Obstgut ihrer Freunde, des Ehepaares Conrad-Martius, in Bergzabern. Hedwig Conrad-Martius schreibt: „Es war ... selbstverständlich, daß sie uns wie viele andere Phänomenologen oft wochenlang dort besuchte, wo wir ansässig waren. Ihre Freunde waren unsere Freunde. Unsere Freunde waren ihre Freunde ... Als Edith zum letztenmal bei uns war, befanden wir uns beide in einer religiösen Krise. Wir gingen beide wie auf einem schmalen Grat dicht nebeneinander her, jede in jedem Augenblick des göttlichen Rufs gewärtig. Er geschah, führte uns aber nach konfessionell verschiedenen Richtungen[1]." An einem Sommerabend griff Edith Stein nach einer Lektüre im Bücherschrank der Freunde. Die beiden Gatten waren auswärts; Edith Stein war allein. Der Titel des gewählten Buches hieß: „Das Leben der hl. Teresia von Jesus", eine Selbstbiographie. Edith Stein las, sie las die ganze Nacht; als sie das Buch endlich schloß, sagte sie sich: „Das ist die Wahrheit."

Edith Stein fand in Teresas Autobiographie die Darstellung eigener Erfahrungen. Gott ist nicht ein Gott der Wissenschaft – Gott ist Liebe. Seine Geheimnisse löst nicht der schlußfolgernd vorgehende Verstand, sondern Hingabe.

Teresa von Avila war nicht nur Mystikerin, sie ist auch Psychologin und eine Meisterin der Selbsterkenntnis. Mystische Glut weiß sie mit realistischer Pädagogik zu verbinden. Edith Steins „metaphysische Vorurteile", ihre Angst vor der Begegnung mit Gott verschwanden vor der Tatsache, „daß niemand so in die Tiefen der Seele eingedrungen ist wie die Menschen, die mit einem heißen Herzen die Welt umfaßt hatten und dann durch die starke Hand Gottes aus der Verstrickung gelöst und in das eigene Innere und Innerste hineingezogen wurden[2]." Teresa sieht nicht nur die „Phänomene", „die bewegte Oberfläche des Seelenlebens", sondern Wille, Verstand, Gedächtnis, das Wesen der Seele sind für sie unleugbare Erfahrungstatsachen. Edith Stein stellte fest, daß das „Innerste und Eigentlichste" der Seele kein unbekanntes X war, das die Wissenschaft zur Erklärung seelischer Tatsachen aufstellte, „sondern etwas, was uns aufleuchten und spürbar werden kann, wenn es auch immer geheimnisvoll bleibt[3]." Dieses Aufleuchten wurde ihr bei der Lektüre zuteil.

Was Teresa bei Augustinus fand, erfuhr Edith Stein bei ihr: „Gepriesen sei Gott, der mir Leben gab, um mich aus einem so furchtbaren Tode herauszuwinden . . . Mein Gott, wie staune ich über die Härte meiner Seele, da ich doch so vielfache Hilfe von dir empfing. Wenn ich bedenke, wie wenig ich über mich vermochte und in welchen Fesseln ich mich befand, die mich von dem Entschlusse, mich Gott hinzugeben, zurückhielten . . . Denn ich sah wohl ein, daß ich nicht lebte, sondern mit einer Art Todesschatten rang . . . Meine Seele war also bereits müde, und gern wäre sie zur Ruhe gegangen[4]." Welcher Art der „Todesschatten" ist, spielt für die Bekehrung keine Rolle. Sei es die Sinnlichkeit bei Augustinus, die Freude am weltlichen Verkehr bei Teresa oder die wissenschaftliche Weltanschauung bei Edith Stein; entscheidend ist, daß der Mensch den Tod erkennt, der ihn der Freiheit beraubt, sich Gott hinzugeben. Freiheit und Wahrheit, für Edith Stein die wichtigsten Forderungen der menschlichen Person, finden sich bei Teresa in gleicher Betonung. Der Punkt, von dem aus Heilung geschieht, der das widerstrebende Innere verwandelt, ist für Teresa das innere Gebet. Kannte Edith Stein nicht seit langem dieses innere wortlose Beten? Warum hatte sie es nicht ernst genommen? Teresa antwortet: „Weil wir nicht alles völlig auf einmal hergeben, wird auch der Schatz der vollkommenen Liebe uns nicht auf einmal zuteil[5]." Es bedarf großen Mutes, diesen Weg zu gehen, „denn viele wird es geben, die schon lange das innere Gebet zu üben begonnen haben und doch nie zum rechten Ziel gelangen. Dies kommt ... daher, weil sie nicht gleich von Anfang an das Kreuz umfaßten[6]."

Wieder begegnete Edith Stein dem Zeichen des Kreuzes. Teresa lehrte sie, den Verstand ruhen zu lassen. Gott will den Menschen in Einsamkeit und Schweigen heimsuchen, fern irdischer Tröstung. „Man soll also zur Zeit des Gebetes die Seele ungestört in ihrer Ruhe lassen und die Wissenschaft beiseite setzen. Es wird schon die Zeit kommen, in der die Gelehrten dem Herrn damit dienen können; dann werden sie dieselbe so hochschätzen, daß sie sie um keinen Preis der Welt entbehren möchten, nur um Gott damit zu dienen, denn dazu hilft sie viel. Vor Gott selbst, das können Sie mir glauben, gilt ein bißchen Studium der Demut ... mehr als alle Wissenschaft der Welt. Da handelt es sich nicht darum, Beweise zu führen und Folgerungen zu ziehen; da sollen wir uns aufrichtig als das erkennen, was wir sind, und in Einfalt vor Gott weilen, der da will, daß die Seele, wie sie vor seiner Gegenwart in Wahrheit auch ist, sich zur Törin mache. Läßt sich doch Gott so sehr herab, daß er den Menschen trotz all seiner Armseligkeit neben sich duldet[7]."

Wenn Gott „sieht, daß die Seele einem Vöglein gleich

schon lange geflogen ist und mit dem Verstand, dem Willen und allen ihren Kräften ihn sucht und ihm zu gefallen sich bemüht hat, will er ihr in diesem Leben schon ihren Lohn geben. Welch ein großer Lohn ist dies! Ein einziger Augenblick reicht hin, um der Seele alle Mühen, die sie auf Erden erdulden kann, zu vergelten . . .[8] Wie groß war meine Blindheit! Wo dachte ich hin, Herr, wenn ich meinte, ein Heilmittel zu finden außer bei dir? Welche Torheit, das Licht zu fliehen[9]." Edith Stein wußte sich noch am Anfang des Weges, aber sie war beeindruckt von der Weite, die Teresa ihr eröffnete. Sie war bereit, alles Schwere auf sich zu nehmen, das mit dem neuen Leben verbunden war. Teresas Worte stärkten sie: „Kostet der Mensch auch nur einen Tropfen von dem Wasser dieses Reiches, so wird ihm alles Irdische zum Ekel; was erst, wenn er in dieses Wasser ganz versenkt ist[10]?"

Edith Stein kaufte sich einen Katechismus und ein katholisches Meßbuch. Nachdem sie beides studiert hatte, besuchte sie zum erstenmal einen katholischen Gottesdienst. In der Pfarrkirche Bergzabern feierte der Geistliche Rat Breitling die Eucharistie. Edith Stein verstand jede Zeremonie. Nach der Messe bat sie den Priester um die Taufe. Breitling war überrascht und machte Edith Stein auf die Vorschrift einer längeren Vorbereitung aufmerksam. Sie gab sich nicht geschlagen und bat um eine Prüfung. Diese bestand sie so gut, daß die Taufe für den 1. Januar des folgenden Jahres festgesetzt wurde. Von da an war die tägliche Feier der Eucharistie die Mitte ihres Lebens.

Edith Stein kehrte nach Breslau zurück. Äußerlich veränderte sich nichts in ihrem Leben. Sie unterrichtete, arbeitete wissenschaftlich und widmete sich ihrer Mutter und der Schar der Nichten und Neffen. Sie machte sich Gedanken, wie sie ihren Entschluß der Familie nahebringen könnte. Edith Stein lernte Professor Günther Schulemann kennen, er war Studentenseelsorger und Domvikar. Mit ihm konnte sie offen über ihre Konversion sprechen. Schulemann war beeindruckt von Edith Steins Bescheidenheit, hinter der sie ihr großes Wissen verbarg. Er war kein begeisterter Phänomenologe und riet ihr, Thomas von Aquin zu studieren. Sie ließ sich beraten und war nicht „rechthaberisch und unbelehrbar". Schulemann berichtet: „Ihre große Bescheidenheit war wahrhaft erbaulich. Sie hatte ein stilles und einfaches Wesen, schon damals wie eine Ordensfrau. Meine langjährige Wirtschafterin, die es sonst nicht liebte, Schattenseiten bei den Menschen zu übersehen, sagte wiederholt: ‚Ist das ein bescheidenes Menschenkind! Der muß man gut sein'[11]."

Eine Hilfe war für Edith Stein die Freundschaft mit einer jüdischen Philosophin, der sie Unterricht erteilte. Mit ihr besprach sie ihre Hoffnungen und Nöte. Ein anschaulicher Bericht von Frau Professor Gertrud Koebner gibt Einblick in Edith Steins damalige Situation.

„Im Winter 1918 riet mir Professor Julius Guttmann, Dozent für Philosophie an der Universität Breslau und mein Lehrer in Philosophie, mich mit der phänomenologischen Methode bekannt zu machen. Er hielt es für richtig, auf ein Jahr bei Husserl zu studieren. Ich konnte aber aus persönlichen Gründen nicht von zuhause fort, und es fügte sich, daß wie Professor Guttmann erfuhr, Dr. Edith Stein von Husserl fortging und nach Breslau kam. Guttmann fragte Dr. Edith Stein, ob sie mich in die phänomenologische Methode einführen wolle, und bemühte sich, uns miteinander bekannt zu machen. Edith Steins Name als Philosophin war bereits in Fachkreisen wohl bekannt, und Professor Guttmann meinte: ‚Wenn Sie das Glück haben sollten, daß sie mit Ihnen arbeitet, dann können Sie eine bessere Einführung in die phänomenologische Forschungsmethode nicht finden.' So lernte ich durch Guttmanns Vermittlung Dr. Edith Stein kennen und war von ihrer unscheinbaren Erscheinung und ihrem wortkargen Auftreten überrascht. Aber schon bei dieser ersten allgemeinen Unterhaltung im Hause einer gemeinsamen Bekannten machte mir die tiefe Klugheit und Klarheit ihrer wenigen Bemerkungen einen großen Eindruck. Da Edith Stein Professor Guttmann hoch schätzte, half mir seine Empfehlung, und es wurde eine Art Unterricht zwischen uns verabredet: Ich durfte zweimal die Woche ‚zum Arbeiten' zu ihr kommen. Die Stunden an ihrem Schreibtisch waren streng, sie nahm es mit der Arbeit sehr ernst und verstand es wunderbar, die mir unbekannte Materie eindringlich klarzumachen – immer geduldig, unermüdlich, sachlich. Ich erkannte bald, was für ein Lehrmeister mir das beschert worden war, und da Edith Stein in Breslau zu bleiben vorhatte und sie ihren ‚Unterricht' gewissenhaft durchführen wollte, wurden unsere Verabredungen bald zu einer festen Einrichtung. Nicht lange, und den Arbeitsstunden folgte die Einladung zu einer Tasse Tee, bei der sie anfing, mich mit dem großen Freundeskreis der Phänomenologen durch ihre Erzählungen bekannt zu machen. So lernte ich den Kreis Husserls und seiner Schule kennen, vor allem auch Frau Dr. Conrad-Martius, die Herzensfreundin, und war in dem Göttinger Kreis zu Hause, ohne je jemanden gesehen zu haben. Es läßt sich nicht sagen, wie Edith Stein zu erzählen und zu charakterisieren verstand. Eine neue Welt schloß sich mir auf. Im Laufe der Zeit – dieser enge Verkehr dauerte bis zu ihrem Weggang nach Speyer – legte sie mir alle ‚Eingänge' vor, so nannte sie die Briefe der Freunde, die sie täglich aus aller Welt erhielt, und ich staunte über ihre intensive Anteilnahme an allen wissenschaftlichen Arbeiten und Lebenswegen. Sie ‚korrigierte' die ihr laufend brieflich vorgelegten Manuskriptbogen der Freunde, die ihre Arbeiten nicht ohne ihre Kritik schreiben wollten. Ich möchte noch erwähnen, wie ihre Umgangsformen waren: Sie lehrte mich erst, was Feiern waren wie Geburtstage und Familienfeste. Es hatte alles bei ihr einen höheren Sinn, eine überirdische Freude strahlte von ihr aus und verklärte die üblichen Gebräuche. Sie hatte immer für alles Zeit. Es war für sie klar, daß sie bei ihrer Mutter zu leben und das Leben der großen Familie mitzuleben habe. Ihre Mutter bedeutete ihr den Schwerpunkt ihres Lebens, für sie dazusein, stand immer an erster Stelle. So wuchsen auch die Leiden, als sie die Trennung durch ihren Übertritt kommen sah, die dennoch ihre Verbundenheit mit ihrer Mutter nur tiefer werden ließ. All das ging langsam, in Jahren, vor sich. Wie behutsam war sie, die Mutter nie zu verletzen, die doch ihr heißgeliebtes Kind eher verstand, als sie es sich anmerken ließ! Da ich so viel ins Haus kam, zog mich die Mutter in ihr Vertrauen und schüttete mir, besonders später, als Edith in Speyer war, ihr schweres Herz aus. Mutter und Tochter liebten sich innigst, und Edith Stein hatte immer nur den einen Wunsch, der Mutter wohlzutun, während sie doch ihren Weg gehen mußte, zu dem sie sich berufen fühlte. Wenn sie zu Besuch kam, ging sie weiter an den Feiertagen, an denen die Mutter nicht fuhr, mit ihr zu Fuß in den Tempel, ein langer, anstrengender Weg. – Ohne viel Worte fing Edith eines Tages nach der Arbeit an, mit mir Kierkegaard zu lesen, und in diesen Stunden enthüllte sie mir ihr eigentliches, inneres Leben. Sie las mit mir die Schriften der hl. Teresa, und ich konnte sehen, wie es sie mit allen Fasern dahin zog und sie dort ihr wahres Zuhause fand. Von der Familie entfernte sie sich nie; sie war unendlicher Hingabe fähig; auch als sie längst ihren Weg erkannt und nur daran zu denken hatte, wie sie ihn beschreiten könne, nahm sie den Geschwistern und Neffen und Nichten nichts fort. Sie war die aufopferndste Kranken- und Wochenpflegerin; das Lächeln, mit dem sie die Säuglinge besorgte, die während ihrer ersten Breslauer Jahre im Hause geboren wurden, kam aus einer anderen Welt. Sie war viel zu klug, um nicht die Einstellung der Familie zu ihrem weiteren Lebensweg zu sehen, aber auf beiden Seiten gab es nie Zerwürfnisse – nur schwere Leiden. Der Mutter war es entsetzlich, ihre von ihr verehrte Edith katholisch werden zu sehen, aber Edith war bei der Festigkeit ihres Vorhabens so voll Liebe und Demut, daß sie nicht wie ein Egoist wirkte. Es war ein schwerer Weg von Anfang an, voll Leid darüber, daß sie die geliebte Mutter leiden machen mußte, und voll scheuen Glücks, daß sie in ihr wesentliches, wahres Leben hineinwachsen durfte. Sie fühlte sich geborgen, je klarer sie die Abgründe sah, die sich überall auftaten. Edith Stein wurde immer freier und größer, je schwieriger die äußeren Umstände wurden. Ihre Treue blieb unerschütterlich. Es war längst klargeworden, daß für mich die Phänomenologie nicht das Ziel war, sondern eine Methode, die mich die kritische Methode Kants wohl ergänzen, aber nicht ersetzen lehrte. Edith sah das erst recht deutlich, aber nie schloß sie sich gegen meine ästhetischen Probleme ab, wie sie auch nie, als sie längst im Karmel lebte, sich vor mir abschloß und verschloß. Durchsichtig offen gab sie sich ihren Freunden, klar überblickte sie deren Arbeit und Leben. Sie merkte nur auf, wo sie helfen konnte. Denn durch ihre eigene Offenheit öffnete sich ihr jeder. Sie übte die offenste Kritik, die nicht schmerzte, sondern half, da sie selbst sich nicht als überlegen gab. Bei allem aber, was sie arbeitete und tat, konnte man fühlen, daß ihr nichts genug war. Befriedigung kannte sie nicht. Sie verlangte nach Hingabe, nach dem Aufgehen im Höchsten. Wie sie dabei ihre eigenen Erfahrungen ohne Einschränkung den Menschen enthüllte, die zu ihr kamen, das machte die Begegnung mit ihr zu einem einzigartigen Erlebnis. Sie ging ihren Weg allein, aber wer vor ihr stand, dem half sie und war für ihn Gefährte; nichts Trennendes bestand vor ihr, alle sozialen und unsozialen Unterschiede schob sie beiseite, dem Ewigen allein galt alles Tun.

Edith wußte, daß ich nie meinen jüdischen Glauben aufgeben würde, und sie hat es mit peinlicher Rücksicht zeitlebens unterlassen, mich meinem Glauben entziehen zu wollen. Nur auf dieser Grundlage konnte unsere Freundschaft bestehenbleiben[12]."

Frau Dr. Maria Bienias, die Edith Stein persönlich kannte, schreibt: „Dieser Bericht von Frau Koebner schließt eine Lücke in unserem Wissen über Edith Steins Konversion, insofern wir etwas mehr von dem Suchen nach der Wahrheit z.B. bei Kierkegaard hören. Auch die Schmerzen, die der Übertritt zur katholischen Kirche in der Familie verursachte, werden noch einmal sehr deutlich. Es scheint auch, daß die Lektüre von Werken der hl. Teresa doch schon vor dem endgültigen Entscheid für die christliche Wahrheit gepflegt wurde; möglicherweise bezog sich die Lesung der Selbstbiographie der hl. Teresa von Avila, die von Edith Stein selbst erwähnt wird, auf eine Wiederholung[13]."

Edith Stein muß sich schon vor dem Sommer 1921 mit Teresa von Avila beschäftigt haben. Dies geht aus einem Brief von Frau Koebner hervor: „Etwa im zweiten Jahr unserer Freundschaft fing Edith Stein die Lektüre der Bücher der hl. Teresa an – als Gegensatz zu Kierkegaard, dessen ‚Einübung im Christentum' ihr nicht genügte. Mehr weiß ich leider nicht. Sie las laut vor, es war fast wie ein Beten, nicht wie ein Lesen. Viele Monate dauerte das. Ich erinnere mich, daß sie oft sagte, sie fände das, was in diesen Büchern steht, nicht in der jüdischen Religion, die sie von Kindheit an kannte und die im Hause ihrer Mutter echt und tief gelebt wurde. Und daß sie das, was ihr dabei aufging, auch *leben* und *tun* müsse, das verlange die ewige Wahrheit, um die es ginge. Sie sagte mir eines Tages, daß sie regelmäßig in die Kirche ginge, zur Frühmesse, damit sie zurück sei, bevor das Haus erwache und es jemand merken könne. Aber später sagte mir die Mutter unter bitteren Tränen, daß sie die Haustür immer hatte gehen hören, so leise Edith auch war, und daß sie gewußt hätte, daß nur Edith es sein könne und daß sie nur in der Kirche gewesen sein könne. Aber nie hatte sie ein Wort darüber an Edith verlauten lassen.

Eines Tages legte mir Edith das Gebetbuch der Priester vor. Sie hütete es wie ihren kostbarsten Schatz. Woher sie es hatte, erinnere ich mich nicht. Jeden Sonntag übersetzte sie mir daraus vor, sie las ja Latein wie Deutsch, und es war unbeschreiblich, mit welcher Andacht, Ehrfurcht und tiefsten Freude sie die Gebete von Papst Gregor las und sich von ihrem Geist durchdringen ließ. Und daß all das in der lutherischen Kirche nicht zu finden sei und sie nie evangelisch werden könne, wenn man ihr auch diesen Übertritt eher ‚verzeihen' würde.

Ediths Ringen begann, als sie Husserl verließ. Sie sehnte sich danach, sich der Wahrheit ganz hinzugeben, aber sie glaubte nicht, daß die Wahrheit der Wissenschaft, die sie so gut kannte, das Letzte sei, dem man sein Leben hinzugeben habe. Die ewige Wahrheit leuchte der Kirche, nicht der Universität. So dachte sie, während sie sich um saubere, wissenschaftliche Arbeit bemühte und als echter Forscher den Wert wissenschaftlicher Arbeit hoch schätzte. Als Prof. J. Stenzel, der beste deutsche Plato-Forscher, seine Plato-Abende einrichtete, war es selbstverständlich, daß er Edith Stein dazu wünschte[14]."

Am 1. Januar 1922 wurde Edith Stein in Bergzabern getauft. Es war ein „ökumenisches" Ereignis, als die evangelische Philosophin Hedwig Conrad-Martius ihre katholische Freundin zum Taufbrunnen führte. Am 2. Februar 1922 wurde Edith Stein gefirmt. Als Taufnamen wählte sie Teresia. War für sie bisher der Gedanke an eine Ehe selbstverständlich, so wurde dies nun anders. Sie spürte den Ruf in sich, ihr Leben Gott zu weihen. Sie wollte in den Karmel eintreten. „Als ich am Neujahrstage 1922 die hl. Taufe empfing", schreibt sie, „dachte ich, daß dies nur die Vorbereitung zum Eintritt in den Orden sei. Aber als ich einige Monate später nach meiner Taufe zum erstenmal meiner lieben Mutter gegenüberstand, wurde mir klar, daß sie dem zweiten Schlag vorläufig nicht gewachsen sei. Sie würde nicht daran sterben, aber es würde sie mit einer Verbitterung erfüllen, die ich nicht verantworten könnte[15]." Edith hatte bei der Eröffnung zu Hause mit dem Schlimmsten gerechnet. Die Reaktion der Mutter war jedoch überraschend. „Sie weinte. Das hatte Edith nicht erwartet. Nie sah sie ihre Mutter in Tränen. Auf Schimpf und Schande war sie gefaßt, sie hatte mit einer möglichen Verstoßung aus der Familie gerechnet[16]."

Die Familie war bei der Eröffnung bestürzt. Die Geschwister wußten nicht, über wen sie mehr staunen sollten, über die Mutter oder über Edith. Die Familie Stein sah im Katholizismus eine abergläubische Sekte, weil sie nur Volksbräuche des schlesischen Katholizismus vor Augen hatte. Die Geschwister konnten sich Edith unmöglich auf den „Knien rutschend" und die „Schuhe der Priester küssend" vorstellen. Die Mutter blickte tiefer. Sie fühlte, hier war ihr eifernder Zorn nicht am Platz, sondern Gott hatte in unfaßlicher Weise seine Hand auf ihr liebstes Kind gelegt. Eine Bekannte der Familie schreibt: „Ich bin überzeugt, daß die Wandlung, die mit Edith Stein vorgegangen war und die als übernatürliche Kraft aus ihrem ganzen Wesen strahlte, Frau Stein entwaffnete. Als gottesfürchtige Frau spürte sie, ohne es zu begreifen, das Heilige, das von ihrer Tochter ausging, und obwohl ihr Schmerz ein tödlicher war, erkannte sie klar ihre Ohnmacht, gegen das Geheimnis der Gnade zu streiten[17]."

Edith Stein begleitete die Mutter wie immer zur Synagoge. Zum Erstaunen Frau Steins betete sie die Psalmen beim Gottesdienst aus ihrem römischen Brevier mit. Betroffen gestand Frau Stein: „Solch ein Beten wie bei Edith habe ich noch nicht gesehen[18]." Edith Stein ließ sich durch nichts von ihrem Weg abhalten. Mit Teresa von Avila konnte sie sprechen: Ich begriff, „was es sei, wenn eine Seele in Wahrheit vor der Wahrheit selbst wandelt . . . In dieser göttlichen Wahrheit habe ich sehr wichtige Wahrheiten erkannt, und zwar weit besser, als wenn mich viele Gelehrte unterwiesen hätten . . . Die Wahrheit, von der ich sagte, daß sie mir zu verstehen gegeben wurde, ist die Wahrheit in sich selbst. Sie ist ohne Anfang und ohne Ende, und alle sonstigen Wahrheiten entquellen dieser Wahrheit, wie alle Liebe dieser Liebe und alle Herrlichkeiten dieser Herrlichkeit entquellen. Dies ist alles indes dunkel gesprochen im Vergleich mit der Klarheit, mit der es mir der Herr zu verstehen geben wollte[19]."

VI Lehrerin in Speyer

Edith Stein schrieb: „In der Zeit unmittelbar vor und noch eine ganze Weile nach meiner Konversion habe ich gemeint, ein religiöses Leben führen heiße, alles Irdische aufgeben und nur in Gedanken an göttliche Dinge leben[1]." Sie gab ihre wissenschaftliche Laufbahn auf. Die Dominikanerinnen in Speyer suchten eine Deutschlehrerin. Edith Stein nahm die Stelle an und lebte sich rasch in die neuen Verhältnisse ein. Für die nächsten acht Jahre wurde St. Magdalena ihr Wirkungsfeld. Edith Stein war dankbar, in klösterlicher Atmosphäre leben zu dürfen. Sie paßte sich der Hausordnung an und führte ein Leben, das Arbeit und Gebet vereinte. Ihre Gottsuche wurde ein immer tieferes Gottfinden im Innern und im anvertrauen Nächsten. Der mühsame Arbeitstag einer Lehrerin nahm viel Kraft in Anspruch und gab Edith Stein nicht viel Zeit zur Versenkung ins Gebet. Langsam lernte sie auf innere Freuden zu verzichten, wenn die Situation es erforderte.

Edith Stein faßte ihre Erziehungsarbeit apostolisch auf. Sie unterrichtete am Mädchenlyzeum und an der Lehrerinnenbildungsanstalt. Ihr Schülerkreis umfaßte verschiedene Altersstufen. Dazu kamen die jungen Dominikanerinnen, die sich auf den Lehrberuf vorbereiteten, und die Klosterkandidatinnen. Allen widmete sich Edith Stein mit Ruhe und Selbstvergessenheit. Sie wirkte weniger durch Worte als durch ihr Sein. Zeugnisse ihrer ehemaligen Schülerinnen bestätigen dies. In einem Bericht heißt es: „Rasch gewann sie die Herzen der Schülerinnen. Für uns alle war sie ein leuchtendes Vorbild, das heute noch nachwirkt. In schlichter Bescheidenheit und Einfachheit, fast ungehört und unbemerkt, ging sie den stillen Weg ihrer Pflicht, immer gleichmäßig freundlich und aufgeschlossen für alle, die ihre Hilfe begehrten[2]." Edith Stein suchte die Verborgenheit, um tiefer in ihr Glaubensleben hineinzuwachsen. Ehe sie öffentlich lehrte, lernte sie im kleinen Bereich der Klosterschule die Schwierigkeiten und Anforderungen des Lehrberufs kennen. In einem Brief schrieb sie: „Das Wichtigste ist, daß die Lehrerinnen den Geist Christi wirklich in sich haben und lebendig verkörpern. Aber daneben ist es auch eine Aufgabe, das Leben zu kennen, in das die Kinder hineingehen müssen . . . Die heutige junge Generation ist durch so viel Krisen hindurchgegangen – sie kann uns nicht mehr verstehen, aber wir müssen versuchen, sie zu verstehen, dann können wir ihr vielleicht noch ein bißchen helfen[3]." Edith Stein war anpassungsfähig und einfühlend. Sachlich und zielbewußt vermittelte sie den Lehrstoff. Aber es ging ihr nicht um das Wissen allein, sondern um die ganzheitliche Heranbildung der Person. Eine Schülerin sagt von ihr: „In Wirklichkeit gab sie uns alles. Wir waren noch sehr jung, aber den Zauber ihrer Persönlichkeit hat keine von uns vergessen . . . Für uns in jenem kritischen Alter war sie schon durch ihre Haltung allein das Vorbild. Ich könnte keinen Ausspruch von ihr wiederholen, vielleicht weniger deshalb, weil er nicht im Gedächtnis haftenblieb, als vielmehr deshalb, weil sie eine Stille, Schweigende war, die nur durch ihr ‚Sein' führte . . . Bei der Kritik war sie Güte und Gerechtigkeit in einer vollendeten Verbindung. Nie sahen wir sie anders als ruhig, fein und still[4]."

Edith Stein hatte die Eigenschaften einer guten Erzieherin. Die Festigkeit und Geradlinigkeit ihres Charakters schafften Autorität, die durch Güte Vertrauen weckte. Edith Stein wanderte gerne mit ihren Schülerinnen, erheiterte sie mit ihrem Humor und war ihnen eine verständnisvolle Gefährtin. Manchen flößte ihre geistige Überlegenheit Scheu und Ehrfurcht ein. Eine Dominikanerin schreibt:

„Ich sah Frl. Doktor zum erstenmal vom Fenster meines Klassenzimmers aus, wie sie mit Büchern unter dem Arm über den Hof ins Seminar ging. Ich war derart gepackt von dieser Persönlichkeit – von der ich gar nicht wußte, wer es überhaupt war –, daß ich den Eindruck bis heute nicht vergessen kann[5]." ... „Ohne viel Worte – allein durch ihre Persönlichkeit und alles, was aus ihr flutete, wurde sie mir wegweisend, nicht nur für meine Studien, sondern für mein ganzes sittliches Streben. Man fühlte sich bei ihr in einer Atmosphäre des Edlen, Reinen, Erhabenen, die einen einfach hochriß[6]." Die Mädchen wußten sich bei Edith Stein geistig verstanden und mütterlich geborgen. So schrieb eine andere: „Meine persönlichen Ansichten und innersten Gefühle konnte ich in den Schülerarbeiten, die nur in ihre Hände kamen, rückhaltlos niederlegen. Ich empfand ganz tief, hier darfst du alles sagen, hier kannst du ganz offen und wahr sein, ohne mißverstanden zu werden ... Viel Leid drückte mich damals, doch ich konnte es eher verschmerzen als den Verlust ihrer Stunden bei einem Anstaltswechsel, zu dem ich gezwungen war[7]."

Edith Stein war für die Schülerinnen nicht nur Lehrerin, sondern eine Freundin, deren Liebe ersetzte, was den jungen Menschen im Elternhaus oft fehlte. Sie konnte mittragen und mitleiden. Der Religionsphilosoph Erich Przywara SJ verglich ihren Einfluß unter der Ordensjugend in Speyer mit dem einer Novizenmeisterin. Er lernte Edith Stein 1925 kennen und konnte ihr Wirken beobachten. Er sagte von ihr: „Edith Stein ... war gerade in St. Magdalena in Speyer nicht nur die beste Erzieherin ihrer Schülerinnen, sondern hatte, kraft der weisen Einsicht der damaligen Generalpriorin, einen führenden Einfluß auf die Schwestern und ihren Nachwuchs. St. Magdalena verdankt Edith Stein seine besten Kräfte, die noch heute wissen, wie sehr sie ihre eigentliche Novizenmeisterin war[8]." Auch im Lehrerkollegium war sie eine gern gesehene Mitarbeiterin.

Man wußte nicht, woher die vielbeschäftigte Lehrerin die Adressen der Ärmsten hatte. Neben ihrer aufreibenden Schultätigkeit stand für Edith Stein der Mensch an erster Stelle. „Wie vielen Menschen sie Helferin, Beraterin und Wegweiserin war, wie oft sie als Engel der Caritas in geistigen und leiblichen Nöten half, weiß Gott allein. Der Andrang war oft groß, ihre Korrespondenz sehr ausgedehnt. Aber für andere hatte sie immer Zeit. Sie handelte nach dem Grundsatz, den sie einmal in einem Brief so aussprach: ‚Was den Verkehr mit Menschen betrifft: seelische Not des Nächsten durchbricht jedes Gebot. Was wir sonst tun, ist Mittel zum Zweck. Aber die Liebe ist der Zweck selbst, weil Gott die Liebe ist[9].'"

Es ist erstaunlich, wo Edith Stein, besonders vor Weihnachten, die Zeit hernahm, Pakete für die Armen der Stadt zu packen und sie ihnen selbst zu bringen. Um diese Zeit ging es in ihrem Zimmer hoch her. Auch alle Freunde wurden mit einer Kleinigkeit bedacht, und jedes Geschenk wurde sorgfältig in Weihnachtspapier eingehüllt. Da Edith Stein für ihren Lebensunterhalt sehr wenig brauchte, hatte sie viel zu verschenken. Die eindrucksvollste Predigt jedoch, die das „Fräulein Doktor" in Speyer hielt, war ihr lang andauerndes Beten in der Kirche. Da Edith Stein am Tag wenig dazu kam, setzte sie in den Nächten ihr Beten fort. Manchmal ließ sie sich über Nacht in der Klosterkirche einschließen, und morgens trat sie wieder wie selbstverständlich vor die Schülerinnen. Eines der Mädchen schrieb: „Da ging uns eine Ahnung auf, was es bedeutet, Glauben und Lebenshaltung in vollkommene Übereinstimmung zu bringen[10]."

Neben ihrer beruflichen Tätigkeit blieb Edith Stein herzlich mit ihrer Familie und ihrem weiten Freundeskreis verbunden. In den Sommerferien fuhr sie nach Breslau und versuchte das Leid der Mutter zu lindern. Sie traf mit Prof. Schulemann zusammen und machte ihn mit ihrer Schwester Rosa bekannt. Diese hatte zu ihrer großen Freude auch die Absicht, in die katholische Kirche einzutreten. „Edith Stein war gelegentlich wohl auch zum Tee bei mir", berichtet Prof. Schulemann, „und brachte das eine und andere Mal auch ihre Schwester mit. Auch diese machte damals schon einen verinnerlichten Eindruck. Sie sah in gewisser Weise zu Edith auf und hatte doch ihre eigene, sympathische Art. Die vielen Rücksichtnahmen auf häusliche Gewohnheiten und Überlieferungen, das durch lange Jahre nötige Lavieren, um die andersgläubige Mutter nicht zu verlieren, zu kränken, ja, um ihr Vertrauen wiederzugewinnen, prägte sowohl Edith Stein wie ihrer Schwester den Stempel größter Selbstbeherrschung auf. Wir sprachen auch vom Judentum unserer Tage, den Gebräuchen an Feiertagen, dem langen Fasten, so daß die wohl achtzigjährige Mutter am Versöhnungsfest einen vollen Tag lang nicht das geringste zu schlucken wagte, von der traditionellen Einschätzung des Todes (zumal der Eltern) als etwas Unerhörtem, was gar nicht sein dürfte, so daß selbst die leiseste Andeutung des Sterbenkönnens als unmöglicher Verstoß galt, und bei eingetretenem Tode man nur in fassungsloses, womöglich lautes Klagen übergehen müsse, ohne irgendeine Tröstung zuzulassen . . . Ich stellte auch gelegentlich und zufällig fest, daß Edith stundenlang vor dem Tabernakel zubrachte. Ihre Haltung, Kleidung, ihre Bewegungen und ihr Benehmen waren immer gleichmäßig, schlicht, beherrscht und wahr . . . Dabei war ihr Leben auch in den Ferien zwischen Frömmigkeit, Wissenschaft und kluger, liebevoller Anteilnahme am Familienleben im Hause der Mutter eingeteilt. Immer wieder gab es da Konfliktstoffe, und sie wandte viel Geduld und Liebe auf . . . Die Tätigkeit bei den Dominikanerinnen, Ediths Ausgeglichenheit und stille Freudigkeit hatten schon vorher die Mutter vermuten und es auch aussprechen lassen, daß die Tochter Edith ihr womöglich auch noch das antun werde, ins Kloster zu gehen[11]."

So gingen in Speyer die Jahre dahin, äußerlich ruhig, abseits der Straße der Wissenschaft. Edith Stein lebte wie eine „Dominikanerin unter Dominikanerinnen" und legte private Gelübde ab.

VII Begegnung mit Thomas von Aquin

1925 wurde Edith Stein von Erich Przywara gebeten, John Henry Newman zu übersetzen. Zwischen Edith Stein und Przywara entwickelte sich ein reger geistiger Austausch. Edith Stein hatte Freude an der Arbeit, und es blieb nicht bei Newman allein. Es war providentiell, daß Przywara in Edith Stein das philosophische Verlangen nach Grundlagenforschung weckte, jetzt auf der Basis des Glaubenslebens. Bei einem Denker wie Edith Stein mußten auf die Dauer tiefere Fundamente gegraben werden. Indem Przywara die Impulse Schulemanns weiterführte und Edith Stein auf das Studium des hl. Thomas von Aquin verwies, öffnete er der Phänomenologin eine neue Welt. Przywara empfahl Edith Stein die Übersetzung der „Quaestiones disputatae de veritate", des hl. Thomas „Untersuchungen über die Wahrheit". Dieses Werk des Aquinaten nimmt eine Schlüsselstellung in seinem Denkgebäude ein und gab der Phänomenologin eine gute Einführung in die scholastische Lehrmethode. Die Auseinandersetzung mit dieser Geisteswelt öffnete Edith Stein Horizonte, die nicht nur ihre Glaubenserkenntnis, sondern auch ihr praktisches Verhalten bestimmten. „Allmählich habe ich eingesehen, daß in dieser Welt anderes von uns verlangt wird und daß selbst im beschaulichen Leben die Verbindung mit der Welt nicht durchschnitten werden darf . . .", denn „je tiefer jemand in Gott hineingezogen wird, desto mehr muß er auch in diesem Sinne aus sich herausgehen, d. h. in die Welt hinein, um das göttliche Leben in sie hineinzutragen[1]."

Die Beschäftigung mit Thomas bahnte bei Edith Stein die Rückkehr zur Philosophie an. „Daß es möglich sei, Wissenschaft als Gottesdienst zu betreiben, ist mir zuerst so recht am hl. Thomas aufgegangen; und nur daraufhin habe ich mich entschließen können, wieder ernstlich an wissenschaftliche Arbeit heranzugehen[2]." In kleinen halben Stunden, die Edith Stein sich von ihrer Arbeit abstahl, machte sie die Übersetzung. Die Arbeit war nicht leicht. Edith Stein war Neuling in der Scholastik und mit der Terminologie nicht vertraut. Ohne ihre Kenntnisse in Latein hätte sie sich nicht an die Arbeit gewagt. Aber für sie war die Übersetzung eine Notwendigkeit, um in das thomistische Gedankengut einzudringen. Zunächst war Edith Stein verwirrt. Sie fragte sich, nach welcher Methode Thomas vorging. Von Natur aus wußte sie sich zu „unmittelbarer Sachforschung" berufen. Ihrem phänomenologischen Denken fiel es schwer, sich in fremde Begriffe hineinzufinden. Thomas verwendet zum Erweis seiner Gedanken unbekümmert antikes und christliches Gedankengut und schließt auch Väterzitate oder Glaubenswahrheiten von der philosophischen Untersuchung nicht aus. Dies war für Edith Stein ein unerhörtes Verfahren. In einem Alter, da sie Lehrer der Philosophie sein konnte, war sie gezwungen, ihr Denken neu zu orientieren. Sie wurde zur Lernenden, ohne ihre eigene Prägung zu verlieren. Bald wurde ihr klar, welche Vorteile die zusammenfassende, thomistische Weltschau im Gegensatz zur nur erkenntnistheoretischen Philosophie der Neuzeit hat.

Thomas war Philosoph und Theologe zugleich. Was für die Phänomenologie nur als Wesensmöglichkeit existierte, Himmel, Welt der Engel, Gott, waren für Thomas konkrete Wirklichkeiten, denen der denkende und gläubige Mensch sich stellen muß. Edith Stein verwandelte die schwerfällige Form der scholastischen Disputation in einen synthetischen, dem heutigen Leser leicht faßlichen Gedankengang. Sie brachte die prinzipielle Lösung der Fragestellung, ohne Verzögerung durch Gegeneinwände, und schloß jede Quae-

Edith Stein auf einer Wanderung im Riesengebirge (1911).
Wiedergabe mit freundlicher Erlaubnis
des Archivum Carmelitanum Edith Stein, Brüssel.

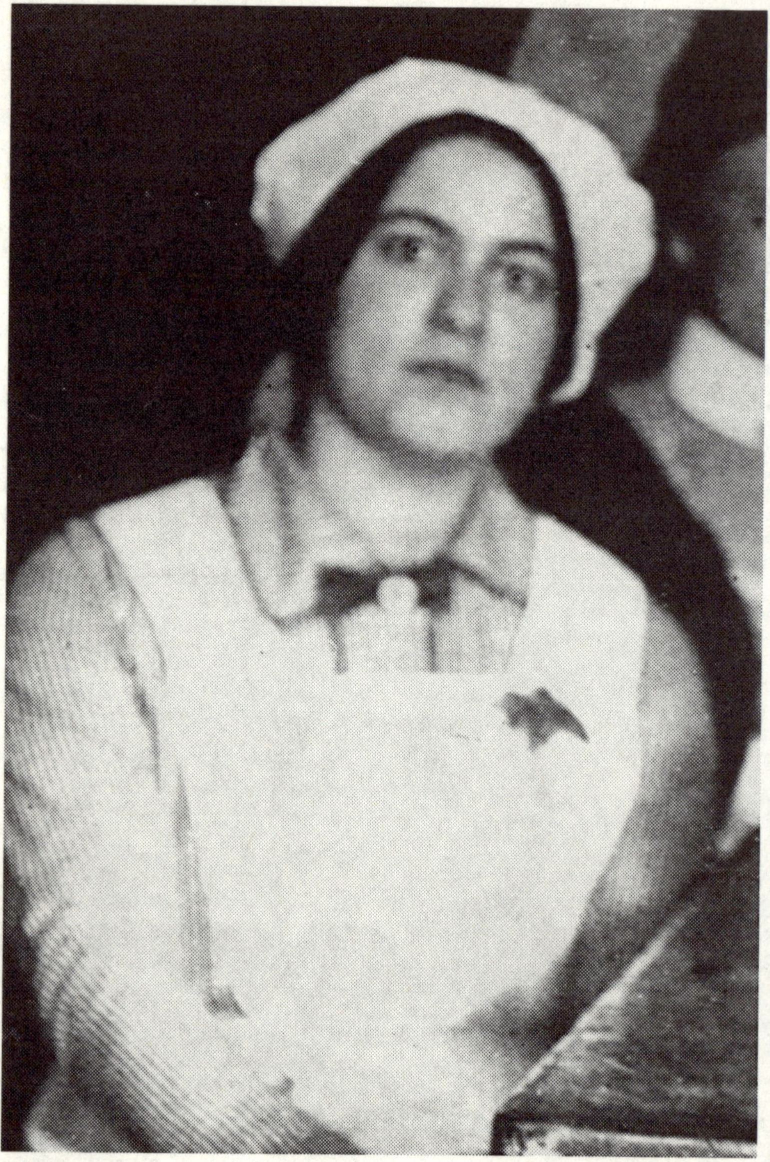

Freiwilliger Lazarettdienst 1914/15.

Der Philosoph Adolf Reinach und seine Frau.

Professor Edmund Husserl.

stio mit einer zusammenfassenden Erklärung ab. Sie hatte keine philologisch-wissenschaftliche Absicht. Die praktische Seite stand für sie im Vordergrund. „Ich würde es als eine besonders erfreuliche Wirkung betrachten", schrieb sie in ihrem Vorwort, „wenn recht viele durch die Übertragung zum Studium des Urtextes angeregt würden[3]." Die von manchen angefochtenen „Haarspaltereien" des Aquinaten sah Edith Stein in einem anderen Licht. „Wer längere Zeit mit diesem klaren und scharfen, stillen und besonnenen Geist in seiner Welt lebt, dem wird es immer öfter begegnen, daß er in schwierigen theoretischen Fragen oder praktischen Situationen, denen er früher hilflos gegenübergestanden hätte, leicht und sicher die Entscheidung findet; und wenn er sich dann – selbst überrascht – hinterher besinnt, wie es möglich wurde, so entdeckt er, daß Thomas mit irgendeiner seiner ‚Haarspaltereien' die Grundlage dafür geschaffen hat[4]."

Edith Stein übersetzte Thomas, um sich und anderen zu helfen, ihr Leben besser im Geist des Glaubens zu gestalten. Thomas lehrt, daß auch der Glaube ein Weg zur Wahrheit sei. Während die Philosophie der Neuzeit den Anspruch erhob, Wahrheit im umfassenden Sinn erkennen zu können, eröffnet der Glaube der Philosophie einen Bereich, der ihr sonst verschlossen bliebe. Der Glaube gab Thomas die Sicherheit, den Wahrheitsgehalt der natürlichen Vernunft zu prüfen, dann aber der Philosophie ihre formale und materiale Abhängigkeit vom Glauben aufzuzeigen. Edith Stein entdeckte in der Erkenntnislehre Thomas' moderne Ansatzpunkte, Übereinstimmungen zwischen Ergebnissen ihrer früheren phänomenologischen Arbeiten und den Untersuchungen des Heiligen. Durch ihre Übersetzung hielt sie, wie Peter Wust sagte, „den größten Phänomenologen des seinsfrohen Mittelalters den immer noch im Subjektivismus verkrampften Phänomenologen unseres Zeitalters als einen reinen Spiegel ihrer Idee vor Augen[5]." Sie machte die phänomenologische Methode für das scholastische Denken fruchtbar und zeigte einen Weg, mit der Vergangenheit in Kontakt zu treten.

Was Teresa von Avila in Edith Stein begonnen hatte, führte Thomas weiter. Er sagte nicht nur Entscheidendes über Glaube und Wissen, auch der mystische Weg war ihm nicht unbekannt. Durch die nüchternen Analysen wird seine Gotteserfahrung spürbar. Wer so über Glaube, Liebe und Einheit der Seele sprechen kann wie Thomas, hat die Liebe Gottes nicht durchdacht, sondern erfahren. Nicht umsonst nannte er sein Lebenswerk, die „Summa theologica", ein bißchen Spreu vor dem Angesicht Gottes. Thomas sah die Geschlossenheit des denkenden, schauenden, liebenden Menschen. Der Denker in ihm gab der Liebe den Vorrang. Das Ziel des Menschen ist seine Verähnlichung mit Gott. Der Glaube ist der Weg, aber ein dunkler Weg, weil der Verstand die Glaubenswahrheit mit natürlicher Kraft nicht einsieht. Der Verstand muß von Gott erleuchtet werden und ist auf die Zustimmung des Willens angewiesen. Der Wille wird von der Liebe Gottes angezogen. „Die Vollkommenheit der Liebe", sagt Thomas, „besteht nicht in der Gewißheit der Erkenntnis, sondern in der Stärke des Ergriffenseins[6]." Der Glaube ist auf ein „Abwesendes" gerichtet, er ist die „Grundlage des zu Hoffenden", die Liebe ist auf ein „Unbegreifliches" gerichtet, auf Gott, der die Liebe ist. „Sofern (der Wille) zu geistigen und göttlichen Dingen hingezogen wird, entfernt er sich weiter von den Sinnen als der Verstand, da der Verstand weniger von den göttlichen Dingen erfassen kann, als das Gemüt erstrebt und liebt . . . Man kann auch nicht sagen, der Verstand stehe dem höchsten Ziel näher als der Wille, denn die Seele wird zwar eher durch den Verstand als durch das Gemüt zu Gott hingezogen, jedoch das Gemüt erreicht ihn vollendeter als der Verstand[7]." Der Glaube, dessen Objekt das Wahre ist, muß durch die Liebe vollendet werden. Der Glaube bedarf keiner philosophischen Argumentation, er trägt seine Gewißheit in sich. Für Thomas gab es keine höhere Gewißheit als die des Glaubens. Trotzdem konnte er auf weiten Strekken mit seinen ungläubigen Brüdern philosophieren. Er vermischte die Philosophie nicht mit der Theologie, sondern legte an den Grenzen der natürlichen Vernunft seinen gläubigen Standpunkt dar. Er zwang niemand, mit ihm in das Geheimnis des Glaubens einzutreten. Er war sich bewußt, daß die Wahrheit für sich selbst zeugt.

Diese geistige Weite hatte für Edith Stein etwas Befreiendes. Ihre Auseinandersetzung mit Thomas kam in einer Festschrift zu Husserls 70. Geburtstag zum Ausdruck. Diese Arbeit: „Husserls Phänomenologie und die Philosophie des hl. Thomas von Aquino" war als Dialog gedacht. Edith Stein sah die methodischen Übereinstimmungen beider Denker. Das Grundanliegen beider faßte sie in die Worte: „So reichen sich die echten Philosophen über alle Grenzen von Raum und Zeit die Hände. So waren Plato und Aristoteles und St. Augustin des hl. Thomas Lehrer – wohl zu beachten: nicht Aristoteles allein, auch Plato und Augustin –, und es war ihm gar nicht anders möglich, als in beständiger Auseinandersetzung mit ihnen zu philosophieren[8]."

Thomas gebrauchte seine Gaben nicht zur geistigen Autonomie, die der Philosophie eine universale Vorrangstellung einräumen will. Die Philosophie war für ihn eines der Talente, die dem Menschen gegeben sind, den Geheimnissen Gottes in seiner Schöpfung nachzuspüren. Edith Stein lernte von Thomas eine sachgemäßere Einstellung zur Welt. Die „Entrückung im Gebet", die die geistige Aktivität der Neubekehrten zunächst aufgehoben hatte, war nicht Ziel, sondern Weg. Die notwendige Distanz zur Welt wurde zum Dienst für Gott, der der Philosophin ihre „natürliche Wirkungskraft" wiedergab.

VIII Kraft des Betens

Die Menschen, die Edith Stein begegneten, berichten von ihrem Gebetseifer. Viele staunten darüber, manche übten Kritik. Wie war es möglich, daß Edith Stein bei ihrem ermüdenden Schuldienst und ihrer Thomas-Übersetzung, bei ihrer Sorge für die Notleidenden und Ratsuchenden immer noch Zeit aufbrachte für das Gespräch mit Gott? Vielleicht kann man sagen, weil sie so intensiv betete und Gott das erste Recht einräumte, hatte sie soviel Zeit für alles übrige. Sie schrieb: „Besondere Mittel wende ich zur Verlängerung der Arbeitszeit nicht an. Ich tue, soviel ich kann. Das Können steigert sich offenbar mit der Menge der notwendigen Dinge. Wenn nichts Brennendes vorliegt, hört es viel früher auf. Der Himmel versteht sich sicher auf Ökonomie ... Es kommt nur darauf an, daß man zunächst einmal in der Tat einen stillen Winkel hat, in dem man mit Gott so verkehren kann, als ob es sonst überhaupt nichts gäbe, und das täglich ... schließlich, daß man sich ganz und gar als Werkzeug betrachtet und speziell die Kräfte, mit denen man besonders arbeiten muß, als etwas, was nicht wir brauchen, sondern Gott in uns[1]." Edith Steins Beten war nicht Befriedigung des eigenen Ich, sondern Kraftquelle für selbstlose Berufsarbeit, für den Dienst an den Menschen.

Im Herbst 1927 erlag Generalvikar Schwind beim Beichthören im Dom zu Speyer einem Gehirnschlag. In ihm verlor Edith Stein ihren geistlichen Berater. Seit fünf Jahren hatte sie in der Familie Schwind eine Heimat gefunden. Die Nichte Anna Schwind erzählt: „Eines Tages sei der Onkel händeringend in die Küche gekommen, habe sich auf einen Stuhl fallen lassen und ausgerufen: ‚Oh, diese Philosophin! Sie kann mehr Fragen stellen, als zehn gelehrte Theologen beantworten können[2].'" Über Generalvikar Schwind schrieb Edith Stein im Innsbrucker Priesterkorrespondenzblatt: „Seine Seelenführung war ruhig, sicher und besonnen, auf weise Menschenkenntnis und jahrzehntelange Seelsorgsarbeit gestützt, doch zugleich von heiliger Ehrfurcht vor dem Wirken Gottes in der Seele, und da ebenso zart wie kühn. – Wo er ein Herz fand, das dem Zug der Gnade folgte, ließ er es gewähren, ohne einzugreifen, und zeigte ein Vertrauen ohne Grenzen ... Unerschütterlich war sein Vertrauen auf die Führungen der göttlichen Vorsehung und auf die Kraft des Gebetes: Dazu wußte er zu erziehen und damit in Lagen, wo aller menschlicher Trost versagte, Trost und Ruhe zu geben ... Strenge und Güte, Ernst und kindlicher Frohsinn, Hoheit und Demut, das waren die Gegensätze, die sich in dieser Seele zur Harmonie verbanden, hervorgewachsen aus einer Wurzel der lautersten Gottesliebe[3]."

P. Przywara riet Edith Stein 1928, die Kar- und Ostertage in der Benediktinerabtei Beuron mitzufeiern. Sie ging auf diesen Vorschlag ein, und es begann für sie ein neuer Lebensabschnitt. In Beuron lernte sie den jungen, tatkräftigen Erzabt Raphael Walzer kennen. Offen legte Edith Stein ihm ihre Fragen vor. Abt Walzer war erstaunt von ihrer problemlosen, aufrichtigen Frömmigkeit. Er schreibt: „Als Edith Stein zum erstenmal nach Beuron kam, war sie wahrhaft kein Neuling mehr. So viel Kostbares brachte sie mit, daß sie in der monastischen Atmosphäre dieses verborgenen Donauwinkels wohl gleich ihre eigentliche Heimat entdeckte, aber durchaus keine Umwandlung erfahren oder wesentlich Neues hinzuzulernen brauchte. Es war eine Art Erntezeit dessen, was andere gesät und sie selbst in bestem Erdreich verarbeitet hatte[4]." Edith Stein fand in Beuron einen Raum, in dem sie ihren Durst nach Gebet stillen konnte. Stundenlang weilte sie in der Kirche der Abtei. Die Liturgie der Kar- und Ostertage war für sie ein besonderer Höhepunkt des Jahres. Oft sah man sie im Gebet vor einem Bild der schmerzhaften Muttergottes. Eine Frau schreibt: „Heute dünkt mich, Edith Stein habe nicht nur um Leiden gebetet, sondern auch eine Ahnung gehabt, daß sie den Leidensweg gehen werde[5]."

Für Edith Steins Fähigkeit zur Versenkung wurde die Begegnung mit der benediktinischen Verkündigung des Gotteslobes ein heilsames Gegengewicht. Sr. Plazida OSB sagt von dieser Zeit: „Als junge Schwester hatte ich einmal in der Nähe von Speyer dienstlich zu tun. Da durfte ich über Samstag–Sonntag Edith Stein in Speyer besuchen. Sie war damals mitten in der Übersetzung der ‚Quaestiones disputatae de veritate' des hl. Thomas. In kleinen halben Stunden, die sie der Tagesarbeit abstahl, hat sie diese große Arbeit geleistet. Aber auch damals schon schloß der Tag mit der Lesung des jeweiligen Abschnittes aus der Regel St. Benedikts. Am Sonntagmorgen waren wir miteinander in einem sehr feierlichen Hochamt im Speyrer Dom. Fast das ganze Hochamt über kniete Edith Stein neben mir, das Haupt in die Hände gestützt, die Augen bedeckt. Das war einer jungen, liturgiebegeisterten Tochter St. Benedikts unverständlich. Ich sagte ihr dann auch nachher: Ein so feierliches Hochamt müsse man doch mit Augen und Ohren mitbeten. Auf die Antwort kann ich mich nicht mehr besinnen. Aber groß war meine Freude, als Edith Stein sich eng an Beuron anschloß. Dennoch war es mir durchaus selbstverständlich, daß sie nicht in eine Benediktinerinnenabtei eintrat, sondern in einen Karmel. Durch die Begegnung mit dem benediktinisch-liturgischen Geist von Beuron ist in Edith Stein aber vieles innerlich gelöst und entfaltet worden, ohne das sie wohl nicht zu dieser wundervollen Größe und Weite herangereift wäre, die das Kennzeichen ihres Wesens ist[6]."

Gräfin Bissingen ergänzt: „Mit inniger Liebe hing Edith Stein an Beuron, vor allem aber am Karmel, und sie freute sich sichtlich, wenn sie diese Vorliebe geteilt und verstanden sah[7]." Erzabt Walzer schrieb: „Sie wollte einfach da sein, bei Gott sein, die großen Geheimnisse gleichsam vor sich haben, was die freie Natur draußen außerhalb des abgeschlossenen, heiligen Raumes oder eine stille Zelle ihr nicht geben konnte. Ich glaube nicht, daß sie sich in ihrem Sinnen und Beten vieler Schrifttexte bediente oder gar biblische Exegese trieb oder geistige Vorträge ausdachte, zu denen sie immer wieder berufen wurde . . . Wie ihre äußere, fast starre Haltung, so blieb auch ihr Inneres in der Ruhe eines seligen Schauens und Frohseins vor Gott. Dankbare Konvertitin und glücklich, daheim bei ihrer Mutter, der Kirche, zu sein, bekannte sie mit dem psalmodierenden Mönchschor . . . die große, betende Kirche. Christi Mahnung ‚Betet ohne Unterlaß' erkannte sie in ihrer ganzen Tiefe, und so fand sie keinen Gottesdienst zu lang, keine Anstrengung zu groß . . . Auch die Schönheit der strengen Liturgie allein war für ihren Geist und ihr Herz nicht ausschlaggebend. Gewiß behauptete die Form in ihrer Sprache, ihrem Schauen, ihrem Schaffen einen bevorzugten Platz . . . Aber nichts Menschliches konnte sie stören, weder die teilweise unglücklichen Formen der Beuroner Klosterkirche noch andere Unvollkommenheiten, die ihr keineswegs entgingen angesichts der allseitigen Kenntnisse, die ihr eigen waren. Das einseitig Ästhetische . . . verdarb nie ihr Denken und Beten[8]."

Erzabt Walzer wünschte nicht, daß Edith Stein in den Karmel eintrat. Wie andere war er der Überzeugung, daß sie außerhalb des Klosters Wichtiges für die Kirche zu leisten habe. Während Edith Stein in Beuron eine Zuflucht für das Gebet suchte, erweiterte sich ihr Wirkungsbereich über die Grenzen Deutschlands hinaus. Immer wieder wurde sie gebeten, als Fachreferentin über die Probleme der Frau zu sprechen. Der Verzicht auf ihr inneres Verlangen und ihr Hören auf die Kirche schenkten ihr Gelassenheit. Erzabt Walzer sagte: „Mit Vorliebe wendete ich auf sie den Ausdruck an, mit dem das monastische Brevier den Frieden einer geheiligten Seele betont: fuit et quietus. Ja, auch sie war ruhig[9].“ Wir wissen nicht viel über Edith Steins Erfahrungen mit Gott, aber manches über ihr praktisches Verhalten.

Am treffendsten sind oft Aussagen einfacher Menschen, die Edith Steins Menschenliebe bezeugen. Der ehemalige Klosterpförtner der Beuroner Erzabtei, Br. Anton Maunz, erzählt in seinen Erinnerungen: „Fräulein Edith lernte ich in Beuron kennen, wo ich in den Jahren 1922–1939 als Klosterpförtner der Erzabtei eingesetzt war und dort mit ihr zu tun bekam, wenn sie ihren damaligen Seelenführer, den Hochw. Herrn Erzabt Raphael Walzer, oder sonst einen der Mitbrüder aufsuchte. Immer war das Fräulein aber die Bescheidenheit selbst, in ihren Worten, ihrem Auftreten, ihrer Kleidung und Frisur. Und wie ich dann erfuhr, daß dieser Besuch des Hochw. Herrn Erzabtes eigentlich ein sehr gelehrtes Fräulein sei, mußte ich jedesmal ihre Demut bewundern, mit der sie an der Klosterpforte vorsprach. Bewundernswert war auch ihre Ehrfurcht gegenüber allen Mitbrüdern, sogar auch mir, dem jungen, geringen Laienbruder. Sie ehrte uns Ordensleute alle, als ob wir wunder was wären. Weiter fiel mir auf ihre Geduld bei Andrang und langer Wartezeit. Wenn sie auch Zeit zum Warten hatte, es wäre ihr aber sicher manchesmal lieber gewesen, wenn man sie gleich bedient hätte. Nie wüßte ich aber, daß sie darauf pochte, daß sie doch zuerst dagewesen sei oder daß sie doch den Hochw. Herrn Erzabt zu sprechen wünsche und daher mit Vorzug zu bedienen sei. Da lernte ich sie immer nur als ganz bescheidene Pilgerin kennen. Genauso rührend war ihre Dankbarkeit für jeden kleinen Gang und Dienst, den ich ihr dabei zu erweisen hatte. Dies zeigt auch ihr Gedenken an mich noch im Karmel zu Köln, von wo sie mir, wie auch dem Beuroner Sakristan, Bruder Willigis Dirr selig, von ihrer Einkleidung am 15. April 1934 Heiligenbildchen mit kleinen, handschriftlichen Widmungen durch Rev. Vater Erzabt überbringen ließ. Sie wollte dabei sicher Bruder Willigis und mir ihre nicht versiegende Dankbarkeit abermals beweisen und uns eine Freude machen, was ihr natürlich damit gelungen ist. Heute schätze ich diese Bildchen noch mehr als beim Empfang und halte sie hoch in Ehren. In ihrer Demut bat sie auch noch um unser Gebet für ihren begonnenen neuen Lebensweg. Als gefeierte Gelehrte und in ihrem Stand hätte sie anders auftreten können und dürfen, aber da vermied sie alle hervortuenden und egoistischen Eigenschaften und Ansprüche und zeigte sich nur als arme, bettelnde und hilfesuchende Pilgerin. Dasselbe bezeugte auch Bruder Willigis. Sie war wirklich ein vorbildliches Menschenkind. Und wenn einige Leute Anstoß nahmen, weil sie häufig in der Kirche ihren Platz in den vorderen Bänken einnahm, so geschah dies sicher nicht, um gesehen zu werden oder um etwas zu gelten. Ich und auch Bruder Willigis waren immer der Ansicht, daß sie das nur tat, um den Gottesdienst gut und ungestörter mitfeiern zu können. Darum machte sie sich auch immer rechtzeitig auf den Weg und ging diesen still in sich gekehrt voran, während andere ‚fromme Seelen' allzugerne bis zur letzten Minute, ja, wohl auch über diese hinaus, auf dem Kirchweg ‚hängenblieben', um miteinander zu schwatzen. Und bis diese dann in die Kirche kamen, war das Fräulein Edith halt ‚schon wieder' in einer der vorderen Bänke! Solch ähnlich ‚anstößige Fälle' mag es wohl noch mehr gegeben haben, wenn ich mich auch nicht an solche erinnere ...[10]"

Erzabt Walzer sagte von Edith Stein: „Nichts verriet äußerlich die Tiefe ihres geistigen Lebens, wenn nicht das vollkommene Gleichgewicht zwischen den Gaben des Herzens und denen des Verstandes, ihr Ernst vor den Problemen der Zeit, ihr aufrichtiges Mitleiden[11]." Trotz ihrer anspannenden geistigen Tätigkeit blieb Edith Stein ganz Frau „mit zartem, ja mütterlichem Empfinden ... Sie war schlicht mit einfachen Menschen, gelehrt mit Gelehrten ... mit Suchenden eine Suchende. Beinahe möchte ich hinzufügen: mit Sündern eine Sünderin[12]." Edith Stein fühlte sich solidarisch mit den Leiden und Freuden ihrer Brüder und Schwestern. Eine Bekannte berichtet: „Für die andern war sie von großer Milde – und je armseliger ein Menschenkind war, desto rührender war ihre Freude, gerade in solchen Lieblinge Gottes zu suchen – da, wo unsereins wirklich nur Armseligkeit und nichts anderes sah[13]."

IX Vorträge für die berufstätige Frau

Die ersten sieben Jahre in Speyer sollten Edith Stein vorbereiten für die Aufgaben, die sie erwarteten. Ihre philosophischen Arbeiten und Übersetzungen blieben nicht unbeachtet. Die Verbände katholischer Lehrerinnen und Akademiker wurden auf Edith Stein aufmerksam und erbaten ihre Stellungnahme zu den Problemen der Zeit. Pater Przywara gelang es, ab 1927 Vortragsreisen für sie einzurichten. Von da ab war es mit ihrer Abgeschiedenheit vorbei. Sie war überrascht über den Widerhall, den ihre Vorträge im In- und Ausland fanden. Der Schuldienst wurde immer wieder durch Vortragsreisen nach Ludwigshafen, Heidelberg, Zürich, Salzburg und in das rheinisch-westfälische Industriegebiet unterbrochen. Edith Stein fragte sich, ob sie berufen sei, über die „Bedeutung der Frau im Leben der Gegenwart" zu sprechen.

In Ludwigshafen begrüßte sie die Zuhörer mit folgenden Worten: „Gestatten Sie mir, mit einer kleinen, persönlichen Bemerkung zu beginnen. Vor zwei Tagen fuhr ich von Beuron, wo ich die Karwoche und die Ostertage verleben durfte, hierher nach Ludwigshafen, mitten in die Vorbereitungen zu dieser Tagung hinein. Man kann sich kaum einen größeren Gegensatz denken: dort das stille Tal des Friedens, wo unbekümmert um alles, was draußen in der Welt geschieht, Tag für Tag und Jahr für Jahr das Lob des Herrn gesungen wird . . . und diese Versammlung, die sich zusammengefunden hat, um brennende Gegenwartsfragen zu besprechen. Das war fast ein Sturz vom Himmel zur Erde. Aber vielleicht ist gerade dieser Gegensatz ein Symbol für die Aufgabe, die wir alle haben[1]." Mit dieser konkreten, lebendigen Art fesselte Edith Stein ihre Hörer. Die Frauen bedurften eines Menschen, der ihre Lebensfragen nicht nur soziologisch, psychologisch oder philosophisch löste, sondern eine Antwort aus der Tiefe, aus der Kraft des Glaubens gab. Wie sehr Edith Stein diese „Antwort" nicht nur aussprach, sondern verkörperte, zeigen die Erinnerungen einer Lehrerin: „Ich erwartete eine imponierende, selbstsichere, geistvolle jüdische Dame, wie ich so manche in der liberalen Frauenbewegung und der freien Wohlfahrtspflege kennengelernt hatte, und eine hinreißende Rede. Aber da war nichts Imponierendes, keine durch Haltung und Geist faszinierende Persönlichkeit. Eine kleine, zarte, eigenartig sachliche Frau in einfacher, gewählter Kleidung, ganz ohne äußere Selbstsicherheit und ohne sprühende Geistigkeit. Bei einem fast kindlich-freundlichen Wesen in der Begrüßung lag etwas Verhaltenes in den nachdenklichen Augen, etwas geheimnisvoll Feierliches, das sie eigentümlich fernhielt und das in dieser Spannung fast eine Art Scheu hervorrief (wenigstens ging es mir so). Und dann sprach sie in ruhiger Anmut, ohne Rhetorik, in klarer, schöner, nicht ungewöhnlicher Diktion. Dabei spürte man jedoch eine große geistigseelische Kraft und ein in Zucht gehaltenes, überreiches Innenleben aus letzter Sicherheit ... Sie klagte nicht an, sie haderte nicht und drohte nicht, sie legte dar, und in den nüchternen Darlegungen wurde die Gefährdung der Zeit unheimlich deutlich ... Sie rief aus ... Alle im Volk ‚brauchen nicht nur, was wir haben, sie brauchen, was wir sind'[2]."

Die Menschenfreundlichkeit Edith Steins und ihre sachliche Stellungnahme zu den Problemen der Zeit erweckten Vertrauen. Pater Przywara sagte, sie habe nicht nur den Frauen, sondern auch den Männern und dem Klerus zum erstenmal ein wahres Bild der Frau vermittelt.[3] Edith Steins Vorträge fielen in die Not- und Aufbaujahre nach dem ersten Weltkrieg und die Zeit kurz vor der Machtergreifung Hitlers. Ein flüchtiger Blick auf die Themen zeigt, worauf es ihr ankam. „Das Ethos der Frauenberufe", „Beruf des Mannes und der Frau nach Natur und Gnadenordnung", „Christliches Frauenleben", „Grundlagen der Frauenbildung", „Aufgabe der Frau als Führerin der Jugend zur Kirche" und ähnliche Titel umschreiben den Grundgedanken, den sie der modernen Frau vor Augen stellte: Heilung der Welt durch ein reifes, christliches Frauenleben.

Das individualistische 19. Jahrhundert war vom sozialen Gepräge des 20. Jahrhunderts abgelöst worden. Edith Stein erfuhr am eigenen Leib die Folgen dieser Umwälzung, die in die politische und gesellschaftliche Ordnung tief eingriff. Die europäische Kriegskatastrophe von 1914–1918 hatte das bisherige Weltbild verändert. Materialismus und totalitäre Machtsysteme rangen um die Vorherrschaft. Der Aufschwung der Technik rückte die Dimensionen der Erde zusammen, so daß die Menschen auf Gedeih und Verderben miteinander verbunden wurden. Privat- und Staatsleben durften nicht so getrennt sein, daß die Geschicke der Völker ohne brüderliche Verpflichtung hingenommen wurden. Diese Stunde der Not war zugleich die Stunde der Frau, die sich neu auf ihre Sendung besinnen mußte. „Die Völker Europas, die im Weltkrieg auf Leben und Tod miteinander gerungen haben, sind miteinander gestürzt, und bei allen schaffen die harten Tatsachen der Not der Einsicht Raum, daß sie nur miteinander einen Aufstieg ermöglichen können. Ob die Bemühungen um eine Politik der Verständigung allmählich über die starken Gegenströmungen Herr werden, vermag niemand mit Sicherheit vorauszusagen. Daß es eine Frage ist, die die Frauen angeht, liegt auf der Hand. Wenn es Frauenberuf ist, das Leben zu hüten, die Familie zusammenzuhalten, so ist es für sie nicht gleichgültig, ob Staats- und Völkerleben Formen annehmen, die den Familien Gedeihen und der Jugend eine Zukunft ermöglichen oder nicht[4]."

In kurzer Zeit hatte sich der Wirkungskreis der Frau „vom Heim zur Welt" erweitert. Die neuen Anforderungen durften das Wesen der Frau nicht beeinträchtigen. Wie sollte diese schwierige Aufgabe bewältigt werden? Bedeutete die Ausübung männlicher Berufe, wie die des Arztes, Lehrers, Chemikers, Juristen, nicht eine Gefahr für die Frau, die bisher zum Helfen, Hüten, Bewahren, aber nicht zum spezialisierten Fachkönnen geschaffen schien? Führte das Berufsleben nicht notwendig zur Verkümmerung oder Zersplitterung ihrer Kräfte? Edith Stein sah die Gefahr – aber auch die Notwendigkeit eines Umdenkens. Die berufstätige Frau durfte ihr Leben nicht auf rein diesseitigen Nützlichkeitserwägungen aufbauen. Es ergaben sich Spannungen, die auch an der verheirateten Frau nicht vorbeigingen. Oft griff das Berufsleben tief in die Ehe hinein und stellte die Verheiratete vor ähnliche Probleme wie die Unverheiratete.

Zur Beantwortung dieser Fragen entwarf Edith Stein ein Menschenbild, das die Spannweite ihrer eigenen Persönlichkeit verrät. Ohne psychologische oder anthropologische Vorarbeiten, auf die sie sich stützen konnte, löste sie die Berufung der Frau aus einem areligiösen Trend und zeichnete ein Bild von Mann und Frau in ihrer gegenseitigen Zuordnung und personalen Entscheidung vor Gott. Die Frau hat nicht, wie in vergangenen Jahrhunderten, ihren Platz nur im Haus oder im Kloster. Im Berufsleben tritt sie ebenbürtig an die Seite des Mannes. Die landläufige Bezeichnung Gattin und Mutter reicht nicht mehr aus, ihre Stellung zu umreißen. Edith Stein wies auf das Neue Testament, das im Gegensatz zum Alten auch die Berufung zur Ehelosigkeit kennt. Die Frau ist nicht nur um des Mannes willen da, sie hat vor Gott ihren ganz persönlichen, unveräußerlichen Eigenwert. Edith Stein sah die Not vieler Frauen, die im Milieu des Berufslebens den religiösen und moralischen Halt verloren. Darum legte sie der Frau nahe, durch religiöse und geistige Selbstbesinnung ihre Persönlichkeit zu formen. Der Kampf gegen das Urchristentum, schreibt sie, war der Kampf des Heidentums gegen eine neue Religionsform. Der moderne Atheismus bekennt sich offen zur Gottlosigkeit und greift die christliche Grundlage des Abendlandes an der Wurzel an. „Nichts tut uns heute so not wie die Taufe mit Geist und mit Feuer. In dem großen Kampf . . . zwischen Christus und Luzifer gehören die an die Front, die berufen sind, Menschen zu bilden. Für diesen Kampf uns zu rüsten und dauernd gerüstet zu halten, ist unsere dringlichste Aufgabe. ‚Wenn das Salz dumpf wird, womit soll man es salzen[5]?'"

Mit der intellektuellen Ausbildung der Frau muß auch eine Erziehung der Werte des Gemüts einhergehen. Grundlage war für Edith Stein eine gesunde Mädchenerziehung. Edith Stein trug sich mit Reformplänen des rein intellektuell-männlich ausgerichteten Schulsystems und forderte eine vielseitige Ausbildung der fraulichen Kräfte. Frauliche Bildung war für sie eine personale Angelegenheit, die nicht nur den Verstand, sondern den ganzen Menschen einbezog. Die Frau ist auf das Konkrete, auf die lebendige menschliche Person hingerichtet. Diese Veranlagung muß beachtet werden. Da nicht jede Frau zur Ehe kommen kann, ist es wichtig, daß ihre wesenhafte Eigenart keine krankhafte Verbiegung oder Resignation erfährt. Die Frau muß nicht in allem dem Manne gleich sein. Ihre helfende, vermittelnde Aufgabe verkürzt nicht ihre personale Freiheit und Eigenständigkeit gegenüber dem Mann, sie folgt nur dem Auftrag Gottes gemäß ihrer anderen seelischen und körperlichen Struktur. Ist der Mann durch Steigerung und Spezialisierung einzelner Kräfte speziell zu kulturellen Leistungen bestimmt, so ist es die besondere Aufgabe der berufstätigen

Frau, „ihren Frauenberuf mit dem Sonderberuf zu verschmelzen und diesem Sonderberuf dadurch ein weibliches Gepräge zu geben[6]". Darin lag für Edith Stein die Lösung der Probleme. Die Frau ist nicht nur Juristin, Ärztin, Lehrerin, Sozialbeamtin, sondern mütterliche Freundin derer, die ihrer Hilfe und Pflege bedürfen. Ihr Dienst darf nicht im Fachkönnen aufgehen, er muß aus selbstloser Liebe entspringen.

Was Edith Stein lebte, empfahl sie auch ihren Zuhörerinnen: „Ob man mit ... Menschen zunächst zusammenkommt, um sie in körperlicher Krankheit zu pflegen oder um sie wirtschaftlich zu unterstützen oder ihnen Rechtsbeistand zu leisten – immer besteht die Möglichkeit und im Grunde die Notwendigkeit, den ganzen Menschen zu erfassen und auf ihn einzuwirken ... Es werden an die Liebeskraft hier noch größere Anforderungen gestellt als in der eigenen Familie, weil die natürliche Verbundenheit fehlt, weil die Zahl der Menschen viel größer ist, weil es überwiegend Menschen sind, die durch ihre Veranlagung und gegenwärtige Verfassung eher abstoßen als anziehen[7]." Für Edith Stein war diese Aufgabe mit natürlichen Mitteln allein nicht zu lösen.

In einem Monatsbrief für die Societas Religiosa, eine Vereinigung berufstätiger Frauen, dem sie den Titel „Wege zur inneren Stille" gab, zeigte Edith Stein, was zur Entfaltung der Frauenseele notwendig ist: Gebet und innere Stille. „Weit", „still", „leer von sich selbst", „warm und klar" soll die Frau sein. Nur in das leere, stille Herz kann die Gnade eindringen und die Frau zu dem machen, was sie sein soll: ein liebender Mensch. Ehe sie andern Halt gibt, muß sie selbst fest in ihrer Tiefe verankert sein.

Edith Stein rät zu einer Gestaltung des Tages im Geiste der Sammlung und Meditation. Die Frau muß sich Pausen schaffen, jede nach ihrer Eigenart, in denen sie zu sich selbst findet und in Gott ruhen kann. „Gott ist da, er kann uns in einem einzigen Augenblick geben, was wir brauchen. So wird es den Rest des Tages weitergehen, vielleicht in großer Müdigkeit und Mühseligkeit, aber in Frieden. Und wenn die Nacht kommt und der Rückblick zeigt, daß alles Stückwerk war und vieles ungetan geblieben ist, was man vorhatte, wenn so manches tiefe Beschämung und Reue weckt: Dann alles nehmen, wie es ist, es in Gottes Hände legen und ihm überlassen. So wird man in ihm ruhen können, wirklich ruhen und den neuen Tag wie ein neues Leben beginnen[8]."

Der Begriff Mütterlichkeit hatte für Edith Stein nichts Sentimentales, Vereinnahmendes an sich. Er hat etwas zu tun mit Standfestigkeit und Herzenswärme. „Überall besteht das Bedürfnis nach mütterlicher Teilnahme und Hilfe. So können wir auch in dem einen Wort Mütterlichkeit das zusammenfassen, was wir als Eigenwert der Frau entwickelt haben. Nur muß es eine Mütterlichkeit sein, die nicht bei dem engen Kreis der Blutsverwandten oder der persönlichen Freunde stehenbleibt[9]."

X Dozentin in Münster

Die Jahre zwischen 1930 und 1933 waren für Edith Stein angefüllt mit manchen Plänen. Ehe sie ihre pädagogische Tätigkeit aufgab, schien sie ein kurzer, verheißungsvoller Neubeginn auf die Höhe ihrer wissenschaftlichen Laufbahn zu führen. Ihre Vortragstätigkeit, ihre Thomasübersetzung und philosophische Auseinandersetzung mit der Phänomenologie veranlaßten ihre Freunde, ihr nahezulegen, sich an der Universität zu habilitieren. Im Dezember 1930 schrieb Edith Stein nach Freiburg: „Es ist mir schon geraume Zeit klar, daß ich Euch nicht einmal die Namenstagswünsche beantwortet habe . . . Warum, das könnt Ihr Euch wohl denken, Salzburg hat erstaunliche Kreise gezogen. Ich muß bald da, bald dort als Rednerin auftreten. Dazwischen immer die Aufsatzberge. Voraussichtlich werde ich Ostern die Schule an den Nagel hängen (bitte darüber vorläufig nicht sprechen): was dann kommt, weiß ich noch nicht. Ich habe alles Nachdenken darüber als unnütz, zeitraubend – bis auf die Weihnachtsferien vertagt. Aber nun muß es in Beuron gründlich bedacht werden[1]."

Im März 1931 verließ Edith Stein die Pfalz. Der Abschied von ihren Schülerinnen und den Schwestern war nicht leicht. In einem Brief lesen wir: „Ich habe am 27. März in Speyer Abschied genommen. Der hl. Thomas ist nicht mehr zufrieden mit den abgesparten Stunden, er will mich ganz[2]." In den letzten Wochen in Speyer entstand ein großangelegter Entwurf „Akt und Potenz", eine Auseinandersetzung zwischen der Phänomenologie und der Lehre der Scholastik.

Das Jahr 1931 war ausgefüllt mit vergeblichen Versuchen, sich an der Freiburger oder Breslauer Universität zu habilitieren. Vorstellungen bei Prof. Fink, Heidegger und Prof.

Honecker sowie Bemühungen von Professor Koch in Breslau blieben ohne Erfolg. Die Situation der Jahre nach dem ersten Weltkrieg wiederholte sich. Der Antisemitismus trieb sein verborgenes Spiel, die Dozentur eines jüdischen Philosophen stieß auf Schwierigkeiten. Diese Verhältnisse ertrug Edith Stein in Gelassenheit. Sie schien innerlich wie unbeteiligt an dem Auf und Ab von Hoffnungen und Enttäuschungen. An Schwester Adelgundis Jaegerschmid schrieb sie: „Sie können ihm (Prof. Fink) auch begreiflich machen, daß mich die ganze Sache innerlich nicht berührt und daß ich weder enttäuscht noch betrübt bin, wenn nichts draus wird[3]." Edith Stein tat alles, um den Anforderungen, die man an sie stellte, zu genügen. Einige Monate nach ihrem Weggang von Speyer schrieb sie: „Ich wußte, als ich beschloß, von Speyer fortzugehen, daß es sehr schwer sein würde, nicht im Kloster zu leben. Aber daß es so schwer sein würde, wie es die ersten Monate war, habe ich mir doch nicht vorstellen können. Reue habe ich trotzdem keinen Augenblick gehabt, denn ich kann nicht daran zweifeln, daß es so ist, wie es sein muß[4]."

Edith Stein zog sich nach Breslau zurück. Ihre Mutter hatte sich damit abgefunden, daß sie eine katholische Professur an der Universität annehmen wollte. Auch Rosa Stein bedurfte der Hilfe ihrer Schwester. Sie fühlte sich verlassen in der andersgläubigen Umgebung. An einen offiziellen Übertritt zur Kirche war wegen der Mutter vorläufig nicht zu denken. Rosa und Edith Stein besuchten öfters Prof. Schulemann. Edith Stein sprach wenig mit ihm über ihre Habilitationsangelegenheit, denn Schulemann hatte keinen Einfluß auf die Universität. Er wußte um die Schwierigkeiten im Professorenkollegium und um die Abneigung der Neukantianer gegen die Phänomenologie. Trotzdem stellte er fest, daß ein Denker vom Rang Edith Steins eine andere Behandlung verdient hätte. In seinen Erinnerungen steht: „Wir – Edith Stein und ich – haben kaum über eine Habilitation gesprochen. Und doch glaube ich annehmen zu müssen, daß ihr eine solche, und zwar in ihrer Vaterstadt Breslau, eine Zeitlang geradezu als Lebensideal vorgeschwebt hat ... Bei einem Leben, das wissenschaftlich so gründlich fundamentiert und von so treuem Fleiß weitergeführt war wie das von Edith Stein, mag ein solches Nichterlangen des als selbstverständlich erwarteten Abschlusses und einer folgerichtigen Entfaltungsmöglichkeit doch als schwerer Schlag und sehr großes Opfer empfunden worden sein. Das hat mit Ehrgeiz und Hochmut nichts zu tun. Die wissenschaftlichen Voraussetzungen waren unbedingt vorhanden[5]."

Edith Stein setzte ihre Vortragstätigkeit fort und arbeitete an der Korrektur der Thomasübersetzung, die 1930 und 1931 in zwei Bänden erschien. Daneben wuchs ihre Studie über den Thomismus zu einem umfangreichen Werk heran. Inzwischen erreichte sie ein Ruf an die Pädagogische Akademie in Münster. Um das Ergebnis der noch laufenden Verhandlungen mit den Universitäten abzuwarten, zögerte Edith Stein mit der Entscheidung. Wie wenig sie an öffentlichen Ruhm dachte, lassen ihre Worte in einem Brief erkennen: „Nach Freiburg möchte ich am liebsten erst kommen, wenn die Arbeit fertig ist. Was dann sein wird, weiß ich nicht. Und wenn der Ruf an die Pädagogische Akademie vorher käme, würde ich vielleicht auf die Habilitation ganz verzichten. Nachdem ich die Arbeit angefangen hatte, war sie mir sofort viel wichtiger als alle Zwecke, denen sie eventuell dienen könnte. Gott weiß, was er mit mir vorhat. Ich brauche mich darum nicht zu sorgen[6]."

Eine Bekannte, die Edith Stein bei ihren Aufenthalten in St. Lioba kennenlernte, sagt von ihr: „Sie war namenlos bescheiden, daß man ihre Gegenwart kaum bemerkte. Nie stellte sie sich in den Vordergrund. Und doch fühlte man sich vom ersten Augenblick an wie gebannt von einer großen Heiligkeit, die ihrem stillen Wesen entströmte[7]." Edith Stein entschied sich für Münster. Ehe sie im Frühjahr 1932 nach Westfalen ging, legte sie Erzabt Walzer ihren nie aufgegebenen Klosterwunsch vor. Erzabt Walzer war der Auffassung, das katholische Deutschland bedürfe ihrer Tätigkeit in Münster. Maria Wilkens, die langjährige Vorsitzende des Vereins katholischer deutscher Lehrerinnen, schildert ihr Zusammentreffen mit Edith Stein in dieser Zeit: „In der Erinnerung steht mir die erste Begegnung mit Edith Stein auf der Hauptversammlung des Vereins katholischer deutscher Lehrerinnen im Jahre 1932 in Essen. Ich kannte sie als bedeutende Philosophin und Mitarbeiterin von Husserl, dem Begründer der phänomenologischen Schule, wußte, daß sie katholisch wurde, radikal katholisch, und damit ihre weltlich-philosophische Laufbahn aufgab ... Ich bewunderte ihre philosophische Leistung und ihre hochstehenden Vorträge auf den Salzburger Hochschulwochen, auf Tagungen des katholischen Akademikerverbandes und des katholischen Frauenbundes, ihre tiefen Ausführungen über die Frau, ihre Aufgabe nach Natur und Gnade, über die Frau im Beruf. Es beglückte mich, daß diese so ungewöhnlich geistig-bedeutende Frau den Ideen der katholischen Frauenbewegung so hingebend diente. Wir waren stolz darauf, daß Prof. Steffens und Maria Schmitz sie, auf die das katholische Deutschland so große Hoffnungen setzte, als Dozentin für das Institut für wissenschaftliche Pädagogik in Münster gewonnen hatte, das vom Katholischen Lehrerverband und dem Verein katholischer deutscher Lehrerinnen getragen wurde. Wir hofften, daß eine Professur für Philosophie an der Universität dazukommen würde[8]."

Edith Stein konnte nur ein Jahr an der Akademie in Münster wirken. Mit Bangen übernahm sie ihr neues Arbeitsgebiet. Sie überblickte noch nicht das Programm ihrer Vorlesungen, sie fürchtete, ihr langer Ausschluß von der philosophischen Laufbahn würde den notwendigen Kontakt mit Schülern und Kollegen nicht aufkommen lassen. Das Gegenteil war der Fall. Bald schrieb Edith Stein beglückt nach Freiburg: „Sehr erfreulich ist, daß ich allmählich Fühlung mit den Dozenten bekomme (daß es so allmählich geht, liegt nur an mir, weil ich so wenig Zeit dafür aufbringen konnte) und auch mit den Studentinnen. Zwei katholische Studentenvereine und die akademische Elisabethkonferenz haben ihre Chargierten bei mir Besuch machen lassen und um meinen Besuch gebeten. In dem ersten habe ich neulich schon einen Diskussionsabend über Frauenfragen gehalten, der sehr lebhaft verlief. Ich glaube, es wird auf diese Weise gelingen, auch Studentinnen der Universität als Gasthörerinnen in das Institut zu ziehen, was für beide Teile ein Gewinn wäre[9]."

Edith Stein vertrat den katholischen Standpunkt kompromißlos. Ihre Haltung drängte zur Nachahmung. Eine Studentin schrieb: „Ihr Wesen strömte gesammelte Kraft aus. Eine innere Verhaltenheit leuchtete auf, wie sie seltenen Menschen eigen ist, die ein reiches geistiges Innenleben führen[10]." Auch in Münster stand für Edith Stein der Mensch, nicht das Wissen im Vordergrund. „Mit großer Liebe widmete sie ihre freien Augenblicke der studierenden Jugend. Gern lauschten die Studentinnen ihren wissenschaftlichen Vorträgen und nahmen ihre ermunternden Worte und Ratschläge zu einem vorbildlichen katholischen Leben gerne an. Diese Arbeit bei der studierenden Jugend sah sie als gottgewollte Aufgabe an und opferte ihre Sehnsucht, sich Gott im Ordensstand zu weihen, dieser Pflicht . . . Sie war uns allen ein Vorbild reinster, edelster Menschlichkeit und tief-christlicher Gesinnung. Ihr enormes Wissen verstand sie so liebenswürdig unter ihrer ebenso großen Bescheidenheit zu verbergen[11]."

Edith Stein wohnte im Collegium Marianum, wo sie auch mit dem studierenden Ordensnachwuchs in Berührung kam. Die wenigen freien Minuten benützte sie zum Beten. Inmitten der wissenschaftlichen Arbeit sehnte sie sich nach der „stummen Liturgie", wie sie es nannte, nach der Fülle des Gotteslobs, das sie nur selten in Beuron mitfeiern konnte. Mit Takt und Geschick führte sie manchen ihrer jüdischen Freunde zu Christus. Eine ihrer Jugendfreundinnen, der Edith Stein zur Konversion verholfen hatte, sagt: „Wie hatte Edith selbst sich verändert! Wo Ehrgeiz gewesen war, da war nur noch ruhige Abgeklärtheit, wo Egoismus gewesen war, da waren nur noch Verstehen und Güte. Mit unendlicher Geduld hat sie mit mir diskutiert, diskutiert und getröstet über Persönliches, über Glaubensfragen, über Philosophie, über alles, was uns bewegte. Wir waren einander ganz nahe[12]."

Edith Steins Freundeskreis und ihre Korrespondenz nahmen beständig zu. Für alle war sie erreichbar, jedem schenkte sie sich in der gleichen bescheidenen Weise. Ihr Wissen und ihre Frömmigkeit waren kein Hindernis, eher ein Mittel, mit den Fragen der Menschen vertraut zu bleiben. Eine ihre Göttinger Freundinnen schreibt: „Ich habe sie zweimal in Münster besucht, wo ich von den Schwestern reizend aufgenommen wurde. Sie hatte das größte Interesse an meiner Arbeit, die ich sehr liebte, und war nie die weltfremde Frau, die sich von der Welt zurückgezogen hat. Jede Kleinigkeit in meiner Familie interessierte sie. Es war immer ein Segen, mit ihr zusammenzusein, immer ein Gewinn; entweder dadurch, daß die eigenen Gedanken klarer wurden oder daß man neue Gesichtspunkte in einer alten Frage sah . . . Sie war besonders lieb mit Kindern, mit denen sie herrlich spielen und sehr fröhlich sein konnte. Meinen Sohn, geboren 1923, liebte sie innig. Er war zweimal mit mir in Münster dabei, später auch einmal in Köln, wo er ihr einen Kuß durch das Gitter, das er gar nicht leiden konnte, gab[13]."

Während Edith Stein auf persönliche Wünsche verzichtete und für das geistige und seelische Wohl des Nächsten da war, ging sie in ihrer wissenschaftlichen Arbeit einen mühsamen Weg. Im Sommer 1932 schrieb sie nach Freiburg: „Ich habe einen ziemlich harten Kampf um die Begründung meiner wissenschaftlichen Existenz zu führen: – nicht etwa mit irgendwelchen Menschen – alle tun mir alles zulieb, was sie können –, sondern mit der Situation, die durch eine zehnjährige Ausgeschlossenheit aus der Kontinuität der Arbeit und dem tief innerlich begründeten Mangel an Fühlung mit dem modernen Leben gegeben ist[14]." Es war ein Unterschied, in klösterlicher Abgeschiedenheit den Schuldienst zu versehen und nebenher wissenschaftlich zu arbeiten – oder verantwortlich zu sein für den Aufbau einer theologisch-philosophisch fundierten Pädagogik. Die pädagogischen Grundfragen verlangten ein Durchdenken der aktuellen Zeitprobleme. Edith Steins anthropologische Vorlesungen stellten einen Versuch dar, das Geheimnis der menschlichen Person im Licht der europäischen Tradition zu sehen. Bei den fachlich verschieden vorgebildeten Dozenten war eine gemeinsame Klärung der Begriffe notwendig. Edith Steins radikale Selbstkritik machte ihr die eigenen Grenzen sichtbar.

Ihr innerer Kampf spiegelt sich in ihren Briefen an Hedwig Conrad-Martius. Bei ihr suchte sie Rat und Verständnis. „Haben Sie einmal darüber nachgedacht, was Pädagogik ist? Man kann keine Klarheit darüber bekommen, wenn man nicht Klarheit in allen Prinzipienfragen hat. Und wir sind Leute mit ganz verschiedener philosophischer Vergangenheit (der Psychologe sogar ganz ohne eine solche). Da können Sie sich denken, wie schwer es ist, sich zu verständigen. Einig sind wir nur in dem Ziel, eine katholische Pädagogik aufzubauen. Dies ist ja etwas sehr Schönes, und ich bin herzlich dankbar dafür. Ich lerne auch viel dabei und leide nur immer an meiner gräßlichen Unwissenheit (besonders in Pädagogik und Philosophiegeschichte) und der Unmöglichkeit, das noch je wieder einzubringen. Ich tröste mich nur damit, daß ich gerade in dieser Arbeitsgemeinschaft Anregungen geben kann, die dann von andern fruchtbar gemacht werden, wenn auch meine eigenen Arbeiten immer unzulänglich bleiben werden[15]."

Edith Stein erzählte der Freundin von einer Tagung in Berlin 1932, bei der sie allen Dozenten kräftig an ihren Grundbegriffen gerüttelt habe. Es war ihr nicht möglich, an eine Publikation zu denken, ehe sie nicht in den Hauptfragen mit den Kollegen einig wurde. Während Kollegen und Hörerinnen Edith Steins Wissen bewunderten, fühlte sie sich heimatlos und fremd unter Menschen, die organisch mit einer Lebensarbeit verbunden waren. „Ich merke, daß ich eigentlich überall den Anschluß verloren habe und für diese Welt allseitig untauglich bin . . . Ich bin sehr dankbar für Ihren Aufsatz . . ., weil ich daran wieder einmal klar gesehen habe, was echtes Philosophieren ist und wo meine Grenzen sind. Diese Erkenntnis der eigenen Grenzen hat in den letzten Monaten bei mir rapide Fortschritte gemacht[16]." Aussagen dieser Art begleiteten ihre Arbeit in Münster.

Edith Steins Mitarbeit bei der Arbeitstagung der Société Thomiste über Phänomenologie und Thomismus in Juvisy bei Paris, 1932, bestärkte sie trotz ihres Erfolgs in ihrer Überzeugung. Im Kreis bedeutender Vertreter der Neuscholastik in Frankreich, Belgien und Deutschland beherrschte sie die Diskussion zu einschlägigen Fragen der Phänomenologie. Der ihr befreundete Prof. Rosenmöller schreibt: „Gewiß kannte sie die Auffassung von Husserl am besten, da sie ja jahrelang seine Assistentin in Freiburg i. B. war. Aber sie entwickelte ihre Gedanken so klar, wenn es sein mußte auch in französischer Sprache, daß der allgemeine Eindruck außerordentlich stark in dieser erlesenen Gesellschaft von Gelehrten war[17]."

Während Edith Steins Freunde in Münster von ihrer Sicherheit, der vollendeten Form ihrer Darstellung und ihrem großen Wissen sprachen, nannte sie ihre Tätigkeit ein „Sich-aus-der-Affäre-Ziehen". „Diese Erkenntnis deprimiert mich an sich nicht, es ist nur nicht ganz leicht, an einem verantwortlichen Posten zu stehen, für den einem so viel Notwendiges fehlt, und wenig Aussicht zu haben, das alles nachholen zu können ... Ich habe mich längst damit abgefunden, daß ich immer sehr unwissend bleiben werde und daß auch alles, was ich noch arbeiten kann, weit mehr Bruchstück sein wird, als alles Menschenwerk an sich schon sein muß. Ich hoffe nur, daß ich einen Anstoß geben kann in einer Richtung, in die man doch gehen muß, und daß andere es dann besser machen werden[18]."

Die neue Richtung, „in die man doch gehen muß", bestand für Edith Stein darin, das Denken auf feste Grundlagen zu stellen, ohne sich an die alte Form der Aussage zu binden. Thomas wurde für die Phänomenologin der Ausgangspunkt, der Metapyhsik eine neue „positive" Bestimmung zu geben. Wie er wollte Edith Stein die Erfassung „der ganzen Realität unter Einbeziehung der offenbarten Wahrheit, also auf Philosophie und Theologie, begründen[19]" Edith Steins Vorstoß suchte Anknüpfungspunkte an eine philosophia perennis.

An P. Petrus Wintrath OSB in Maria Laach, der zu ihrer Thomasausgabe Stellung genommen hatte, schrieb sie: „Daß andere zu dieser Arbeit berufener gewesen wären als ich, davon kann niemand mehr überzeugt sein als ich. Vielleicht hätte ich den Mut nicht aufgebracht, wenn ich mir vorher über die Schwierigkeiten klar gewesen wäre. Ich bin ja als ein Neuling in der Scholastik (wenn auch nicht in der Philosophie) darangegangen, um mit Thomas vertraut zu werden. Daß das Werk fertig wurde und immerhin – trotz aller Mängel – so wurde, wie es ist, betrachte ich fast als ein Wunder. Denn es ist in abgesparten Stunden neben einer vollgemessenen Schultätigkeit und anderen Verpflichtungen entstanden, ohne Anleitung und ohne Hilfsmittel. Für weitergehende Erläuterung, als ich sie gab, hätte mir die Kompetenz gefehlt. Vielleicht hat so ein ahnungsloser, kleiner David dem Goliath zu Leib rücken müssen, um den schwer gerüsteten Kriegern einen Ansporn zu geben. Wenn ich fünfzehn oder zwanzig Jahre jünger wäre und frei zu tun, was mir das Beste schien, dann würde ich noch einmal von unten herauf mit dem Studium der Philosophie und Theologie anfangen. Aber ich bin in dem Alter, da das, was man hat, Früchte tragen muß und nur nebenher, was noch fehlt, nachgeholt werden muß. Vielleicht darf ich gelegentlich um einen Rat bitten, und außerdem bitte ich sehr um ein Memento für meine Arbeiten[20]."

XI Judenverfolgung

Edith Stein hatte die Verbindung mit Husserl nie aufgegeben. Husserl hatte immer regen Anteil an der Entwicklung seiner Mitarbeiterin genommen. Er bedauerte es, daß Edith Stein ihm nicht mehr ganz folgen konnte, bemühte sich jedoch ernsthaft, ihre Weltanschauung zu verstehen. Als Edith Stein das alte Ehepaar Husserl 1930 in Freiburg besuchte, konnte sie offen ihre Probleme darlegen. Gerade in dieser Offenheit erfuhr sie auch die Trennung, die zwischen Husserl und ihr bestand. Wieder überfiel sie der Gedanke, daß Diskussionen im Grunde nicht helfen, sondern Gebet und Opfer wirksamer seien. An Sr. Adelgundis Jaegerschmid, die zum Schülerkreis Husserls gehörte, schrieb sie: „Es ist gut, wenn wir frei mit ihm über diese letzten Dinge sprechen können. Aber es verschärft die Verantwortung für ihn und damit unsere Verantwortung für ihn. Gebet und Opfer sind sicher viel wichtiger als alles, was wir ihm sagen können . . . Es ist ein anderes: ein auserlesenes Werkzeug sein und: in der Gnade stehen. Wir haben nicht zu urteilen und dürfen auf Gottes unergründliche Barmherzigkeit vertrauen. Aber den Ernst der letzten Dinge dürfen wir uns nicht verschleiern. Nach jeder Begegnung, in der mir die Ohnmacht direkter Beeinflussung fühlbar wird, verschärft sich mir die Dringlichkeit des eigenen holocaustum[1]."

Mit Entsetzen beobachtete Edith Stein unter den Studenten in Münster die Ausfälle gegen die Juden. Trotz ihrer Vaterlandsliebe als Deutsche war sie stolz auf ihre jüdische Abstammung. Ihre Taufe hatte dieses Bewußtsein verstärkt und sie die Sendung des jüdischen Volkes in neuem Licht sehen lassen. Jetzt war sie betroffen. Sie dachte nicht an sich und ihre Sicherheit, sie dachte an die vielen, die vom Rassenhaß ergriffen wurden. Sie fürchtete für ihre Freunde und ihre Familie in Breslau. Eine Studentin berichtet: „Nie hörte man darüber eine Klage von ihr, aber es war erschütternd, das stille, schmerzhaft verzogene Gesicht zu sehen. Schon damals trug sie einen Schimmer des Geheimnisses, das sich späterhin in ihrem Ordensnamen ‚vom Kreuz' ausdrückte, in ihren Zügen. Noch heute höre ich sie sagen: ‚Das alles wird sich einmal rächen', und ich kann nicht zweifeln, daß sie schon damals das bittere Strafgericht für unser armes Volk kommen sah[2]."

Klarer als viele sah Edith Stein das Schicksal der Juden voraus. Sie versuchte, es im Geheimnis des Kreuzes zu begreifen. Sr. Adelgundis berichtet ein Gespräch in Freiburg: „Dabei geschah es, daß sie einen Blick zum Kreuz an der Wand warf und mich aufforderte, auch hinzuschauen. In Worten, die ich heute nicht mehr wiederholen kann, brachte sie das göttliche Kreuzesopfer in Zusammenhang mit dem furchtbaren Opferweg ihres, des jüdischen Volkes[3]." Angesichts der Judenverfolgung wuchs Edith Stein zu ihrer eigentlichen Sendung heran. Christentum und Judentum verbanden sich in ihr zu erlösender Einheit. Kurz vor ihrem Opfertod sagte sie zu P. Hirschmann SJ: „Sie glauben nicht, was es für mich bedeutet, Tochter des auserwählten Volkes zu sein, nicht nur geistig, sondern auch blutsmäßig zu Christus zu gehören[4]."

In dieser Zeit befreundete sich Edith Stein mit der Oberin der Ursulinen in Dorsten, Mater Petra Brüning. Mit ihr konnte sie von ihrer Sehnsucht nach dem Ordensleben und anderen Nöten sprechen. Am Weihnachtsfest 1932 wurde sie nach Dorsten eingeladen. Als Edith Stein in der Weihnachtsnacht die Kirche nicht verließ, erwiderte sie später auf eine Frage der Oberin: „Wie könnte diese Nacht ermüden[5]!" In Dorsten spürte Edith Stein wieder ein Stück Heimat, und sie war dafür dankbar. Im Januar 1933 schrieb sie an Mater Petra: „Ich möchte Ihnen noch einmal herzlich für die wohltuend stillen Weihnachtstage danken und für die Stunden, die Sie mir gewidmet haben. Ich will Ihnen gestehen, daß nicht nur das Verlangen nach klösterlicher Einsamkeit in den Festtagen mich bestimmt hat, mich für Dorsten zu entscheiden, sondern auch eine Ahnung davon, daß eine innere Verbindung von Ihnen zu mir bereits bestünde und daß die persönliche Begegnung von Bedeutung sein würde . . . Die Berliner Tage sind nun vorbei. Rein äußerlich betrachtet waren sie für mich ein Erfolg, und ich bin allen, die durch ihr Gebet dazu geholfen haben, herzlich dankbar. Was an fruchtbarer Wirkung bleiben mag, das entzieht sich ja unserer Kenntnis. Es waren sehr aufreibende Tage, und sie haben mir wieder deutlich gezeigt, wie groß und verantwortlich die Aufgabe ist, die wir vor uns haben . . . Seit Montag abend bin ich wieder im Marianum und in meiner normalen Arbeit, soweit von normaler Arbeit in meiner Situation überhaupt die Rede sein kann. Ich bin sehr dankbar, daß ich den größten Berg des Winters hinter mir habe[6]. . . Ich bleibe voraussichtlich den ganzen März in Münster. Es bedeutet so viel für mich, daß Sie die Zugehörigkeit zum ‚Corpus monasticum' bei mir spüren und das Kleid als unwesentlich ansehen. Das ist schon ein wenig Klosterheimat. Gottes Gnadenführung ist mir in den letzten Wochen wieder besonders deutlich geworden. Ich glaube meine Aufgabe klarer und bestimmter zu sehen. Das heißt freilich auch meine völlige Unzulänglichkeit immer tiefer einsehen, aber zugleich auch die Möglichkeit, trotz dieser Unzulänglichkeit Werkzeug zu sein[7]."

Bald überstürzten sich die Ereignisse. Der 1933 zur Macht gelangte Nationalsozialismus ging zum Angriff gegen die Juden über. Viele Juden wurden über Nacht stellungslos, es kam zu gewaltsamen Ausfällen gegen die Unschuldigen. Hitlers Rüstungsprogramm, seine Beseitigung der Arbeitslosigkeit und sein Appell an die nationalen Gefühle blendeten große Teile des deutschen Volkes, die sich von ihrem „Führer" eine bessere Zukunft erhofften. Tiefblickende erkannten in dem forcierten Antisemitismus die Vorstufe eines rücksichtslosen Kampfes gegen das Christentum und jede Geistesfreiheit.

Da Hitler nicht alle Ziele auf einmal erreichen konnte, schien Edith Stein am katholischen Institut geschützt. Der Besuch bei einem Lehrer, dessen Familie ihr Gastfreundschaft gewährte, öffnete Edith Stein die Augen. Ohne zu wissen, daß sie Jüdin war, erzählte der Hausvater ahnungslos von Ausschreitungen gegen Juden. „Ich hatte ja schon vorher von scharfen Maßnahmen gegen die Juden gehört. Aber jetzt ging mir auf einmal ein Licht auf, daß Gott wieder einmal schwer seine Hand auf sein Volk gelegt habe und daß das Schicksal dieses Volkes auch das meine war. Ich ließ den Mann, der mir gegenübersaß, nicht merken, was in mir vorging . . . Es wäre mir wie eine Verletzung des Gastrechts erschienen, wenn ich jetzt durch eine solche Mitteilung seine Nachtruhe gestört hätte[8]."

Edith Stein wollte in der Judenfrage etwas unternehmen. Sie hoffte, eine Enzyklika des Papstes würde eine Änderung bewirken. „Obwohl es meiner Natur entsprach", schrieb sie, „einen solchen äußeren Schritt zu unternehmen, fühlte ich doch, daß das noch nicht das ‚Eigentliche' sei. Worin aber das Eigentliche bestand, das wußte ich noch nicht[9]."

Bei ihrer Osterreise nach Beuron, wo Edith Stein Erzabt Walzer zu treffen hoffte, unterbrach sie ihre Fahrt in Köln. Mit einer Katechumena nahm sie im Karmel zu Köln-Lindenthal an einer Andacht teil. Sie achtete nicht der Worte des Predigers: „Ich sprach mit dem Heiland und sagte ihm, ich wüßte, daß es sein Kreuz sei, das jetzt auf das jüdische Volk gelegt würde. Die meisten verstünden es nicht, aber die es verstünden, die müßten es im Namen aller bereitwillig auf sich nehmen. Ich wollte das tun, er sollte mir nur zeigen, wie. Als die Andacht zu Ende war, hatte ich die innere Gewißheit, daß ich erhört sei. Aber worin das Kreuztragen bestehen sollte, das wußte ich noch nicht[10]." Sie nahm es gelassen hin, daß ihr beim Papst keine Privataudienz gewährt wurde. Sie erledigte ihr Anliegen schriftlich und empfing für sich und ihre Familie den Segen des Papstes. Die Weltöffentlichkeit hatte keine Ahnung von dem, was Edith Stein 1933 schon voraussah. Auch Erzabt Walzer glaubte nicht an ihre dunklen Vorahnungen. Kaum war Edith Stein nach Münster zurückgekehrt, bestätigten sich ihre Befürchtungen. Edith Stein konnte ihre öffentliche Stellung nicht halten. Den Vorschlag, in Münster wissenschaftlich weiterzuarbeiten, bis sich die Lage geklärt habe, lehnte sie ab.

Edith Stein erhielt ein Angebot nach Südamerika. Aber nach zehntägigem Aufenthalt in Münster wußte sie, daß jetzt die Stunde da war, auf die sie seit zwölf Jahren gewartet hatte. Was könnte man jetzt noch gegen einen Eintritt in das Kloster einwenden? In ihrem Tagebuch lesen wir: „Das Warten war mir zuletzt sehr hart geworden. Ich war ein Fremdling in der Welt geworden. Ehe ich die Tätigkeit in Münster übernahm, hatte ich dringend um die Erlaubnis, in den Orden eintreten zu dürfen, gebeten. Sie wurde mir verweigert mit dem Hinweis auf meine Mutter und auch auf die Wirksamkeit, die ich seit einigen Jahren im katholischen Leben hatte. Ich hatte mich gefügt. Aber nun waren ja die hemmenden Mauern eingestürzt. Meine Wirksamkeit war zu Ende. Und würde mich meine Mutter nicht lieber in einem Kloster in Deutschland wissen als an einer Schule in Südamerika? Am 30. April – es war der Sonntag vom Guten Hirten – wurde in der Ludgerikirche das Fest des hl. Ludgerus mit dreizehnstündigem Gebet gefeiert. Am späten Nachmittag ging ich dorthin und sagte mir: Ich gehe nicht wieder fort, ehe ich Klarheit habe, ob ich jetzt in den Karmel gehen darf. Als der Schlußsegen gegeben war, hatte ich das Jawort des Guten Hirten[11]." Edith Steins Glaubensweg begann neue Dimensionen anzunehmen. „Es kam über mich die Ruhe des Menschen, der an seinem Ziel angelangt ist[12]."

Zu Pfingsten schrieb sie an Hedwig Conrad-Martius: „Daß ich keine Vorlesungen mehr halte, ist nicht zu bedauern, ich glaube, daß eine große und barmherzige Fügung dahintersteht. Ich kann Ihnen heute noch nicht sagen, wo ich nun deutlich die Lösung sehe. Voraussichtlich werde ich nicht mehr sehr lange in Münster sein[13]." Die Vorstellung Edith Steins bei den Schwestern im Karmel zu Köln fiel günstig aus. Trotz ihrer zweiundvierzig Jahre erhielt sie Mitte Juni die Aufnahme.

Der Abschied von Münster war nicht leicht. Wie in Speyer ließ Edith Stein auch hier einen großen Kreis ihr lieb gewordener Menschen zurück. Doch das Schwerste stand bevor. Die Eröffnung ihrer Berufswahl in Breslau. „Von Mitte August bis Mitte September will ich zu meiner Mutter gehen, um sie allmählich vorzubereiten. Daß ich nach Köln zu Klosterfrauen gehe, weiß sie schon. Daß ich die Absicht habe, selbst dort einzutreten, habe ich ihr noch nicht geschrieben. Am 15. Oktober darf ich als Postulantin eintreten. Wie sich alles gefügt hat, werde ich Ihnen erzählen, wenn Sie mich mal an meinem Gitter besuchen. Es ist wunderbar genug . . . Daß ich an meinem Manuskript nun nicht mehr so interessiert bin, können Sie sich denken. Behalten Sie es für sich (ich habe noch zwei Exemplare). Wenn es Ihnen irgendwann ein wenig nützen könnte, würde es mich freuen. Für die große Gnade dieses außerordentlichen Berufes werden Sie mit mir danken. Und über die schweren Monate in Breslau werden Sie mir mit Ihrem Gebet helfen . . . Wenn die Zeiten nicht so traurig wären – ich persönlich hätte ihnen (den Nationalsozialisten) nur zu danken, weil sie mir nun endlich diesen Weg geöffnet haben. Meine Angehörigen sind zu meiner großen Freude geduldig und tapfer . . . Wenn ich dann in dieser stillen Klostergemeinde bin, hoffe ich, ihnen auch viel besser als bisher helfen zu können[14]."

Ist es oft Christen nicht leicht, den Sinn des Ordenslebens einzusehen, wie konnte man es von Edith Steins Familie erwarten? Eines Tages stellte Frau Stein die Frage: „Was wirst du bei den Schwestern in Köln tun?" Und Edith Stein antwortete: „Mit ihnen leben[15]." Von da ab war der Friede vorbei. Die Familientragödie war tiefgehend. Edith Stein klammerte sich an ihre Freunde, um den Glauben an ihre Berufung nicht zu verlieren. Die Mutter wagte nicht, ihr offen zu zürnen, aber sie weinte; sie war verzweifelt. Die Geschwister suchten Edith Stein zu überreden. Frau Stein fragte: „Warum hast du ihn (Christus) kennengelernt? Ich will nichts gegen ihn sagen. Er mag ein sehr guter Mensch gewesen sein. Aber warum hat er sich zu Gott gemacht[16]?"

Kirche und Synagoge standen sich gegenüber. Frau Stein war vierundachtzig Jahre alt, und ihre Tochter wollte sie in dem Augenblick verlassen, da in Deutschland die Juden verfolgt wurden. Niemand konnte Edith Stein in dieser ausweglosen Lage helfen. „Ich mußte diesen Schritt völlig in der Dunkelheit des Glaubens tun. Oft habe ich in jenen Wochen gedacht: Wer von uns beiden wird zusammenbrechen, meine Mutter oder ich? Aber wir hielten beide bis zum letzten Tag aus[17]."

Der letzte Tag zu Hause war Edith Steins Geburtstag, der 12. Oktober. Da er ein jüdischer Feiertag und der Abschluß des Laubhüttenfestes ist, wollte sie ihn mit der Mutter in der Synagoge verbringen. Am Abend, als die Abschiedsbesuche der Freunde vorüber waren, „legte (meine Mutter) das Gesicht in die Hände und fing an zu weinen. Ich stellte mich hinter ihren Stuhl und nahm den silberweißen Kopf an meine Brust. So blieben wir lange, bis sie sich zureden ließ, zu Bett zu gehen. Ich führte sie hinauf und half ihr beim Auskleiden – zum erstenmal im Leben. Dann saß ich noch auf ihrem Bett, bis sie selbst mich schlafen schickte. Wir haben wohl beide in dieser Nacht keine Ruhe gefunden[18]."

Ohne Streit beugte sich die Familie dem ihr unbegreiflichen Entschluß. Als Edith Stein sich erschöpft in den Zug nach Köln setzte, lag alles wie ein Traum hinter ihr. „So war es nun doch wirklich, was ich kaum zu hoffen gewagt hatte. Es konnte keine stürmische Freude aufkommen. Dazu war das zu schrecklich, was hinter mir lag. Aber ich war tief beruhigt – im Hafen des göttlichen Willens[19]."

XII Eintritt in den Kölner Karmel

„Sie lief einfach wie ein Kind in die Arme seiner Mutter, froh und singend dem Karmel zu, ohne diesen beinahe blinden Eifer später auch nur eine Minute lang zu bereuen. So etwa, wie St. Benedikt einmal dieses Gehen beschreibt: ,Wir müssen jetzt laufen und alles tun, was für die Ewigkeit von Wert sein wird'[1]." Erzabt Raphael Walzer war erstaunt, wie rasch sich Edith Stein in die neue Umgebung in Köln eingewöhnte. Er fürchtete, sie würde sich in einer engen Klausur, unter akademisch nicht gebildeten Schwestern, auf die Dauer nicht wohl fühlen. Das Gegenteil aber war der Fall. Edith Stein machte sich keine unnötigen Gedanken über Form oder Härten ihres künftigen Karmelalltags. Sie wünschte auch nicht, wissenschaftlich arbeiten zu dürfen. Niemand durfte sich bei den Obern in dieser Richtung für sie verwenden. Ihr Beruf war echt, kein Hintergedanke trübte ihre Absicht. Die Berufung zum Karmel lag für sie allein im Liebesanspruch Gottes an den Menschen. Dies war Edith Stein vor allem an Therese von Lisieux aufgegangen. 1933 schrieb sie über diese Heilige: „Mein Eindruck war, daß hier ein Menschenleben einzig allein von der Gottesliebe bis ins letzte durchgeformt ist. Etwas Größeres kenne ich nicht, und davon möchte ich soviel wie möglich in mein Leben hineinnehmen und in das aller, die mir nahestehen[2]." Von den Schwestern des Karmel, in den sie eintrat, sagte sie: „Das Optimum aber ist, daß der Geist des Karmel die Liebe ist und daß dieser Geist in diesem Haus ganz lebendig ist[3]."

Edith Stein hatte keinen anderen Wunsch, als ihre Gaben vorbehaltlos Gott zur Verfügung zu stellen. Was den anderen selbstverständlich erschien, war für die zweiundvierzigjährige Postulantin keine Kleinigkeit. Über eine bedeutende Kölner Karmelitin des 19. Jahrhunderts schrieb sie: „Es war kein kleines Opfer für die Sechsundvierzigjährige, die seit Jahren ihr eigener Herr war, wiederum zum Kinde zu werden, zu gehorchen, das eigene Urteil dem der Vorgesetzten zu unterwerfen. Sie hat es später ehrlich ausgesprochen, daß es ihr bitter geworden ist: ‚Es ist noch leichter, sich mit dem Heiland ans Kreuz schlagen zu lassen, als mit ihm ein unmündiges Kind zu werden.' Aber es ist ihr gelungen[4]."

Edith Stein, Philosophin und Fachreferentin für Erziehungsfragen, mußte sich im Karmel belehren lassen. Nun war ihre Stärke schon immer gewesen, auf die Meister des Wissens und der Heiligkeit zu hören. Sie war Edmund Husserls Schülerin, sie ließ sich von Teresa von Avila und Thomas von Aquin führen, wenn es die Wahrheit verlangte. Immer aber war sie – bis jetzt – in ihrem persönlichen Leben eigener Herr, und ihre geistige Autorität war in weiten Kreisen unbestritten.

Jetzt wurde es anders. Sie fand sich in einem Kreis von Novizinnen, die, obwohl zwanzig Jahre jünger, alles, was im Karmel verlangt wurde, besser konnten als sie. Hier fragte niemand die in häuslichen Dingen etwas unerfahrene Postulantin um Rat. Die meisten Schwestern hatten gar keine Vorstellung von Edith Steins früherer Tätigkeit[5]. Teresa von Avila wünschte für ihre Schwestern ein strenges, von apostolischer Liebe und einfacher Arbeit getragenes Leben. Nichts sollte den Geist ablenken, beim Herrn zu verweilen.

In der Atmosphäre eines fröhlichen Noviziates blühte Edith Stein jedoch auf. Aus ihrem Gesicht schwanden die Spuren der überstandenen Leiden und machten einer sonnigen Heiterkeit Platz. Sie paßte sich ihren jüngeren Gefährtinnen an und ertrug ihre eigenen Ungeschicklichkeiten mit „Fassung und Humor". Es fiel ihr schwer, sich Zeremonien und Hausgebräuche einzuprägen. Durch ihre lange intellektuelle Tätigkeit hatte sie wenig Erfahrung in den anfallenden Arbeiten. An Mater Petra schrieb sie: „Nun muß ich mir vorläufig noch immer sagen, daß Sie wenig zufrieden mit der Art wären, wie ich das Offizium bete. Auch sonst bin ich ein sehr ungeschicktes Novizenkind, für das Vorgesetzte und Mitschwestern viel Liebe und Geduld brauchen, und es wird gewiß lange dauern, bis eine einigermaßen brauchbare Klosterfrau aus mir wird. Wollen Sie mir auch darum beten helfen, daß ich der großen Gnade dieser Berufung entsprechen möge[6]."

Eine Mitnovizin erzählt: „Wie alt Edith Stein sein mochte, konnte ich auf den ersten Blick nicht sagen. Aber ihr an den Schläfen leicht ergrautes Haar ließ auf mehrere Jahre schließen. So wunderte ich mich nicht, als ich nach einigen Tagen erfuhr, sie sei bereits zweiundvierzig Jahre alt. Doch sie lebte unter uns wie eine von uns, ohne das geringste Aufheben von sich zu machen. Man kann diese einfache und natürliche Schlichtheit gar nicht genug hervorheben. Der ernste Zug verlor sich schnell, und es schien, als ob sie um zwanzig Jahre jünger geworden sei. Ihre große Zurückhaltung wich einer sonnigen Zugänglichkeit. Es dauerte nicht lange, und es schien ihr und uns, als hätten wir schon immer miteinander gelebt. Nach einigen Wochen erfuhren wir Näheres über Edith Steins jüdische Herkunft und ihre frühere Tätigkeit. Mein Erstaunen war groß, und es wurde noch größer, je mehr ich diesen ganz Gott hingegebenen Menschen kennenlernte.

Besonders auffällig war ihr Gebetseifer. Der Gottesdienst hielt sie ganz und gar gefangen. Der Höhepunkt war ihr die hl. Messe, die sie wie ihr eigenes Opfer mitfeierte. Großen Eifer zeigte sie für das Choroffizium, und sie verweilte oft stundenlang, wenn es ihr an Sonn- und Feiertagen erlaubt war, in stillem Gebet vor dem Tabernakel. Während dieser

Zwiesprache mit Gott schien ihr Raum und Zeit zu entschwinden. Auch fiel mir ihre große Ehrfurcht uns jüngeren Schwestern gegenüber auf; mit Liebe und Demut suchte sie sich uns in allem anzupassen. Erst aus einem Gespräch in späteren Jahren habe ich gemerkt, daß ihr diese Anpassung gar nicht so leicht war. Sie gestand mir einmal, wie schwer ihr das Einleben geworden sei. Ich ahnte nichts von ihren Schwierigkeiten, sondern erzählte ihr, wie schwer es mir geworden sei, mich mit zwanzig Jahren in den Karmel einzuleben. Sie antwortete: ‚Das glaube ich gern. Aber mit vierzig Jahren kann das Noviziat auch sehr, sehr schwer sein. Es sind allerdings andere Schwierigkeiten als jene, die man mit zwanzig Jahren hat.' Hätte sie mir das nicht selbst erzählt, ich würde es kaum glauben. Es hatte ja alles den Anschein, als ob es ihr selbstverständlich sei. Welche Verehrung brachte sie den Vorgesetzten entgegen!

Wie in allen Übungen der Regel war sie auch gewissenhaft in den Übungen des Noviziates. Unsere Novizenmeisterin hatte zuerst etwas Hemmungen, der Gelehrten Noviziatsunterricht zu erteilen. Aber Edith Stein war so lieb und gelehrig, daß diese Bedenken rasch schwanden. Sie fand sich immer der Belehrung bedürftig. Eines Tages konnte sie am Unterricht nicht teilnehmen, da einer ihrer philosophischen Freunde sie zu sprechen wünschte. Abends in der Rekreation fragte sie uns: ‚Was habt ihr denn heute Schönes im Noviziat gehört?' Ich antwortete sofort: ‚Ja, so geht es. Wer nicht da ist, der hört auch nichts.' Schlagfertig erwiderte sie: ‚Oh, in der Hl. Schrift heißt es aber: Arglos lehrte ich die Weisheit, neidlos teilte ich sie mit (Weish. 7, 13).' Ich war innerlich betroffen, und nachdem ich ihrer Bitte entsprochen hatte, dachte ich mir, daß Edith sich mit den Worten der Schrift selbst, ohne es zu wissen, Zeugnis gab, so klar und lauter war alles an ihr.

Durch ihren Mangel an praktischer Erfahrung in den

Hausarbeiten stießen ihr manche Fehler zu, für die sie, wie es in den Noviziaten Brauch ist, einen Verweis oder eine Ermahnung einstecken mußte. Nie habe ich gesehen, daß sie sich deswegen empfindlich zeigte, vielmehr war es rührend, mit welcher Demut und Ruhe sie diese Vorkommnisse ertrug und sie zu ihrer Heiligung zu verwenden suchte. Nie verlor sie deshalb ihr fröhliches Lächeln. Man darf aber nicht glauben, Edith Stein habe zu jenen passiven Naturen gehört, an denen alles ohne Eindruck vorübergeht. Sie hatte ein sehr lebhaftes, ja feuriges Temperament, das sich in ihren schönen, strahlenden Augen spiegelte. Aber ihre große Selbstbeherrschung regierte den ganzen Menschen, und nie habe ich gesehen, daß sie sie einen Augenblick verlor.

Es ist bekannt, daß nirgends soviel gelacht und gescherzt wird wie in den Noviziaten. Man lacht über alles und über nichts. Auch Edith Stein überließ sich dieser sorglosen Fröhlichkeit. Sie konnte so herzlich lachen, auch wenn es auf ihre Kosten ging, daß ihr manchmal die Tränen über die Wangen liefen. Ich erinnere mich gut, wie ich einmal in der Noviziatszeit einen großen Kummer hatte. So unauffällig wie möglich suchte Edith Stein mich durch kleine Aufmerksamkeiten zu erfreuen oder mir leise ein kleines Trostwort zu sagen. Sie war darin sehr erfinderisch und wollte allen alles werden, um Christi willen. Sie erzählte in der Rekreation aus ihrem bewegten Leben, und man spürte ihre starke Verbundenheit mit ihrer frommen, jüdischen Mutter und ihren Geschwistern. Sie war ein Mensch, der Vertrauen schenkte und seine Hingabe arglos mitteilte. Immer bemühte sie sich, ihren Willen zurückzustellen und auch in kleinen Dingen gehorsam zu sein[7]."

In einem Artikel über Teresa von Avila schrieb Edith Stein: „Nur wer sich selbst für nichts achtet, wer in sich nichts mehr findet, was wert ist, verteidigt und durchgesetzt zu werden, in dem ist Raum für das schrankenlose Walten Gottes[8]." Oder: „In den Kindertagen des geistlichen Lebens, wenn wir eben angefangen haben, uns Gottes Führung zu überlassen, da fühlen wir die leitende Hand ganz stark und fest; sonnenhell liegt es vor uns, was wir zu tun und zu lassen haben. Aber das bleibt nicht immer so. Wer Christus angehort, der muß das ganze Christusleben durchleben. Er muß zum Mannesalter Christi heranreifen, er muß einmal den Kreuzweg antreten nach Gethsemane und Golgotha. Und alle Leiden, die von außen kommen, sind nichts im Vergleich zu der dunklen Nacht der Seele, wenn das göttliche Licht nicht mehr leuchtet und die Stimme des Herrn nicht mehr spricht. Gott ist da, aber er ist verborgen und schweigt. Warum das so ist? Es sind immer Gottes Geheimnisse . . . und sie lassen sich nicht restlos durchdringen . . . So steht jeder von uns immer auf des Messers Schneide zwischen dem Nichts und der Fülle des göttlichen Lebens[9]." Diese Worte aus einem Vortrag von 1930 zeigen den Weg Edith Steins. Sie wußte sich auch im Karmel unterwegs.

Nachdem Edith Stein sich in die veränderten Lebensverhältnisse eingewöhnt hatte, freute sie sich auf die Feierlichkeit, in der ihr das Ordensgewand überreicht werden sollte. An Mater Petra schrieb sie: „Ich bitte für die folgenden Wochen sehr ums Gebet, denn ich weiß, daß ich das heilige Kleid noch mit harten Prüfungen erkaufen muß. Sie haben schon damit eingesetzt, daß meine Mutter sich noch einmal mit aller Kraft gegen die bevorstehende Einkleidung wehrt. Es ist schwer, den Schmerz und die Gewissensnot einer solchen Mutter mitansehen zu müssen und mit keinen menschlichen Mitteln helfen zu können[10]." Edith Stein durfte dem Widerstand der Mutter gegen ihre Eingliederung in den Orden nicht nachgeben. Frau Stein sah nur den Trennungsstrich, den ihre Tochter zum jüdischen Volk zog. Jahrelang antwortete sie nicht auf die wöchentlich eintreffenden Briefe. Am Fest der Einkleidung, das am Sonntag vom Guten Hirten, am 15. April 1934, stattfand, war niemand von Edith Steins Familie unter der großen Schar von Gästen anwesend. Nur die Geschwister hatten geschrieben. Die Teilnehmer der Feierlichkeit waren beeindruckt von Edith Steins Freude und ihrem jugendlichen Aussehen. Gerta Krabbel, die Vorsitzende des Frauenbundes, begrüßte Edith Stein vor dem Amt im Brautschmuck und rief aus: „Ich freue mich so, daß ich Sie so sehen darf. So ist es ganz richtig[11]."

Gertrud von Le Fort, die mit Edith Stein befreundet war, sagte, sie habe bei der Abfassung ihres Buches: „Die Ewige Frau" immer das Brautbild Edith Steins vor sich auf ihrem Schreibtisch stehengehabt. Edith Stein suchte zu verwirklichen, was sie in einem ihrer Vorträge ausgesprochen hatte: „Das Leben der Gottesbraut (ist) übernatürliche Mutterschaft für die ganze erlöste Menschheit, gleichgültig ob sie unmittelbar selbst an den Seelen arbeitet oder nur durch ihre Opfer Früchte hervorbringt, von denen sie selbst und vielleicht kein Mensch Kenntnis hat[12]."

Im Orden hieß Edith Stein: Schwester Teresia Benedicta a Cruce, die vom Kreuz gesegnete Teresia. In diesem Namen lag ihre Dankbarkeit für Teresas und Benedikts Führung und ihre Liebe zum Leiden Christi. „Sie fragen nach meinem Namenspatron?" antwortete sie Mater Petra. „Freilich ist es der hl. Vater Benedikt. Er hat mich adoptiert und mir in seinem Orden Heimatrecht gegeben, obgleich ich nicht einmal Oblatin war, weil ich immer den Berg Karmel vor Augen hatte[13]."

Erzabt Walzer hatte die Einkleidungszeremonien vorgenommen und die Festpredigt gehalten. Diese fiel für Edith Stein sehr lobend aus, so daß sie glücklich war, als die Feier zu Ende ging. Im Sprechzimmer frug sie Erzabt Walzer nach ihrem Befinden und erbat sich eine undiplomatische Antwort. „Was ich erwartet habe, fand ich bestätigt: Sie fühle sich ganz daheim mit Herz und Geist, gab sie mit der ihr eigenen Lebhaftigkeit einer feurigen Natur zur Antwort. Dabei war man nicht einmal versucht, an ein besonderes Gnadenwunder zu denken. Alles schien das Ergebnis einer natürlichen Entwicklung zu sein innerhalb ihres natürlichen Reifens[14]."

Dankbar schrieb Edith Stein an Mater Petra: „Sie wissen gar nicht, wie wenig dazu gehört, Karmelkinder zu erfreuen, und wie überreich Ihre Sendung für uns ist. Ich würde mich durch so große Liebe und Güte tief beschämt fühlen, wenn ich nicht wüßte, daß sie weniger meiner Person gilt als dem heiligen Beruf, zu dem ich so ganz ohne Verdienste erwählt worden bin und den Sie so tief erfassen. So ist mir jeder neue Liebesbeweis ein Ansporn, alle Kräfte zusammenzunehmen, um ein minder unwürdiges ‚vas electionis' zu werden ... Im Verhältnis zu der Gnadenfülle, die jeder Tag bringt, ist eine armselige Menschenseele so klein[15]." Und etwas später: „Wenn etwas in Erfüllung geht, was man lange beharrlich erbetet hat, so ist es mir immer fast noch überwältigender als eine sofortige Erhörung. Und ich stehe jetzt noch immer staunend vor dieser herrlichen Erfüllung[16]."

Edith Stein wurde im Kloster nicht weltfremd oder verständnislos für die Nöte anderer. Sie durfte die Beziehungen mit Freunden und Ratsuchenden aus ihrem großen Bekanntenkreis aufrechterhalten. Sie bat Mater Petra, ihre Sorgen offen auszusprechen, denn „je konkreter das Bild ist, desto mehr treibt es uns an, unseren Schwestern draußen mit unserem Gebet zu Hilfe zu kommen. Ich denke auch, es würde Ihnen guttun, ein bißchen bei uns zu sein. Wir haben Ihnen zwar nichts Großartiges zu bieten – gar keine schöne Liturgie oder dergleichen. Nur unsere fröhliche Armut und unseren Frieden. Es ist uns doch soviel leichter gemacht, dies zu bewahren, als denen, die täglich und stündlich in den Kampf gestellt sind. Und darum bin ich immer froh, wenn sich jemand etwas davon zur Stärkung im Kampf holen kann[17]."

Edith Steins jüdische Freunde suchten bei ihr Rat und Trost und besprachen mit ihr ihre Auswanderungspläne. Immer war sie im Sprechzimmer bereit, zu helfen. Sie sah zwischen den Forderungen des Gebetslebens und der Nächstenliebe keinen Widerspruch. „Man kann sich nur bemühen, das Leben, das man erwählt hat, immer treuer und reiner zu leben, um es als ein annehmbares Opfer für alle, denen man verbunden ist, darzubringen. Das Vertrauen, das auf uns gesetzt wird, die fast erschreckend hohe Meinung, die so viele draußen von unserem Leben haben, ist ein immer neuer Ansporn dazu . . . Aber ich empfinde diesen Frieden immer noch täglich als ein übergroßes Gnadengeschenk, das einem gar nicht für einen allein gegeben sein kann; und wenn jemand abgehetzt und zerschlagen zu uns kommt und dann etwas Ruhe und Trost mitnimmt, so macht mich das sehr glücklich[18]."

Edith Stein wußte, daß sie, nach menschlicher Berechnung, im Karmel nicht geborgen war. Ihr Blick in die Zeitverhältnisse lehrte sie, daß sie mit dem Schlimmsten rechnen mußte. Zu einer Besucherin sagte sie, wahrscheinlich werde man sie auch hier noch herausholen. Der Provinzial wünschte, daß Edith Stein ihr wissenschaftliches Können verwertete. In der wenigen Zeit, die ihr dafür blieb, schrieb sie Beiträge für Zeitschriften und stellte ihren Thomas-Index fertig.

Ein Jahr nach der Einkleidung legte Edith die ersten Ordensgelübde ab. An ihre Freundin Hedwig Conrad-Martius schrieb sie: „Ich darf mich auf die Profeß im April freuen. Es ist gut, daß man dann noch nicht ‚fertig' zu sein braucht, denn ich habe das Gefühl, daß das eigentliche Noviziat erst vor kurzem begonnen hat, seitdem das Eingewöhnen in die äußeren Verhältnisse – Zeremonien, Bräuche und dergleichen – nicht mehr soviel Kraft verbraucht[19]." Und an Mater Petra: „Wenn Sie sich mich im Chor an meinem Platz vorstellen, dann bitte ohne weißen Mantel – der gehört nur zur Kommunion und zum feierlichen Offizium I. Klasse –, sondern im alten, braunen Habit, ganz klein am Boden. So sind auch meine Betrachtungen keine hohen Geistesflüge, sondern meist sehr bescheiden und einfach. Das Beste daran ist die Dankbarkeit dafür, daß mir dieser Platz als irdische Heimat ... geschenkt ist[20]. Ich freue mich so sehr auf die Stille. So sehr ich das Offizium liebe und so ungern ich dem Chorgebet, auch bei der kleinsten Hore, fernbleibe – die Grundlage unseres Lebens sind doch die zwei Stunden Betrachtung, die wir in unserer Tagesordnung haben. Seit ich diese Wohltat genieße, weiß ich erst, wie sehr sie mir draußen gefehlt hat[21]." In der Morgenfrühe, am 21. April 1935, es war der Ostersonntag, legte Edith Stein ihre Gelübde ab. Von einer Schwester befragt, wie sie sich fühle, erwiderte sie spontan: „Wie die Braut des Lammes[22]."

Als Hedwig Conrad-Martius kurze Zeit darauf Gelegenheit hatte, mit ihr zu sprechen, war sie betroffen. „Diese Stunde ist mir unauslöschlich eingeprägt. Edith hatte immer schon, von Natur, etwas Kindliches und Freundliches an sich. Aber die Kindlichkeit, Vergnügtheit und Geborgenheit, die sie jetzt gewonnen hatte, war, wenn ich das sagen darf, bezaubernd. Der wunderbare Doppelsinn des Wortes gratia: Gnade und Grazie, waren hier vereinigt. Edith hat mir in jener Stunde ganz offenherzig von den Schwierigkeiten erzählt, die ihr das Noviziatsjahr gemacht hatte, sie konnte es tun. Denn was hatte sie dadurch gewonnen[23]."

Nach den ersten Gelübden folgt eine Zeitspanne von drei Jahren. Die erste einschneidende Veränderung bedeutete für Edith Stein der Auftrag der Obern, das in Speyer begonnene Manuskript „Akt und Potenz" fertigzustellen. Die Tagesordnung im Karmel ist so beschaffen, daß die Arbeitszeit immer wieder von Gebetsübungen unterbrochen wird. Wo sollte Edith Stein für ein so großes wissenschaftliches Werk die Zeit hernehmen? Sie sah, daß die Abhandlung einer völligen Umgestaltung bedurfte. Ohne genügende wissenschaftliche Hilfsmittel und Aussprachemöglichkeiten versuchte sie ihr Bestes zu geben.

Wieviel Selbstbeherrschung mußte Edith Stein aufbringen, um bei jedem Glockenzeichen die Feder aus der Hand zu legen und die starke Konzentration zu unterbrechen. Sie gestand, dies sei ihre größte Buße gewesen. Kam der Sonntag, sagte sie strahlend: „Gott sei Dank, heute brauch' ich nicht zu schreiben, heute darf ich beten[24]." Wie Edith Stein über intellektuelle Tätigkeit dachte, hatte sie in einer früheren Arbeit ausgesprochen. „Der Intellektuelle sieht, daß die höchsten und letzten Wahrheiten nicht durch den menschlichen Verstand entschleiert werden und daß in den wesentlichsten Fragen und darum in der praktischen Lebensgestaltung ein ganz einfaches Menschenkind auf Grund höherer Erleuchtung dem größten Gelehrten überlegen sein kann. Auf der anderen Seite erkennt er den legitimen Bereich der natürlichen Verstandestätigkeit und verrichtet hier seine Arbeit, wie der Bauer sein Feld bestellt, als etwas, was gut und nützlich ist, aber in enge Grenzen eingehegt wie alles Menschenwerk . . . Er wird seinen Verstand brauchen wie der Schreiner Hand und Hobel, und wenn er andern mit seiner Arbeit nützen kann, so wird er gern dazu bereit sein[25]." Im Mai 1935 schrieb Edith Stein an Mater Petra: „Auch für mich bitte ich sehr um Ihre Gebetshilfe. Ich bin seit einigen Wochen zur philosophischen Arbeit zurückgekehrt und stehe vor einer großen Aufgabe, für die mir sehr, sehr vieles fehlt, was dazu nötig wäre. Wenn ich nicht auf den Segen des heiligen Gehorsames vertrauen dürfte und darauf, daß der Herr auch durch ein ganz schwaches und untaugliches Werkzeug etwas ausrichten kann, wenn es ihm gefällt, dann müßte ich das Rennen aufgeben. So tue ich, was ich kann, und laß mir immer wieder vor dem Tabernakel den Mut aufrichten, wenn er mir von der Gelehrsamkeit anderer Leute erdrückt worden ist[26]." Mit starker Konzentration arbeitete sie an ihrem Werk, so daß die Obern für ihre Gesundheit fürchteten. Sie war dankbar, wenn einer ihrer Freunde, z. B. Prof. Alexander Koyré, sie im Sprechzimmer ermutigte, in ihrer philosophischen Konzeption fortzufahren. Sie fürchtete, ihre Befreiung von allen Hausarbeiten sei für eine so kleine Kommunität eine zu große Belastung. Nach einer solchen Ermutigung schrieb sie an Hedwig Conrad-Martius: „Das war schon nötig, denn eine solche Arbeit paßt doch schlecht in unseren Rahmen hinein und verlangt manches Opfer, nicht nur von mir, sondern auch von meinen lieben Mitschwestern[27]."

Kurz nachdem Edith Stein ihre philosophische Arbeit beendet hatte, sie nannte sie „Endliches und Ewiges Sein", traf sie ein großer Schmerz. Am 14. September 1936, am Fest Kreuzerhöhung, starb ihre Mutter in Breslau nach schwerem Todeskampf. Den Sommer über hatte Edith Stein ihre Freunde gebeten, sie möchten ihr im Gebet helfen, die Verzweiflung der Siebenundachtzigjährigen zu lösen. Wohl hatte Frau Stein nach der Profeß ihrer Tochter angefangen, die Briefe aus Köln mit kleinen Grüßen zu beantworten, aber die Verbitterung war geblieben. Im Winter 1936 konvertierte Rosa Stein. Dies war für beide Schwestern eine große Freude. Edith Stein hatte sich durch einen Treppensturz Hand- und Fußgelenk gebrochen. Daher konnte sie im Dreifaltigkeitskrankenhaus Rosa den letzten Konvertitenunterricht erteilen und an ihrer Taufe durch Prälat van Acken in der Kirche im Krankenhaus Hohenlind teilnehmen. Nach ihrer Rückkehr ins Kloster übernahm sie den Krankendienst.

Im Herbst 1937 hatte der Kölner Karmel ein großes Fest. Am 5. November 1637 waren die ersten Karmelitinnen aus Belgien nach Köln gekommen. 1802 mußten die letzten Schwestern das Kloster Maria vom Frieden verlassen, und den nächsten Stifterinnen gelang es nicht mehr, das Haus zurückzugewinnen. Die Priorin Teresia Renata Posselt schrieb eine Klosterchronik über die wechselvollen Geschicke der vergangenen drei Jahrhunderte. Edith Stein und die Chronistin halfen ihr. Damals ahnte niemand, daß acht Jahre später, nach Kriegsende, der Wiederaufbau des ursprünglichen Klosters begonnen werden sollte.

Edith Steins Manuskript „Endliches und Ewiges Sein" war noch nicht im Druck. Sie versuchte es bei mehreren Verlegern. An Mater Petra schrieb sie: „Ob ich noch einmal etwas Größeres schreiben kann, weiß ich nicht. Vorläufig scheinen mir ganz andere Aufgaben bevorzustehen. Ich nehme, was kommt, und bitte nur, daß mir die nötigen Fähigkeiten dazu gegeben werden. Auf alle Fälle ist es eine gute Schule der Demut, wenn man beständig Dinge zu tun hat, die man mit großer Mühe nur sehr unvollkommen fertigbringt[28]."

1937 übernahm Edith Stein den Telephondienst. Sie mußte den Verkehr von der Außenwelt zum Kloster regeln und hatte viel Arbeit und Laufereien. Eine Noviziatsgefährtin berichtet: „Ich konnte nicht genug die Güte und Hilfsbereitschaft Edith Steins bewundern. Sie war kein Buchstabenmensch, sondern, wenn die Liebe es erforderte, war sie jederzeit bereit einzuspringen. Ich glaube, ihr Wahlspruch war: ‚ama et fac quod vis'. Wie oft hat sie mich getröstet und erbaut. Eines Abends war ich sehr niedergeschlagen. Edith Stein räumte, es war schon großes Stillschweigen, das Geschirr in den Küchenschrank. Sie mußte wohl fühlen, wie es mir zumute war. Da sie nicht sprechen durfte, kam sie auf mich zu und lächelte mich überaus gütig an. Dies kann ich

In Speyer (nach 1923).

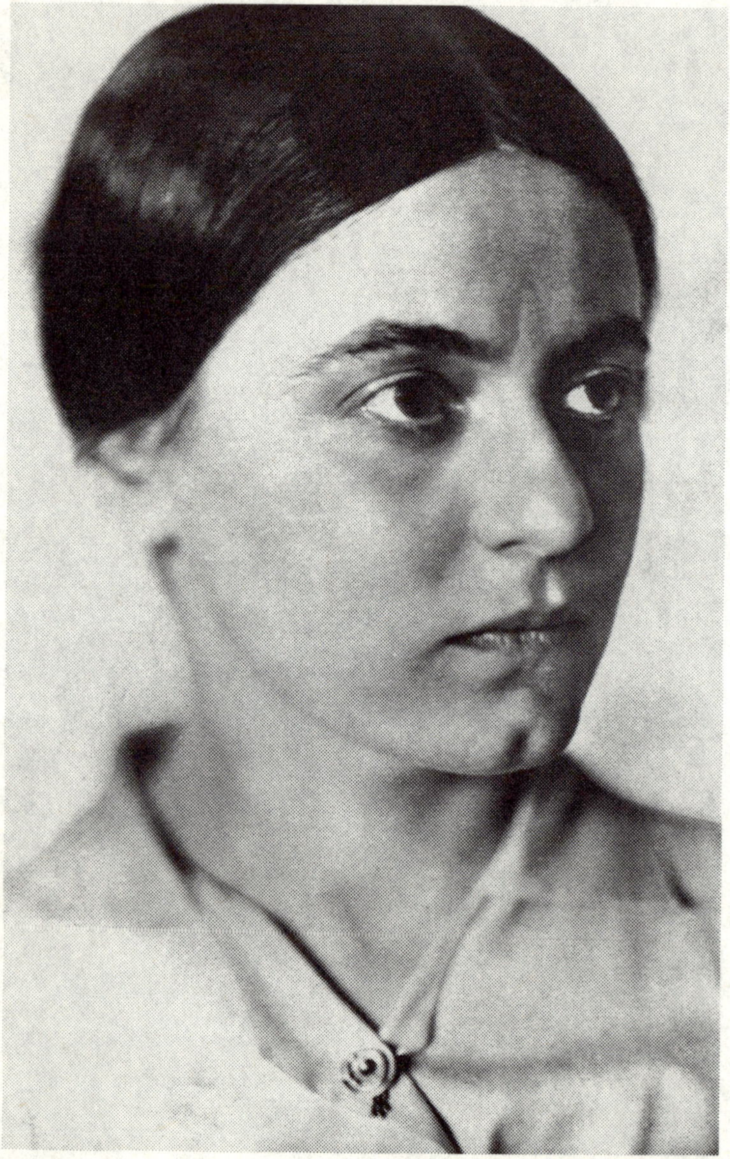

In Wien 1931.

Dozentin in Münster (1932–1933)

Abschied vom Kölner Karmel (1938).

nie vergessen. Mein Kummer war wie weggewischt. Wie geduldig war sie, wenn es in der Küche hoch herging und sie warten mußte, auch suchte sie nie irgendeine Belästigung oder Arbeit zu verursachen. – Einmal sprachen wir in der Rekreation vom Sterben. Ich rief begeistert aus: ‚Wenn ich einmal sterbe, müssen die Schwestern das Salve Regina singen'. Sie schaute mich sinnend an, dann sagte sie ernst: ‚Und wenn ich sterbe, kann man singen: Te Deum laudamus'[29]."

In Edith Steins Briefen kehren Wendungen wieder wie diese: „Wir hätten uns soviel zu sagen, wenn Sie wieder einmal kämen. Die Hauptsache ist aber doch, daß wir im Gebet vereint bleiben und uns einmal im ewigen Licht zusammenfinden. Die Sehnsucht danach wächst, je mehr man andere vorausgehen sieht[30]." Edith Steins Wunsch war es, bald die ewigen Gelübde ablegen zu dürfen. An Mater Petra schrieb sie: „Im letzten Brief schickten Sie mir das schöne Bild des Turiner heiligen Antlitzes. Ich nahm es als ein Geschenk des Herrn und dachte, es sei eines seiner Gnadenmittel, um mich auf die hl. Profeß vorzubereiten. So stellte ich es auf den Zellentisch, um es oft zu betrachten[31]."

Frau Renand, eine Bekannte Edith Steins, berichtet von einem Besuch im Karmel in den Jahren 1936/37: „Ich verweilte damals einige Zeit im Rheinland, und die Philosophiedozentin unserer Schule hatte mich gebeten, ihr alle Auskünfte über Husserl mitzubringen. Ich hatte mich an Herrn Prof. Dempf gewandt, und der riet mir, Edith Stein zu besuchen – es sei das Einfachste. Edith Stein erklärte mir Husserls Philosophie in einer glänzenden Zusammenfassung. Anschließend unterhielten wir uns über Deutschland und dessen verhängnisvolles Schicksal. Sie schien das Furchtbarste zu ahnen und das Ausbrechen des Übels vorauszusehen. In diesem ernsten Gespräch zeigte sie die Klarheit und Gewalt ihres Geistes, den tiefen Glauben und das einzige Vertrauen auf Gott. Mit der ganz jungen, auf diesem Gebiet noch unerfahrenen Ausländerin, die ich damals war, sprach sie so einfach, offen und freundschaftlich wie mit einer jungen Schwester. Diese Begegnung hat mich sehr beeindruckt[32]." Mitte 1937 schrieb Edith Stein an eine Dominikanerin: „Das Schicksal unserer spanischen Mitschwestern zeigt uns doch, worauf wir gefaßt sein müssen. Und wenn in größerer Nähe so tiefgreifende Umwälzungen vor sich gehen, ist das ein heilsamer Mahnruf[33]." Edith Stein machte sich keine Illusionen. Aufrecht ging sie mit ihrem Volk den Kreuzweg. Viele ihrer Freunde verließen Deutschland. Auch sie trug sich mit dem Gedanken nach Palästina, in den Karmel von Bethlehem, auszuwandern, um ihr Kloster nicht zu gefährden.

Am 21. April 1938, Donnerstag in der Osterwoche, durfte Edith Stein ihre ewigen Gelübde ablegen. Husserl war zu dieser Zeit schwer erkrankt. Vier Wochen vor ihrer Profeß schrieb Edith Stein an Sr. Adelgundis Jaegerschmid, die Husserl beistand: „Unsere Grüße gehen von einem Sterbelager zum andern. Unsere Sr. Clara ist heute nach einem Jahr des Leidens sehr sanft in die Ewigkeit hinübergegangen. Ich habe ihr unseren lieben Meister empfohlen und werde es heute nacht wieder tun, während der Totenwache. Ich glaube, daß man in ihrer Begleitung sehr gut aufgehoben ist. Sie war unsere älteste Laienschwester. Unermüdlich in den niedrigsten Arbeiten, aber ein starker und männlicher Geist, der das Karmelideal mit aller Entschiedenheit erfaßt und gelebt hat. So ist es aus dem Glauben ein ganz geistiges Leben gewesen. Um meinen lieben Meister mache ich mir keine Sorgen. Es hat mir immer sehr fern gelegen zu denken, daß Gottes Barmherzigkeit sich an die Grenzen der sichtbaren Kirche binde. Gott ist die Wahrheit, wer die Wahrheit sucht, der sucht Gott, ob es ihm klar ist oder nicht[34]."

Husserl erwähnte von Gründonnerstag an seine philosophische Arbeit nicht mehr. Er fühlte sich von seiner Aufgabe entlassen und richtete seinen Blick auf Gott. Seine Hinwendung zu Christus, die durch die Philosophie verdeckt gewesen war, brach durch. Beim Erwachen am Karfreitag sagte er: „Welch großer Tag, Karfreitag! Ja, Christus hat uns alles vergeben[25]." Und nach furchtbarer Atemnot am Abend: „Wir haben Gott innig gebeten, daß er uns gestatten möge zu sterben. Nun hat er die Erlaubnis hierzu gegeben. Aber es ist eine große Enttäuschung, daß wir noch leben. Gott ist gut, ja Gott ist gut, aber sehr unverständlich. Es ist eine große Prüfung jetzt für uns... Licht und Dunkel, ja viel Dunkel und wieder Licht[36]." Im Verkehr mit den ihn umgebenden Menschen formten Husserls Lippen Worte des Dankes, der Freundschaft. Die letzten Tage lag er schweigend. Kurz vor seinem Heimgang am 27. April erhellte sich sein Gesicht. Er brach in die Worte aus: „Oh, ich habe etwas so Wunderbares gesehen, schreiben Sie schnell[37]." Ehe die Pflegerin kam, hatte Husserl sein Geheimnis hinübergenommen. Sein gläubiges Heimgehen war für Edith Stein ein großes Geschenk. Sie schrieb nach Freiburg: „Ich dachte, daß es ein ähnlicher Zusammenhang sei wie bei meiner lieben Mutter, die zur Stunde meiner Profeßerneuerung starb. Sie werden nicht denken, daß ich auf meine Gebete oder sogar auf Verdienste so großes Vertrauen hätte. Ich bin nur überzeugt, daß Gott niemand allein für sich beruft und daß er verschwenderisch an Liebesbeweisen ist, wenn er eine Seele annimmt[38]."

XIII Edith Steins Philosophie – Die Frage nach Wesen und Aufbau der Person

Edith Steins Kollegen bezeugen, daß sie auch als Karmelitin ganz Philosophin geblieben ist. In den Nachkriegsjahren, in denen die Greuel der Nationalsozialisten immer stärker in das Bewußtsein der Deutschen traten, sah man bei der Entdeckung Edith Steins in der Öffentlichkeit jedoch mehr auf ihre radikale Glaubenshaltung und ihr bewußtes Lebensopfer, ohne deswegen ihre philosophische Leistung ganz zu übersehen. Erich Przywara faßte diese Stimmung zehn Jahre nach ihrem Tod in die Worte: »Edith Stein blieb im Grunde genommen fremd unter denen, die die ihren geworden waren, während merkwürdigerweise es gerade ungläubige Schüler Husserls waren, die die Verehrung Edith Steins niemals aufgaben. Edith Stein hatte gewiß einen Namen, gerade im deutschen katholischen Akademikerverband und im katholischen Frauenbund, bis dazu, daß bei ihrem Schleierfest eine große Anzahl prominenter Besucher anwesend war, daß die Prozession am Sprechzimmergitter von morgens bis abends nicht abriß. Aber erst ihre Verschleppung nach Polen und ihr Tod machten sie zu einer eigentlichen Gestalt im deutschen katholischen Geistesleben, nicht so sehr um ihrer geistigen Größe und ihres Werkes willen, sondern begreiflicherweise als Symbol des Mitleidens mit den in der nationalsozialistischen Zeit gemordeten Juden[1].“

Vierzehn Jahre später sagte Prof. J. Möller bei der Einweihung des Edith-Stein-Studentinnenheims in Tübingen nach einer Huldigung der wissenschaftlichen Genialität Edith Steins: »Was bleibt? Es bleibt viel. Es bleibt der Mensch, der als Christ das Denken nie aufgegeben hat und über die Problematik und über alle Diskussion eines gestellt hat: die Liebe zum Gekreuzigten. Weniger in Worten (wohl auch in

Worten) aber ganz im Tun. Edith Steins Werk wird im Angesicht ihres Tuns fast bedeutungslos, obwohl es bedeutend war[2]."

Wie jede Zeit ihr Lutherbild hat oder ihre Auffassung über Thomas von Aquin, so ist auch Edith Steins Wirken und Werk den Schwankungen der jeweiligen Zeitsicht unterworfen. Durch die Forschungen Roman Ingardens, Alois Dempfs, Jan H. Notas u. a., sowie durch die voranschreitende philosophisch-pädagogische Erschließung der Werke Edith Steins, ist zu Recht wieder das Interesse an ihrer philosophischen Leistung erwacht. Wurde in den Hagiographien ihre Größe zu stark von ihrem Ende her gesehen, so bahnt sich heute eine ganzheitlichere Sicht Edith Steins an.

Der Neuscholastiker Daniel Feuling OSB aus Beuron sagt in seinen Erinnerungen über Edith Stein: »Das Eigentümliche in der Art Edith Steins finde ich in ihrem geweiteten geistigen Blick und in dem daraus sich ergebenden Streben und Fühlen des Gemütes. In ihrem Innern lebte der Drang zum tieferen Sinn des menschlichen Seins und Lebens; in diesem Drange suchte sie in beständiger Ausschau – in Leben und Wissenschaft – nach den großen Zusammenhängen des Daseins in der Menschheit und im Ganzen der Welt und des Seins. Das formte sie in ihrem eigenen Denken und Fühlen und in der Gesamtzielung ihres Wirkens zu den Menschen – als Lehrerin in höheren Schulen und als Vortragende über menschliche, frauliche, religiöse Fragen für weite Kreise in der katholischen Öffentlichkeit. Sie vereinigte in ungewöhnlicher Weise beides: den klaren, eindringlichen Verstand und die lebendige Bewegtheit des Gefühles. Vor allem durch diese Verbindung von Begriff und Gemüt wirkte sie auf die reiferen Mädchen wie auf die Welt der Gebildeten, der besinnlichen Frau zumal. Und diese Verbindung öffnete ihr den Weg zur größeren Wahrheit in den Fragen der Religion ... In der gesagten Grundart des menschlichen Charakters war der Zug in das Philosophische tief verwurzelt. Philosophie ist ja – als das Suchen der Wahrheit, des Seins und des Lebens in jenen tiefen Zusammenhängen, die sich dem Menschen im geklärten und geweiteten Begriffe kundtun, wenn er beharrlich und folgerichtig alles ihm Begegnende seinem Wesen und Wirken nach zu erfassen sucht. Diese philosophische Bemühung war der jungen Edith Stein wie zur zweiten Natur geworden. Sie führte sie zum eigentlichen Studium der Philosophie, das sie mit Erfolg mit dem Begründer der Phänomenologie, Edmund Husserl, betrieb. Wie Martin Heidegger und Koyré gehörte sie zu den Assistenten Husserls, der auch weiterhin, bis in die Zeit im Karmel und bis zu seinem Tode der einstigen Schülerin zugetan und mit ihr in geistiger Verbindung blieb. Den philosophischen Studien blieb Edith Stein zeit ihres Lebens treu. Eine Hauptfrucht ihrer darauf bezüglichen Arbeit war die deutsche Übersetzung eines der bedeutendsten Werke des hl. Thomas von Aquin, der Quaestiones disputatae de veritate, der „Untersuchungen über die Wahrheit". Das Anliegen bei dieser schwierigen, meisterhaft geglückten Arbeit war ihr, sich tiefer in die Gedankenwelt des Aquinaten zu versenken und dadurch zu einer philosophischen Auseinandersetzung mit den großen Strömungen der Vergangenheit zu gelangen. Das Ansehen, das Edith Stein auch über die Grenzen des deutschen Sprachgebietes hinaus genoß, sowie ihre Vertrautheit mit der Lehre Husserls und anderer Vertreter der phänomenologischen Forschungs- und Denkart wurden zum Anlaß, daß die Leitung der Société thomiste sie einlud, an der Besprechung ausgewählter philosophischer Forscher und Gelehrter teilzunehmen, die im September 1932 zu Juvisy bei Paris stattfand. An den Aussprachen nach den zwei Vorträgen dieses Studientages (Journée d'études) nahm Dr. Edith Stein in hervorragendem Maße teil; im Unterschied zu anderen deutschen Teilnehmern sprach sie dabei in gewandter französischer Sprache, und zwar ganz frei, da ja ihr Wort bestimmt sein mußte durch das, was vorgetragen und in der Diskussion gesagt und gefragt worden war. Ihre wiederholten Äußerungen fanden großen Beifall bei der Versammlung großenteils bedeutender Männer. Als Edith Stein dann im Kölner Karmel eingetreten war, empfand sie es als wohltuend, daß ihr die Obern in weitblickender Weise gern gestatteten, ihre Beschäftigung mit der philosophischen Wissenschaft im Rahmen des klösterlichen Lebens fortzusetzen. Auch als Karmelitin blieb sie der philosophische Mensch[3]."

Die erste bedeutende Arbeit Edith Steins in der wissenschaftlichen Forschung war ihre Dissertation (1916) über das Thema „Einfühlung". Darüber schreibt sie: „Ich hatte in einem ersten Teil, noch in Anlehnung an einige Andeutungen in Husserls Vorlesungen, den Akt der ‚Einfühlung' als einen besonderen Akt der Erkenntnis untersucht. Von da ab war ich weitergegangen zu etwas, was mir persönlich besonders am Herzen lag und mich in allen späteren Arbeiten immer wieder neu beschäftigte: zum Aufbau der menschlichen Person. Im Zusammenhang jener Erstlingsarbeit war diese Untersuchung notwendig, um begreiflich zu machen, wie sich das Verstehen geistiger Zusammenhänge vom einfachen Wahrnehmen seelischer Zustände unterscheidet. Für diese Fragen waren mir Max Schelers Vorlesungen und Schriften, sowie die Werke von Wilhelm Dilthey von großer Bedeutung. Im Anschluß an die umfangreiche Einfühlungsliteratur, die ich durchgearbeitet hatte, fügte ich noch einige Kapitel über Einfühlung auf sozialem, ethischem und ästhetischem Gebiet an[4]."

Als Schülerin Diltheys stellte Edith Stein die Frage nach der Natur des Menschen, nach der menschlichen Person. Die Suche nach dem Aufbau der Person durchzieht ihr ganzes philosophisches Werk. Um 1920 verfaßte sie eine größere phänomenologische Studie, die sie in einem Brief an Fritz Kaufmann ‚Habilitationsschrift' nennt. Es sind „Beiträge zur philosophischen Begründung der Psychologie und der Geisteswissenschaften". Der erste Teil trägt den Titel: „Psychische Kausalität", der zweite Teil: „Individuum und Gemeinschaft". Eine größere Abhandlung: „Eine Untersuchung über den Staat", folgte. In ihrer Dissertation hatte Edith Stein zwei Themen behandelt, „Einfühlung" und Aufbau dessen, was „psychologisches Individuum" genannt wird. Dieses Thema führte sie in ihrer Studie „Individuum und Gemeinschaft" weiter. „Die tiefsten, die interessantesten, obzwar auch die fraglichsten Erwägungen in ‚Individuum und Gemeinschaft' sind der Struktur des Menschen gewidmet, seiner Seele ... seinem Geist[5]." Ihre Vorlesungen in Münster 1931 über die ontische Struktur der Person sowie ihre Untersuchungen in ihrem größten Werk „Endliches und Ewiges Sein" kreisen um das Wesen der Menschen, um das Wesen der menschlichen Person. Während Edith Steins Darlegung der Ontologie weniger originell ist, ist das Thema Mensch, seine psycho-physische Struktur, für sie das Hauptthema, „es bewegt sie, darüber will sie informiert sein[6]."

Warum, frägt Ingarden, hat Edith Stein sich überhaupt mit dem Thema „Einfühlung" beschäftigt und nicht sofort die Person in das Zentrum ihrer Untersuchungen gestellt? „Darum, weil in ihr das Interesse für die Begründung, für das Schaffen der Grundlagen für die Geisteswissenschaften sehr wach war. Und sie dachte auch, daß die ‚Einfühlung' der Weg zur Klärung der theoretischen Grundlagen des Wissens, nicht nur vom Menschen, sondern auch von der menschlichen Gemeinschaft sei[7]." Ingarden, der Edith Stein gut kannte, sagt von ihr: „Die Frage nach der Klärung der Möglichkeit der gegenseitigen Verständigung zwischen den Menschen hat sie am meisten bewegt, also die Frage nach der Möglichkeit der Schaffung einer menschlichen Gemeinschaft, welche nicht nur theoretisch, sondern auch für ihr Leben, in gewisser Weise für sie selbst, sehr nötig war. Ich habe schon vorhin gesagt, daß es eine solche Gemeinschaft der Göttinger Philosophen gab, daß wir uns manchmal, ohne ein Wort zu sagen, verstanden haben. Als wir uns nach Jahren wiedersahen, wußten wir nach wenigen Worten, mit wem dieser oder jener sich jetzt beschäftigte. Edith Stein war in dieser Gemeinschaft verwurzelt, und viele Jahre hindurch hat sie mit den Leuten aus dem Freundeskreis Kontakte fortgesetzt, soweit sie nur konnte. Sie brauchte aber – das sehe ich aus ihren persönlichen Erinnerungen – die Gemeinschaft mit der Nation, als deren Glied sie sich fühlte. Den ganzen Krieg erlebte sie in einer merkwürdigen Einstellung, als ob sie allein einen Kampf gegen etwas führen würde. Sie wollte dienen. Als sie noch Husserls Assistentin war, hat sie mir immer wieder geschrieben, ob sie eigentlich das Recht habe, sich jetzt mit Philosophie und solchen dummen Sachen zu beschäftigen, wenn Leute sterben, wenn man ihnen helfen sollte, wenn... usw. So sehen wir, daß die Existenz einer solchen Gemeinschaft für sie etwas Persönliches – Wesentliches war, und daß sie nach der Grundlage der Möglichkeit des Entstehens der Gemeinschaft dieser Art suchte. In ihrer späteren Arbeit... ‚Individuum und Gemeinschaft' spricht sie über verschiedene Möglichkeiten, wie Gemeinschaft und Kontakt zwischen den Menschen gewonnen werden können. Eine der Möglichkeiten ist gerade die ‚Einfühlung'. Also hat sie alle diese Probleme eng zusammengebunden[8]."

Die Übersetzung der „Quaestiones Disputatae de veritate" des Thomas von Aquin löste in der Phänomenologin eine Auseinandersetzung aus. Sie erkannte, daß auch der Glaubende philosophieren kann und sie versuchte, die neugewonnenen Erkenntnisse mit ihrer phänomenologischen

Prägung zu verbinden. Der Philosoph Alois Dempf spricht von der „Gabe des Vernehmens und der Sprache" bei Edith Stein, er bewunderte ihre Fähigkeit, den alten Meistern zuhören zu können. Edith Steins Werk „Endliches und Ewiges Sein", das sie im Karmel abschloß, ist eine Synthese zwischen thomistischer Erkenntnis und moderner Fragestellung nach dem Personsein des Menschen.

Alois Dempf sagt darüber: „Das große Werk Edith Steins ‚Endliches und Ewiges Sein' gibt sozusagen das philosophische Hauptwerk des Aquinaten ‚Die Untersuchungen über die Wahrheit' in umgekehrter Reihenfolge der Darstellung. Thomas beginnt mit der göttlichen Weisheit und Wahrheit und endet bei der menschlichen Erkenntnis nach einem einzigen Grundsatz der spekulativen Philosophie: cognoscere sequitur esse, das Erkennen folgt dem Sein. Danach ist in Gott alles Gott, im Menschen alles menschlich gesehen: in Deo omnia Deus, in homine omnia humaniter. Thomas denkt nur in seiner Summa theologica an die Anfänger, Edith Stein vergißt sie nie. Sie beginnt mit den uns naheliegenden Einsichten. Freilich hat sie zuerst von der Notwendigkeit geredet, von der phänomenologischen Methode zur ontologischen überzugehen, von den Erscheinungen des Seienden zu ihrem Einheitsgrund, dem Wesen und der Wirklichkeit. Damit hat sie den Übergang von dem einen zum anderen Meister gerechtfertigt. Sie hat dabei nicht die Gabe Husserls aufgegeben, die vorliegenden Tatbestände aufs genaueste zu beschreiben, ja sie konnte sogar durch ihre eigenen Einsichten an einigen Stellen Thomas weniger berichtigen als ergänzen. Immer trägt sie dabei mit der klugen Vorsicht dessen, der den ganzen Wert der Überlieferung zu würdigen weiß, die neuen Einsichten, die sie um der Sache willen bringen muß, ohne Aufhebens vor. Ihre eigene Methode ist schlichte Darlegung der Sachverhalte, dann Klärung des inneren metaphysischen Wesensbestandes und zuletzt erst

Ableitung des Abbildes vom Urbild, der göttlichen Wahrheit selbst. Das ist vom Anfang bis zum Ende Wirklichkeitsnähe, konsequenter kritischer Realismus... Es ist gut, daß Edith Stein vom höchsten menschlichen Abbild des Schöpfers aus, vom Personsein her die Abbildlichkeit des ganzen geschaffenen Seins zu begreifen sucht. Was sie über Person und Geist zu sagen hat, führt insofern über Thomas hinaus, als sie das Personsein selbst, die Einzelexistenz der Geistseele als ihr eigentliches Individuationsprinzip erkennt, das auch das körperliche mitbestimmt. So gelingt ihr auch eine nicht unwesentliche Klärung des Personseins der reinen Geister als Träger ihres Wesens, vor allem aber gelingt ihr über Augustins Lehre von der Abbildung der Dreifaltigkeit in den drei seelischen Grundkräften hinaus eine metaphysische Analogie aller Dinge mit der Trinität[9]."

Für die Phänomenologen war „Einfühlung" als ein „Eindringen-in-etwas" eine Weise der Erfahrung. Husserl verstand unter eigentlicher Erfahrung vor allem die Selbstgegenwärtigkeit des Gegenstandes. Er widersprach dem Positivismus, indem er darlegte, daß der denkende Mensch mit einer Erfahrung beginnt, in der ihm Sachen und Dinge leibhaft, ursprünglich gegeben werden. Hume dagegen hatte behauptet, der Mensch könne nur von seinen Ideen und Impressionen ausgehen. „Gegeben sind die Sachen, und für diese Art der Erfahrung ist das Charakteristische, daß in ihr der Gegenstand der Wahrnehmung selbstgegenwärtig, selbstgegeben ist. Husserl spricht über ‚Selbstgegebenheit', über die leibliche Selbstgegebenheit, ‚Selbstgegenwart' usw. und stellt das alles der ‚Vergegenwärtigung' entgegen, d.h. dem Sich-gegenwärtig-machen dessen was nicht da ist... also dem bloßen Denken[10]." Husserl wollte, daß der Denkende lernt, etwas ursprünglich zu erkennen, ohne Hilfe der Ersatzdaten.

In „Endliches und Ewiges Sein" sieht plötzlich alles anders aus. Hier wird nicht phänomenologisch ‚Einfühlung' und ‚Erfahrung' an den Beginn gestellt, sondern eine fremde Lehrmeinung wird dargestellt, z. B. die Begriffe der aristotelischen Metaphysik „Akt und Potenz", dann folgt eine Auseinandersetzung mit bestimmten Fragen der Philosophie des Thomas von Aquin, in der phänomenologische Entscheidungen verteidigt werden. Einerseits hinterfragt Edith Stein Thomas kritisch, andererseits übernimmt sie vieles aus der traditionellen Theologie. Ingarden spricht von einem „tragischen Finale der Autorin", die durch ihre Hinwendung zum Glauben, die Methode Husserls in ihrer strengen Sachlichkeit verlassen hatte, nämlich den Grundsatz: „In der Philosophie darf nichts angenommen werden, dessen absolute Evidenz – nach der durchgeführten Analyse – nicht gewonnen werden kann[11]". Edith Stein schloß sich traditionellen Glaubenseinsichten an, die phänomenologisch nicht mehr hinterfragt werden. Ingarden sah die Spannung in Edith Steins geistiger Entwicklung: einerseits war sie „philosophisch am Ende" und neigte der mystischen Lehre des Johannes vom Kreuz zu, andererseits bedeutet ihr Verzicht, in bisherigem Sinne Philosophie betreiben zu können, eine Tragik. Edith Stein befand sich mitten in der ontologischen Problematik. Die klassische Ontologie war metaphysisch, die Ontologie der Phänomenologen dagegen hütet sich, metaphysische Entscheidung auszusprechen. Edith Stein ging es um die Gottesproblematik. Sie gewann tiefe Einsichten in die Struktur der menschlichen Person. Sie rang um einen ganzheitlichen Begriff von Leib-Geist-Seele-Person. Auch in ihrem letzten Werk „Kreuzeswissenschaft" kommt sie auf dieses Thema zurück, ohne es befriedigend lösen zu können. Edith Stein stand mit ihren Fragen nach der menschlichen Natur, nach Geist, Freiheit, Existenz, Personsein nicht allein. Ihr Freund Hans Lipps, Max Scheler, Martin Heidegger und andere beschäftigten sich mit diesen.

J. Möller bemerkt, Edith Stein sei so religiös geworden, daß sie kein eigentliches Interesse an der Theologie habe aufbringen können. Edith Stein wurde jedoch ihre mangelnde theologische Formung in ihrer geistigen Auseinandersetzung immer schmerzlicher bewußt. „Ihre philosophische Genialität ist nicht zu bestreiten. Freilich: uns steht heute ihr Werk fern. Die Philosophie hat andere Wege beschritten. Die Auseinandersetzung mit Husserl ist immer noch Zukunftsaufgabe, aber das gilt für die Auseinandersetzung mit dem späten Husserl, den auch Edith Stein nicht mehr eigentlich kannte. Das Denken des späten Husserl ist ihr, wie auch Hedwig Conrad-Martius, fremd geblieben. Ihre Ablehnung Heideggers fußte auf einem heute überholten einseitigen Verständnis von „Sein und Zeit". Die Frage, ob der späte Husserl und der späte Heidegger bei aller Verschiedenheit doch Gemeinsamkeiten aufweisen, konnte Edith Stein überhaupt noch nicht erörtern; doch gerade von solcher Sicht her müssen wir heute das Problem „Seins- und Wesensphilosophie" in anderer Weise durchdenken, als dies Edith Stein getan hat. Die Verbindung phänomenologischen Denkens mit der Seinsphilosophie geht heute den Weg über das Bedenken der Geschichtlichkeit und der Sprache; hier zeigen sich neue Ansätze, die uns noch vor ungelöste Denkaufgaben stellen. Die Möglichkeit einer Verbindung eines christlichen Platonismus mit der frühen Phänomenologie tritt diesen Fragen gegenüber sehr stark zurück, und so scheint uns das Werk von Edith Stein, obwohl es in vielem durchaus Thomas von Aquin kritisiert, doch als eine zu starke Apologetik einer Wesensphilosophie, der wir heute zurückhaltend gegenüberstehen[12]."

Das Zukunftsweisende in Edith Steins Denken liegt in ihrem Fragen nach dem Zusammenhang von Seele-Geist-Person. Seele ist für sie die letzte Tiefe der Person, die von dieser vielleicht nur in einem schweigenden Vernehmen erahnt wird. In dieser Hinsicht müßte vor allem ihre vorbereitende Studie zu ihrem letzten Werk „Kreuzeswissenschaft", „Wege der Gotteserkenntnis – die Symbolische Theologie des Areopagiten" und ihre einführende Untersuchung in der „Kreuzeswissenschaft" über das Phänomen der Nachtsymbolik im Werk des Mystikers Johannes vom Kreuz untersucht werden.

XIV Leben mit Gott

In einem Vortrag in Ludwigshafen 1931 hatte Edith Stein die praktische Auswirkung des inneren Betens betont. Sie ging aus vom Geheimnis der Menschwerdung Gottes in Gestalt eines Kindes. „Vor dem Kind in der Krippe scheiden sich die Geister, er ist der König der Könige und der Herr über Leben und Tod. Er spricht sein ‚Folge mir', und wer nicht für ihn ist, ist wider ihn. Er spricht es auch für uns und stellt uns vor die Entscheidung zwischen Licht und Finsternis[1]." Das Kind in der Krippe ist kein romantischer Weihnachtszauber, sondern der ernste Anfang eines neuen Lebens, das den Suchenden durch das Dunkel des Glaubens der seligen Gottesschau im ewigen Leben immer näher führt. Wohin Gott die Seele, die dem Kinde bedingungslos gehorcht, ruft, ist seine Sache, denn es ist sicher, daß „denen, die Gott lieben, alles zum Besten gereicht" (Röm. 8, 28–29). An der Ausstrahlung der Gotteserfahrung soll man die Christen erkennen. Hier bedarf es nicht vieler Worte, denn alles Sprechen von Gott gleicht einem Stammeln „von dem ewigen Licht, das Liebe und Leben in Gott ist. Gott in uns und wir in ihm, das ist unser Anteil am Gottesreich ... Wer es in sich trägt, der versteht, wenn davon gesprochen wird[2]."

Liebe zu Gott im Sinn des Evangeliums war für Edith Stein eine radikale Erneuerung des natürlich denkenden Menschen. „Die natürliche Liebe gilt diesem oder jenem, der uns durch die Bande des Blutes verbunden oder durch Verwandtschaft des Charakters oder gemeinsame Interessen nahesteht. Die andern sind ‚Fremde', die einem ‚nichts angehen', einem eventuell sogar durch ihr Wesen widerwärtig sind, so daß man sie sich möglichst weit vom Leibe hält.

Für den Christen gibt es keinen ‚fremden Menschen'. Der ist jeweils der Nächste, den wir vor uns haben und der unser am meisten bedarf; gleichgültig ob er verwandt ist oder nicht, ob wir ihn ‚mögen' oder nicht. Die Liebe Christi kennt keine Grenzen, sie hört nimmer auf, sie schaudert nicht zurück vor Häßlichkeit und Schmutz. Er ist um der Sünder willen gekommen und nicht um der Gerechten willen[3]."

Bruderliebe war für Edith Stein christliches Apostolat. Hier spendet der Liebende dem Ärmeren nicht mitleidig vom eigenen Reichtum, sondern entäußert sich selbst, wird solidarisch. „Die natürliche Liebe geht darauf aus, den geliebten Menschen für sich zu haben und ihn möglichst ungeteilt zu besitzen. Christus ist gekommen, um die verlorene Menschheit für den Vater zurückzugewinnen; und wer mit seiner Liebe liebt, der will die Menschen für Gott und nicht für sich. Das ist freilich zugleich der sicherste Weg, um sie auf ewig zu besitzen; denn wenn wir einen Menschen in Gott geborgen haben, dann sind wir ja mit ihm in Gott eins, während die Sucht zu erobern oft – ja wohl früher oder später immer – zum Verlust führt[4]." Wie Teresa von Avila stellte Edith Stein den Menschen mitten in der Welt dieses Ziel vor Augen. „Es ist ein weiter Weg von der Selbstzufriedenheit eines ‚guten Katholiken', der ‚seine Pflichten erfüllt', eine ‚gute Zeitung' liest und ‚richtig wählt', im übrigen aber tut, was ihm beliebt, bis zu einem Leben an Gottes Hand und aus Gottes Hand in der Einfalt eines Kindes und der Demut des Zöllners. Aber wer ihn einmal gegangen ist, wird ihn nicht mehr zurückgehen . . . Wenn man vorher im großen und ganzen recht zufrieden mit sich war, so wird das jetzt anders werden. Man wird vieles finden, was böse ist, und wird es ändern, soweit man es vermag. Und manches wird man entdecken, was man nicht schön und gut finden kann – und was doch so schwer zu ändern ist. Da wird man allmählich sehr klein und demütig, wird geduldig und nachsichtig gegen die Splitter in fremden Augen, weil einem der Balken im eigenen zu schaffen macht; und lernt schließlich auch sich selbst in dem unerbittlichen Licht der göttlichen Gegenwart zu ertragen und sich der göttlichen Barmherzigkeit zu überlassen[5]." Am Ende ihres Manuskripts „Die ontische Struktur der Person und ihre erkenntnistheoretische Problematik" (1932) schrieb Edith Stein: „Sich an Christus halten – das kann man nicht, ohne ihm zugleich nachzufolgen[6]."

In ihrem im Karmel verfaßten Artikel „Gebet der Kirche" behandelt Edith Stein das offizielle, liturgische Beten der Kirche und das schweigende Beten des Herzens. „Christus ist Urbild des betenden Menschen, nur von ihm können seine Jünger die Zwiesprache mit dem Vater lernen. Jesus nahm als gesetzestreuer Jude an der Liturgie der jüdischen Religion teil. Die Verheißungen der alten Riten und Zeremonien erwachen in seinem Mund zu neuem Leben. Während er Brot und Wein des jüdischen Opfermahls in sein Fleisch und Blut verwandelt, nimmt das eigentliche Leben der Kirche seinen Anfang[7]." Die Verwandlung des Brotes ist an das Lebensopfer Christi gebunden, der sich für die Sünder hingibt. Die Hoffnung des Alten Bundes wird im Menschensohn Wirklichkeit; die Kirche, als der fortlebende Christus, vollzieht täglich in der Eucharistie diese Opferhingabe als ihren liturgischen Höhepunkt. Jetzt gibt es nicht mehr viele, sondern ein einziges Opfer: Jesus Christus, dargebracht in den verwandelten Gaben als Danksagung an den Vater. Alle Elemente der Schöpfung nehmen an dieser Verwandlung teil, und der Christ ist aufgerufen, in Gebärde, Bild und Wort immer Gott Lob zu singen. Jesus gibt der Liturgie den eigentlichen Sinn, indem er sie mit seiner Opferhingabe verbindet. Edith Stein verwies noch auf ein anderes Beten Christi: „Jesus hat nicht nur am öffentlichen und verordneten Gottesdienst teilgenommen. Vielleicht noch häufiger als davon berichten die Evangelien von einsamem Gebet in der Stille der Nacht, auf freier Bergeshöhe, in der menschenfernen Wüste. Vierzig Tage und Nächte des Gebets gingen der öffentlichen Wirksamkeit Jesu voraus. Ehe er seine zwölf Apostel auswählte und entsandte, zog er sich im Gebet in die Bergeinsamkeit zurück. Durch seine Ölbergstunde bereitete er sich auf den Gang nach Golgatha vor[8]."

Edith Stein war erfüllt von der Liebe zum Christus der Evangelien. Sie ging den Spuren des einsam Betenden nach, weil ihre eigene Sendung darin zum Ausdruck kam. „Die einzelne Menschenseele, ein Tempel Gottes – das eröffnet uns einen ganz neuen, großen Ausblick[9]." Edith Stein ging es – wie Teresa von Avila und Johannes vom Kreuz – um das Geheimnis der Umgestaltung des Menschen in Gott, ohne die jedes Apostolat, jede Wortverkündigung fruchtlos bleiben. Ihre philosophischen und anthropologischen Fragen über Ich – Seele – Geist – Person empfingen von diesem Gebet Christi ihren eigentlichen Sinn. „Je gesammelter ein Mensch im Innersten seiner Seele lebt, um so stärker ist diese Ausstrahlung, die von ihm ausgeht und andere in seinen Bann zieht[10]." Wie aus dem Innersten Christi sein hohepriesterliches Gebet zum Vater aufsteigt, so soll die Seele des Menschen ein Gefäß sein, „in das der Geist Gottes einströmt, wenn sie sich ihm kraft ihrer Freiheit öffnet[11]".

Auch das hohepriesterliche Gebet nannte Edith Stein ein „einsames Sprechen" mit Gott, weil Jesus stellvertretend für seine noch unverständigen Apostel und für die Welt zum Vater betet. „Im Schweigen des innergöttlichen Lebens wurde der Ratschluß der Erlösung gefaßt. In der Verborgenheit von Nazareth kam die Kraft des Heiligen Geistes über die einsam betende Jungfrau und bewirkte die Menschwerdung. Um die schweigend betende Jungfrau geschart, harrt die werdende Kirche auf die Ausgießung des Geistes. In der Nacht der Blindheit, die Gott über seine Augen gelegt hatte, erkannte Saulus in einsamem Gebet die Antwort des Herrn auf die Frage: ‚Was willst du, daß ich tun soll?' (Apg. 10). In einsamem Gebet wurde Petrus auf die Sendung zu den Heiden vorbereitet. Und so bleibt es durch alle Jahrhunderte[12]." Im stillen Beten heiliger Menschen werden für Edith Stein die sichtbaren Ereignisse der Kirchengeschichte vorbereitet. Sie betonte vor allem das Wirken großer Frauen wie: Birgitta von Schweden, Caterina von Siena, Teresa von Avila, die der Kirche im Gebet zu Hilfe kamen. Was gab Teresa von Avila, fragte sie, „die seit Jahrzehnten in einer Klosterzelle dem Gebet lebte, das glühende Verlangen, etwas für die Sache der Kirche zu wirken, und den scharfen Blick für die Not und die Erfordernisse ihrer Zeit? Eben, daß sie im Gebet lebte, daß sie sich vom Herrn immer tiefer hineinziehen ließ ins Innere ihrer ‚Seelenburg', bis in jenes verborgene Gemach, wo der Herr zur ihr sprechen konnte . . . Darum konnte sie gar nicht mehr anders als ‚mit Eifer eifern für den Herrn, den Gott der Heerscharen'. . . Der mystische Strom, der durch alle Jahrhunderte geht, ist kein verirrter Seitenarm, der sich vom Gebetsleben gesondert hat – er ist ihr innerstes Leben . . . Ohne ihn gäbe es keine Liturgie und keine Kirche[13]."

Auf die Frage, was Mystik bedeute, gab Edith Stein die Antwort: „Mystische Begnadung gibt als Erfahrung, was der Glaube lehrt: die Einwohnung Gottes in der Seele. Wer von der Glaubenswahrheit geleitet Gott sucht, der wird sich . . . dahin aufmachen, wohin der mystisch Begnadete gezogen wird, sich aus den Sinnen und den ‚Bildern' des Gedächtnisses, ja selbst noch aus der natürlichen Tätigkeit des Verstandes und Willens zurückziehen in die leere Einsamkeit seines Innern, um dort zu verweilen im dunklen Glauben – in einem schlichten, liebenden Aufblick des Geistes zu dem verborgenen Gott, der verhüllt gegenwärtig ist. Hier wird er in tiefem Frieden – weil am Ort seiner Ruhe – verharren, bis es dem Herrn gefällt, den Glauben in Schauen zu verwandeln[14]." Mystik ist kein Vorrecht für solche, die Visionen oder Ansprachen haben, sie ist kein Verdienst für geleistete Arbeit. Christus hat allen das Licht des Glaubens angeboten. Trotzdem zeigt die Erfahrung, daß manche Menschen durch eine geistige Berührung das dreifaltige Leben Gottes wahrnehmen. Diese Wahrnehmung vollzieht sich im Glauben, doch im Vergleich zum nackten Glauben, in dem man im Dunkel ausharren muß, hat der Mensch den Eindruck, daß schon auf Erden die Schau des ewigen Lebens beginnt. Diese Erfahrung wird oft jenen zuteil, die zu großen Werken bestimmt sind. Aber auch Sünder und Ungläubige können Gott auf diese Weise begegnen.

Inneres, schweigendes Beten ist für Edith Stein nicht „subjektive Frömmigkeit" im Vergleich zur objektiven Liturgie der Kirche, sondern Hauch und Antrieb des Heiligen Geistes. „Jedes echte Gebet ist Gebet der Kirche; durch jedes echte Gebet geschieht etwas in der Kirche, und es ist die Kirche selbst, die darin betet, denn es ist der in ihr lebendige Heilige Geist, der in jeder einzelnen Seele für uns bittet mit ‚unaussprechlichen Seufzern'. Eben das ist echtes Gebet: ‚Denn niemand kann sagen Herr Jesus, außer im Heiligen Geiste' (1 Kor 12, 3). Was wäre Gebet der Kirche, wenn nicht die Hingabe an Gott und die göttliche Gegengabe, die volle und dauernde Vereinigung, das ist die höchste Erhebung des Herzens, die uns erreichbar ist, die höchste Stufe des Gebetes . . . Die Seelen, die sie erreicht haben, sind wahrhaft das Herz der Kirche: In ihnen lebt die hohepriesterliche Liebe Jesu. Mit Christus verborgen in Gott, können sie nicht anders als die göttliche Liebe, von der sie erfüllt sind, ausstrahlen in andere Herzen und so mitwirken an der Vollendung aller zur Einheit in Gott, die das große Anliegen Jesu war und ist[15]." Fehlt das innere Verweilen bei

Christus, steht aller Dienst am Wort in Gefahr, nur Lippendienst zu sein.

Zum Beten gehört die richtige Hinführung. Durch ihr Wirken als berufstätige Frau hatte Edith Stein Kontakt mit vielen Menschen, die ihrer geistigen Hilfe bedurften. Sie begleitete Konvertiten und führte auch im Karmel diese Tätigkeit in Wort und Brief fort. Sie hatte eine tiefe Auffassung von der Hilfeleistung am Nächsten. An eine Ratsuchende schrieb sie: „Wenn ich Ihnen vielleicht hart und unerbittlich erschienen bin, weil ich nicht auf Ihre Wünsche einging, so glauben Sie mir, es geschah nicht aus Kälte oder Lieblosigkeit, sondern in der festen Überzeugung, daß ich Ihnen schaden würde, wenn ich anders handelte. Ich bin nur ein Werkzeug des Herrn. Wer zu mir kommt, den möchte ich zu ihm führen. Und wo ich merke, daß es nicht darum geht, sondern daß das Interesse meiner Person gilt, da kann ich nicht als Werkzeug dienen und muß den Herrn bitten, daß er auf anderen Wegen helfen möchte. Er ist ja niemals nur auf den einen angewiesen[16]."

Der geistliche Leiter kann den Willen des Suchenden nur auf das Ziel hinlenken und Hindernisse aus dem Weg räumen. „Heiligkeit aber ist eine Gestalt der Seele, die aus ihrem Innersten hervorgehen muß, aus einer Tiefe, die weder dem Zugriff von außen noch der eigenen Willensanstrengung zugänglich ist[17]." Oft sind menschliche Helfer nicht in der Lage, unmittelbar zu wirken. „Die letzte Form ihrer Wirksamkeit gleicht der der Sakramente. Heilige Seelen sind Gefäße der Gnade und wirken durch ihre bloße Berührung heiligend und umformend[17a]."

In ihrem Artikel „Sancta Discretio" (1938) faßte Edith Stein zusammen, was sie als Grundbedingungen einer fruchtbaren geistigen Leitung ansieht: Bescheidenheit, Verschwiegenheit, Maßhalten. Die benediktinische discretio perspicua sah sie als wesentliches Element der Gaben des

Heiligen Geistes. Nur der im inneren Leben Erfahrene kann in der Führung sachgemäß urteilen. „Die sancta discretio ist demnach radikal unterschieden vom menschlichen Scharfsinn. Sie unterscheidet nicht durch schrittweise vorgehendes Denken wie der forschende Menschengeist ... Sie unterscheidet, wie das Auge im klaren Tageslicht mühelos die scharfen Umrisse der Dinge vor sich sieht[18]." Nach Kardinal Newman sieht der Gentleman dem Heiligen zum Verwechseln ähnlich. Kommt aber eine schwere Belastungsprobe, bricht seine Kunst zusammen. Er dringt nicht in die Tiefe des Anvertrauten. Edith Stein ergänzt: „Die Gedanken des Herzens, das Innerste der Seele bleiben (ihm) verborgen. Dahin dringt nur der Geist, der alles durchforscht, selbst die Tiefen der Gottheit. Die echte discretio ist übernatürlich. Sie findet sich nur dort, wo der Heilige Geist herrscht, wo eine Seele in ungeteilter Hingabe und ungehemmter Beweglichkeit auf die leise Stimme des holden Gastes lauscht und seinen Winken gewärtig ist[19]."

Die Freude ihrer inneren Geisterfahrung deutete Edith Stein in einem Gedicht an:

„Wer bist Du, süßes Licht, das mich erfüllt
Und meines Herzens Dunkelheit erleuchtet?
Du leitest mich gleich einer Mutter Hand,
Und ließest Du mich los,
So wüßte keinen Schritt ich mehr zu gehn.
Du bist der Raum,
Der rund mein Sein umschließt und in sich birgt.
Aus Dir entlassen, sänk' es in den Abgrund
Des Nichts, aus dem Du es zum Sein erhobst.
Du näher mir als ich mir selbst
Und innerlicher als mein Innerstes –
Und doch ungreifbar und unfaßbar
Und jeden Namen sprengend.
Heiliger Geist – Ewige Liebe[20]!"

XV Flucht nach Holland

1938 wurde die politische Lage Deutschlands immer dunkler. Weitblickende erkannten, daß Hitler auf einen Völkerkrieg zusteuerte. Er suchte „Kriegsverbrecher", die Deutschland in den „Verteidigungskampf" zwingen wollten. Die Wahl fiel auf die wehrlosen Juden. Edith Stein gab die Hoffnung nicht auf. Wie Esther im Alten Bund vor König Ahasveros für ihr Volk um Gnade flehte, erfuhr auch sie den inneren Anruf, etwas für ihr Volk zu tun. Das „Wie" dieses Tuns war ihr noch verborgen. In einem Brief an Mater Petra schrieb sie: „Ich vertraue . . . darauf, daß der Herr mein Leben für alle angenommen hat. Ich muß immer wieder an die Königin Esther denken, die gerade darum aus ihrem Volke herausgenommen wurde, um für das Volk vor dem König zu stehen. Ich bin eine sehr arme und ohnmächtige kleine Esther, aber der König, der mich erwählt hat, ist unendlich groß und barmherzig. Das ist ein großer Trost[1]." Einer anderen Ordensfrau schrieb sie: „Ich denke, auf alle Fälle ist es ein sicherer Weg, von sich aus alles zu tun, um ein leeres Gefäß für die göttliche Gnade zu werden. ‚Reiße dein Herz los von allen Dingen, suche Gott, und du wirst ihn finden' (Teresa von Avila)[2]."

Und wiederum an eine Ordensfrau: „Gewiß ist es schwer, außerhalb des Klosters und ohne das Allerheiligste zu leben. Aber Gott ist ja in uns, die ganze Allerheiligste Dreifaltigkeit. Wenn wir es nur verstehen, uns im Innern eine wohlverschlossene Zelle zu bauen und sooft wie nur möglich darin zurückzuziehen, dann kann einem an keinem Ort der Welt etwas fehlen. So müssen sich ja auch die Priester und Ordensleute in den Gefängnissen helfen. Für die, die es recht erfassen, wird es eine große Gnadenzeit[3]." Edith Stein machte sich mit der Möglichkeit vertraut, eines Tages außerhalb des Klosters leben zu müssen.

Der SS-Überfall in der Nacht vom 8. auf den 9. November 1938 öffnete vielen die Augen. Ein Todeshauch lag über den Straßen Deutschlands am Morgen des 9. November. Jüdische Bürger waren bei Nacht mit Gummiknüppeln aus ihren Häusern getrieben worden, ihre Geschäfte wurden demoliert und enteignet. Mit einem Schlag war die bürgerliche Existenz der Juden hinweggefegt. Die Synagogen brannten. Niemand wagte laut Anklage zu erheben. Sie wäre sofort grausam erstickt worden. Der arische Staatsbürger war seines Lebens nicht sicherer als der Jude.

„Als diese Nachrichten in den Kölner Karmel drangen, war „Edith Stein wie erstarrt vor Schmerz"[4]. Sie verurteilte die Mörder nicht, aber sie schreckte zurück vor dem Abgrund an Sünde und Not, der sich bei Freund und Feind auftat. Ihrer Natur entsprach es, diese Erfahrung in sühnende Hingabe zu verwandeln. Im Dezember schrieb sie an Mater Petra: „Ich muß Ihnen sagen, daß ich meinen Ordensnamen schon als Postulantin mit ins Haus brachte. Ich erhielt ihn genauso, wie ich ihn erbat. Unter dem Kreuz verstand ich das Schicksal des Volkes Gottes, das sich damals schon anzukündigen begann. Ich dachte, die es verstünden, daß es das Kreuz Christi sei, die müßten es im Namen aller auf sich nehmen. Gewiß weiß ich heute mehr davon, was es heißt, dem Herrn im Zeichen des Kreuzes vermählt zu sein. Begreifen freilich wird man es niemals, weil es ein Geheimnis ist[5]." Edith Steins Geschwister bemühten sich, nach Amerika auszuwandern. Dies war nicht leicht, weil man von drüben angefordert werden mußte. Nur Else und Erna Stein gelang mit ihren Familien die Ausreise. Arno Stein war schon in Amerika, aber Paul und Frieda Stein konnten, trotz aller Bemühungen, nicht nachkommen. Auch das Schicksal Rosa Steins war vorläufig unsicher. Da Palästina die Einwanderung sperrte, bat die Priorin den Karmel in Echt/Holland um Aufnahme für Edith Stein.

Der Abschied in Köln war schwer. Eine Mitnovizin erzählt: „Die politischen Ereignisse spitzten sich immer mehr zu. Edith Stein glaubte, durch ihre Gegenwart eine Gefahr für den Konvent zu sein. Die Ereignisse vom 9. November 1938 drängten zu raschem Handeln. Ihr bisher so sonniges Gemüt war von tiefer Trauer gezeichnet. Was sie in dieser Zeit gelitten hat um ihr Volk, um ihre Lieben, um ihre klösterliche Heimat, weiß Gott allein. Starkmütig, ohne ein Wort der Klage oder Anklage, trug sie ihr Leid. Am 31. Dezember 1938 verließ sie unseren Konvent. Der Abschied war beiderseits sehr schwer. Ich trug eine große Liebe und Verehrung für sie im Herzen und konnte mir ein Leben ohne sie nicht mehr denken. Das letzte Weihnachtsfest war durch den bevorstehenden Abschied sehr getrübt. Schnell kam die Abschiedsstunde. Wir hatten uns zu diesem Zweck in der Rekreation versammelt. Der Reihe nach umarmte sie jede Schwester. Als sie mich umarmte, konnte ich meine Tränen nicht mehr zurückhalten. Ich brachte kein anderes Wort hervor als ihren Namen. Als sie meine Betrübnis sah, verlor auch sie einen Augenblick die Fassung und schluchzte laut auf. Doch sie faßte sich wieder und schied von uns[6]."

In der Dunkelheit des Silvesterabends brachte ein Freund des Karmel, Dr. Paul Sterath, Edith Stein mit dem Auto über die holländische Grenze. „Wie schmerzlich der Abschied von der lieben, klösterlichen Familie in Lindenthal war, besonders von den guten Müttern, das brauche ich Ihnen nicht zu schreiben[7]", schrieb Edith Stein kurz nach ihrer Ankunft in Echt. In einem Brief an Baroneß Bodman, eine Freundin aus der Speyrer Zeit, lesen wir: „Am Silvesterabend bin ich hier angelangt. Es war für uns alle im Kölner Karmel ein schwerer Entschluß, uns zu trennen. Aber ich hatte die feste Überzeugung, daß es so der Wille Gottes sei und daß damit Schlimmeres verhütet werden könne... Hier bin ich mit der größten Liebe aufgenommen worden. Die guten Mütter und Schwestern haben alles aufgeboten, um mir so schnell wie möglich die Einreiseerlaubnis zu erwirken, und haben mir mit ihren Gebeten die Wege geebnet".

Der Karmel in Echt war ein Stück Kölner Heimat, da er 1875, nach der Ausweisung der Kölner Schwestern im Kulturkampf, gestiftet worden war. Mit gewohnter Hilfsbereitschaft paßte sich Edith Stein der neuen Umgebung an und erwiderte die Liebe der Schwestern dankbar. Ihre Briefe strahlen einen unzerstörbaren Seelenfrieden aus. ,,Hier ist nun wieder alles neu. Bitte helfen Sie mit beten, daß ich die große Liebe, mit der alle mir entgegenkommen, vergelten und mich dem Hause nützlich machen kann . . . Der das Kreuz auflegt, versteht es, die Last süß und leicht zu machen[9]." Freilich war Edith Stein auch in Echt keine praktische Hilfskraft, und die Schwestern mußten manchmal über die Philosophin lächeln. Sie schätzten jedoch ihren Fleiß, mit dem sie die ihr aufgetragenen Hausarbeiten verrichtete. ,,Hier habe ich schon viel Gutes erfahren und bin von Herzen dankbar dafür. Gewiß ist es Gottes Wille, der mich hierher geführt hat, und das ist der sicherste Hafen des Friedens[10]." In einem anderen Brief, Ende 1939, heißt es: „Meine Grundstimmung, seit ich hier bin, ist Dankbarkeit. Dank, daß ich hier sein darf und daß das Haus so ist, wie es ist. Dabei ist immer in mir lebendig, daß wir hier keine dauernde Statt haben. Ich habe kein anderes Verlangen, als daß an mir und durch mich Gottes Wille geschehe. Bei ihm steht es, wie lange er mich hierläßt und was dann kommt. So brauche ich keine Sorge zu haben. Aber viel Gebet ist nötig, um in jeder Lage treu zu bleiben. Erst recht für die vielen, die Härteres zu tragen haben als ich und nicht so verankert sind im Ewigen. Darum bin ich herzlich dankbar allen, die helfen[11]." Mitten im Leid, ohne Kontakt mit vielen Freunden und in ständiger Sorge um das Leben ihrer Familie in

Deutschland bangend, waren ihre Worte voll Kraft und Sicherheit. Diese Seelenstärke war nicht ihr eigenes Werk. Sie war Frucht ihres Ruhens in Gott. Trostbedürftig, vermochte sie anderen Trost zu spenden und für jede Gabe dankbar zu sein. Stets kehren in ihren letzten Briefen Motive wieder wie: alles tun, um Freude zu bereiten, sich widerstandslos von Gott leiten lassen, das leere, entblößte Herz mit reiner Liebe zu Gott und dem Nächsten füllen.

Aus dem Jahr 1939 besitzen wir drei von ihr verfaßte Aufopferungsgebete: für das jüdische Volk, für die Abwendung des Völkerkrieges und für die Heiligung ihrer Karmelfamilie. Edith Stein wollte nicht nur „vom Kreuz" heißen, sie verlangte danach, ihrem gekreuzigten Herrn ähnlich zu werden. Eine Echter Schwester bemerkte: Wenn ein Mensch vom Schlage Edith Steins sich zum Opfer anbietet, nimmt Gott dieses Angebot an.

Am Passionssonntag, kurz vor Ausbruch des zweiten Weltkrieges, erhielt Sr. Ottilia, Edith Steins Priorin, einen Zettel mit folgendem Inhalt: „Liebe Mutter, bitte erlauben Euer Ehrwürden mir, mich dem Herzen Jesu als Sühnopfer für den wahren Frieden anzubieten: daß die Herrschaft des Antichrist wenn möglich ohne einen neuen Weltkrieg zusammenbricht und eine neue Ordnung aufgerichtet werden kann. Ich möchte es heute noch, weil es die zwölfte Stunde ist. Ich weiß, daß ich ein Nichts bin, aber Jesus will es, und er wird gewiß in diesen Tagen noch viele andere dazu rufen[12]." Edith Stein fühlte sich solidarisch mit vielen opferbereiten Menschen, die Gott um Erbarmen anflehten. Ihre Flucht nach Echt war kein Ausweichen vor der Wirklichkeit. Bewußt ging sie in die Heilstat Christi hinein, um durch ihre Leiden zu ergänzen, was an den Leiden Christi noch aussteht (vgl. Kol 1, 24). Sie ahnte, daß ihre Lebenszeit nur noch kurz bemessen war.

Am 9. Juni 1939 faßte sie ihr Testament ab. Sie beschloß

es mit den Worten: „Schon jetzt nehme ich den Tod, den Gott mir zugedacht hat, in vollkommener Unterwerfung unter seinen heiligsten Willen mit Freude entgegen. Ich bitte den Herrn, daß er mein Leben und Sterben annehmen möchte zu seiner Ehre und Verherrlichung, für alle Anliegen ... der heiligen Kirche, insbesondere für die Erhaltung, Heiligung und Vollendung unseres heiligen Ordens, namentlich des Kölner und des Echter Karmel ... damit der Herr von den Seinen aufgenommen werde und sein Reich komme in Herrlichkeit, für die Rettung Deutschlands und den Frieden der Welt, schließlich für meine Angehörigen, Lebende und Tote und alle, die mir Gott gegeben hat: daß keines von ihnen verlorengehe[13]." Ruhig legte Edith Stein ihren Oberen ihre letzten Wünsche vor.

In einer für die Priorin verfaßten Ansprache lesen wir: „Ihm (dem Herrn) verbunden, bist Du allgegenwärtig wie er. Nicht hier oder dort kannst Du helfen, wie der Arzt, die Krankenschwester, der Priester. An allen Fronten, an allen Stätten des Jammers kannst Du sein in der Kraft des Kreuzes. Überallhin trägt Dich Deine erbarmende Liebe, die Liebe aus dem göttlichen Herzen. Überallhin sprengt sie sein kostbares Blut – lindernd, heilend, erlösend. Die Augen des Gekreuzigten schauen auf Dich herab, fragend, prüfend. Willst Du aufs neue in allem Ernst den Bund mit dem Gekreuzigten schließen? Was wirst Du antworten[14]?" Edith Stein lebte ihr Ordensleben als ein Mitleiden mit den vielen, die in die Not des Völkerkrieges, in den Haß der Verblendung hineingerissen wurden. Das Zeichen des Kreuzes wurde ihr zum Licht, das ihr alles Schwere verklärte.

1940 erlebte Edith Stein die Freude, ihre Schwester Rosa in Echt begrüßen zu dürfen. Nach abenteuerlichen Schwierigkeiten gelang es Rosa Stein, über Belgien nach Holland zu fliehen. Wenigstens zwei Geschwister waren jetzt vereint, während die anderen sich über die Erde zerstreuten. Rosa

Stein diente dem Karmel in Echt als Pförtnerin. Rasch erwarb sie sich das Vertrauen des Konvents und der Bevölkerung. Aber die Lage beider Schwestern blieb unsicher. Nach dreijährigem Aufenthalt stand Edith Stein die Angliederung an den neuen Karmel zu. Aber die Oberen konnten sich wegen der ungewissen Verhältnisse nicht dazu entschließen. Aus den gleichen Gründen erschien es nicht ratsam, Rosa Stein als Pfortenschwester dem Orden anzugliedern. Dies war für Edith Stein sehr schwer. Ein Brief an ihre Priorin gibt Zeugnis von dieser Erfahrung: „Liebe Mutter, wenn E. E. (Euer Ehrwürden) den Brief von P. Hi. (Hirschmann SJ) gelesen haben, wissen E. E., wie er denkt. Ich möchte in der Angelegenheit meiner Stabilität nun gar nichts mehr tun. Ich lege sie E. E. in die Hände und überlasse es E. E., ob E. E. die Schwestern, P. Provinzial oder V. Bischof für eine Entscheidung heranziehen wollen. Ich bin mit allem zufrieden. Eine ‚Scientia Crucis' kann man nur gewinnen, wenn man das Kreuz gründlich zu spüren bekommt. Davon war ich vom ersten Augenblick an überzeugt und habe von Herzen: Ave, Crux, spes unica! gesagt. E. E. dankbares Kind B[15]."

Von Deutschland und Luxemburg kamen beunruhigende Nachrichten. Die Nationalsozialisten lösten einen Karmel nach dem andern auf. Edith Stein machte sich auf das Äußerste gefaßt. Was sie früher geschrieben hatte, wurde drohende Wirklichkeit: „Wir haben uns zur Klausur verpflichtet, aber Gott hat sich nicht verpflichtet, uns immer in den Klausurmauern zu lassen . . . Wohl dürfen wir bitten, daß uns diese Erfahrung erspart bleibt, aber nur mit dem ernst und ehrlich gemeinten Zusatz: ‚Nicht mein, sondern dein Wille geschehe[16].'"

Edith Steins Gedichte aus jener Zeit sprechen von der Erfahrung göttlicher Tröstung, aber auch von tiefem Leid:

„Segne der Leidbedrückten tiefgebeugten Mut,
Der tiefen Seelen schwere Einsamkeit;
Das unruhvolle Sein der Menschen
Und Leid, das eine Seele keiner Schwesternseele je
vertraut[17]."

„Der am Ölberg im blutigen Angstschweiß rang
Mit dem Vater im heißen Flehn:
Er ist es, dem der Sieg gelang,
Da entschied sich das Weltgeschehn[18]."

Ihre Mitschwestern beobachteten, wie Edith Stein, lange vor dem Wecken um 1/2 5 Uhr, mit ausgebreiteten Armen am offenen Zellenfenster kniete, den Blick in die Richtung des Chortabernakels gewandt.

1940 besetzten die Deutschen Holland. Damit hatten die Judenverfolger Edith Steins neue Heimat betreten. Der Briefwechsel mit Deutschland, mit dem Kölner Karmel, wurde erschwert. Die Überwachungsorgane der Gestapo zogen mit den Truppen in Holland ein. Trotz aller Drangsal wußte sich Edith Stein im Ewigen verankert. 1941 schrieb sie an eine Noviziatsgefährtin in Köln: „Ich wäre sehr froh, wenn wir über alles einmal sprechen könnten. Aber es ist ja gewiß auch kein Zufall, daß uns diese Möglichkeit genommen ist. So wollen wir dankbar sein für die Verbundenheit in dem Reich, das keine Grenzen und Schranken kennt, keine Trennung und keine Entfernung. Seit wir wieder eine Postulantin im Hause haben, denke ich viel an unsere erste Ordensjugend und an die wunderbaren Führungen, die der Weg zum Karmel jedesmal bedeutet. Vielleicht ist die Geschichte der Seelen im Karmel noch viel wunderbarer. Sie sind tief verborgen im göttlichen Herzen. Und was wir von der eigenen manchmal zu verstehen glauben, ist doch immer nur ein flüchtiger Reflex von dem, was Gottes Geheimnis bleibt bis zu dem Tag, an dem alles offenbar wird. Meine große Freude ist die Hoffnung auf die künftige Klarheit. Der Glaube an die geheime Geschichte muß uns auch immer stärken, wenn das, was wir äußerlich zu sehen bekommen (an uns selbst und an anderen), uns den Mut nehmen möchte[19]." In diesen Monaten vor ihrem Sterben treffen auf Edith Stein die Worte Charles de Foucaulds zu: „Was ist denn das für ein Friede, der anders ist als der, den die Welt gibt? Es ist der Friede . . . der stärker ist als die Leiden, nicht der Friede ohne Krieg, sondern der Friede trotz des Krieges, im Kriege, jenseits des Krieges, denn der Friede der Seele lebt durch die Liebe ganz im Himmel und genießt so den himmlischen Frieden trotz allem, was auf Erden um ihn her und gegen ihn geschehen kann[20]." Edith Stein überließ sich keiner verzweifelten Stimmung. Die Echter Schwestern berichten, daß sie inmitten ihrer Nöte ruhig und fröhlich blieb und niemand im Kloster beunruhigte.

Die 1940 zur Priorin gewählte Sr. Antonia wollte Edith Steins Begabung nicht ungenützt lassen. Nachdem Edith Stein den Lateinunterricht bei den Postulantinnen und Rosa Steins Einführung in das karmelitanische Leben übernommen hatte, sollte sie aus Anlaß des 400. Geburtsjubiläums des hl. Johannes vom Kreuz 1942 ein Buch über dessen Lebenswerk schreiben. Edith Stein wurde soweit wie möglich von allen häuslichen Arbeiten befreit. An eine Dominikanerin schrieb sie: „Es ist gut, wenn Sie mir Fragen stellen. Ich denke nur, wenn mir Aufgaben gestellt werden. Sonst steht der Verstand meist still. Ich freue mich aber, wenn er angekurbelt wird und noch jemand nützlich sein kann[21]." Die Arbeit über Johannes vom Kreuz war für Edith Stein eine große Freude. „Eben bin ich daran, Material für eine neue Arbeit zu sammeln, da unsere liebe Mutter wünscht, daß ich mich wieder wissenschaftlich betätige, soweit sich das in unseren Lebensverhältnissen und unter den gegenwärtigen Umständen tun läßt. Ich bin schon dankbar, daß ich noch einmal etwas tun darf, ehe das Gehirn völlig einrostet[22]."

Edith Stein hatte den Betrachtungsstoff in den Gebetsstunden vorzulesen. Sie wählte das erste Werk des Johannes vom Kreuz, „Aufstieg zum Berge Karmel". „Das war auch mein Betrachtungsstoff in den Exerzitien vor der Einkleidung", schrieb sie einer Mitschwester. „Jedes Jahr ging es dann eine Stufe weiter – in den Bänden unseres hl. Vaters Johannes; nicht etwa, daß ich damit Schritt gehalten hätte, ich bin immer noch ganz unten am Berge[23]." Wie Ignatius von Antiochien an die römische Gemeinde schrieb: „Jetzt stehe ich am Anfang des Jüngerseins[24]", so fühlte sich Edith Stein am Ende ihrer Laufbahn noch als Anfängerin. Sie machte sich als lernende an die Arbeit. „Durch die Arbeit, die ich vorhabe, lebe ich fast beständig im Gedanken an den hl. Vater Johannes. Das ist eine große Gnade. Darf ich Euer Ehrwürden nochmals ums Gebet bitten, daß ich zu seinem Jubiläum etwas Rechtes zustande bringe[25]."

Edith Stein war besonders von einer Kreuzesdarstellung, die Johannes vom Kreuz gezeichnet hatte, beeindruckt. Sie erwähnt sie in zwei Briefen und zeichnete sie ab. „Ich habe versucht, Euer Ehrwürden das kleine Bildchen von Vater Johannes – nach der Erscheinung des Gekreuzigten im Kloster der Menschwerdung auf ein Blättchen von etwa 5 cm Größe gezeichnet – abzuzeichnen. Die Reproduktion in dem Buch von Pater Bruno ist nicht gerade scharf, und ich bin nichts weniger als ein Künstler. Aber ich habe es mit großer Ehrfurcht und Liebe getan und denke, Euer Ehrwürden werden dadurch eine kleine Vorstellung bekommen[26]."

Das Bild des Johannes zeigt eine feine Tuschzeichnung. Das grobe Kreuz hebt sich scharf von dem zarten Leib Christi ab. Der Körper hängt nach vorn und berührt kaum den Kreuzesbalken. Die ausgerenkten Arme werden gerade

Im Karmel Echt (Holland) 1941.

Letzte Aufnahme Edith Steins.

Frau Dr. med. Erna Biberstein (New York), Edith Steins Schwester († 1978).

Auschwitz-Birkenau:
Durch dieses Tor fuhren jahrelang Deportationszüge
aus allen Teilen Europas.

noch von den plumpen Nägeln gehalten. Die Knie biegen sich vor, die Füße berühren den Längsbalken wie zum Abstoß für einen Flug. Die elende, aufs äußerste angespannte Gestalt atmet dennoch die Kraft der Auferstehung. Das Antlitz Christi ist jenseits der Schmerzen. Fest an die Brust geschmiegt lächelt es, geduldig und siegreich. Der Mensch, der an diesem Holz hängt, ist im Begriff, es zu verlassen. Sein Hängen gleicht einem Schweben, das ansetzt zum Flug in eine neue Welt.

XVI Letzte Zeugnisse

Unter dem Zeichen des Kreuzes enthüllte sich Edith Stein beim Tod eines Freundes zum erstenmal die Botschaft Christi. Im Zeichen des Kreuzes verzichtete sie nach ihrer Konversion auf eine ehrenvolle philosophische Laufbahn. Mit dem Zeichen des Kreuzes gesegnet, wollte sie als Karmelitin durch freiwillige Sühne teilnehmen am Leid und an der Schmähung ihres jüdischen Volkes. Jetzt war die Stunde da, auf die ihr ganzes Leben geheimnisvoll zulief.

Aus Amerika kamen gute Nachrichten. Erna Biberstein hatte sich mit ihrer Familie an die neuen Verhältnisse gewöhnt, die Kinder machten Fortschritte in der Schule. Aber die Situation in Deutschland verdüsterte sich. Ende 1941 wurden über die Geschwister Edith Steins in Breslau Zwangsmaßnahmen verhängt. Kurz danach schrieb sie: „Auch meine Geschwister bedürfen sehr des Gebetes. Die Schwester, die noch in Breslau war, ist aufs Land verpflanzt worden, mit elf anderen Damen in einer Dachkammer untergebracht, mit der Verpflichtung zu achtstündigem Arbeitsdienst. Sie ist der Nähstube zugeteilt. Mein älterer Bruder und seine Frau leben in der Erwartung einer ähnlichen Zwangsmaßnahme. Alle Versuche der Angehörigen in Amerika, sie dorthin zu bekommen, waren bisher vergeblich. Sie schrieben die Tatsachen ohne Klage[1]."

Im Januar 1942 wurde Edith Stein klar, daß sie nicht länger in Holland bleiben konnte, ohne ihr Kloster zu gefährden. Der Nationalsozialismus ging zu einer planmäßigen Ausrottung der Juden über. Wie ein Todesnetz verteilten sich die Stützpunkte der SS über die einzelnen Länder. Ein Riesenaufwand an Bürokratie registrierte die in rasch errichteten Arbeitslagern aufgefangenen Menschen. Von dort rollten die Züge nach Osten, um „lebensunwertes nichtarisches" Leben auszulöschen. Der bürokratische Apparat war so geschickt getarnt, daß viele Juden nicht ahnen konnten, was ihnen bevorstand. Während im Osten Krematorien und Vergasungskammern errichtet wurden, erhielten Edith Stein und ihre Schwester Rosa wie viele andere verschiedene Vorladungen. Die SS berief sie nach Maastricht, oder der Judenrat in Amsterdam wünschte eine Auskunft. Stundenlang mußten sie Informationen über sich ergehen lassen. Es wurde ihnen befohlen, in drei Meter Abstand mit den SS-Beamten zu sprechen und an ihrer Kleidung den gelben Judenstern anzubringen.

Die Juden wurden von den Holländern mit bevorzugter Höflichkeit behandelt, manche trugen aus Mitgefühl den Judenstern. Doch die Befehle und Verhaftungen der Besatzungsmacht gingen weiter. Edith Stein mühte sich um ein Visum in die Schweiz. Sie hoffte, im Karmel von Le Pâquier aufgenommen zu werden. Sie wollte Holland auf legalem Weg verlassen. Die Verhandlungen mit der Schweiz hatten Erfolg. Doch der Karmel von Le Pâquier konnte bei seinen beschränkten Wohnverhältnissen nur eine Schwester aufnehmen. Für Rosa Stein mußte eine andere Unterkunft gesucht werden. Dies verzögerte alles. Edith Stein wollte nicht ohne ihre Schwester in die Schweiz vorausreisen. Menschlich gesprochen, hätte es ihre Rettung bedeutet. In einem Brief, der im Juni nach Köln abging, heißt es: „Ich trage seit Monaten ein Zettelchen auf dem Herzen mit der Schriftstelle: Matth 10, 23. Mit Le Pâquier laufen Verhandlungen, aber ich bin so vertieft in Vater Johannes, daß mir alles andere gleichgültig wird[2]." Bis zur Erschöpfung benützte Edith Stein jede freie Minute, um ihr Werk „Kreuzeswissenschaft" abzuschließen.

Im Juli 1942 verschärfte sich die Situation. Die Verschleppung der Juden nahm zu. Die Verhandlungen mit Le Pâquier zogen sich hin. In der Schweiz hatte man keine Vorstellung von der drohenden Gefahr. Der Kölner Karmel unterstützte die Verhandlungen des Echter Karmels, Edith Stein und ihre Schwester in die Schweiz zu retten. Das niederländische Volk war erbittert. Um ihren Brüdern und Schwestern zu Hilfe zu kommen, richteten Bischöfe und Kirchenälteste ein Telegramm an den Reichskommissar Seyß-Inquart. „Die hier unterzeichneten niederländischen Kirchengemeinden, tief erschüttert durch die Maßnahmen gegen die Juden in den Niederlanden, wodurch diese von der Teilnahme am normalen Volksleben ausgeschlossen werden, haben mit Entsetzen Kenntnis genommen von der neuen Maßregel, wodurch Männer, Frauen und Kinder und ganze Familien weggeführt werden sollen nach dem deutschen Reichsgebiet. Das Leid, das hierdurch über Zehntausende gebracht wird, das Bewußtsein, daß diese Maßregeln dem tiefsten sittlichen Empfinden des niederländischen Volkes widerstreiten, und vor allem das Widerstreben dieser Maßregeln gegen das, was Gott als Forderung der Gerechtigkeit und Barmherzigkeit aufgestellt hat, zwingt die Kirchengemeinschaften, an Sie die dringende Bitte zu richten, diese Verordnungen nicht zur Ausführung zu bringen. Für die Christen unter den Juden wird uns diese dringende Bitte überdies noch eingegeben durch die Erwägung, daß ihnen durch die Maßregeln die Teilnahme am kirchlichen Leben abgeschnitten wird[3]." Auf diese Bitte hin gab die Regierung die Zusicherung, die christlichen Juden würden unbehelligt bleiben. Edith Stein wurde vom Bischof sofort benachrichtigt, und der Echter Karmel atmete auf.

Die Ruhe war nicht von langer Dauer, die Deportierung der nichtchristlichen Juden ging weiter. Dazu konnten die Kirchengemeinden nicht schweigen. Sie wollten ein gemeinsames Hirtenschreiben verlesen, in das sie den Inhalt des Telegrammes einfügten. In letzter Minute legte Seyß-Inquart ein Veto ein und befahl, das Telegramm, dessen

Veröffentlichung ihm zugetragen wurde, zu streichen. Einige Kirchengemeinden gaben nach, der Bischof von Utrecht aber ließ die Besatzungsmächte wissen, sie hätten kein Recht, sich in kirchliche Angelegenheiten einzumischen. Am 26. Juli wurde in ganz Holland der Hirtenbrief vor den Gläubigen verlesen. Darin hieß es: „Liebe Gläubige ... In jener Zeit, als Jesus in die Nähe von Jerusalem kam und die Stadt vor sich liegen sah, weinte er über sie und sprach: ‚Ach, möchtest du wenigstens an diesem Tag doch einsehen, was dir zum Frieden dient. Aber jetzt ist das vor deinen Augen verborgen ... Liebe Gläubige, gehen wir an erster Stelle in uns selbst mit einem tiefen Gefühl der Reue und Demut. Denn sind wir nicht auch selber mitschuldig an den Katastrophen, die uns heimsuchen? – Haben wir immer zuerst das Reich Gottes gesucht und seine Gerechtigkeit? – Haben wir immer die Pflichten der Gerechtigkeit und der Nächstenliebe gegen unseren Nebenmenschen geübt? – ... Wenn wir in uns gehen, dann werden wir erkennen müssen, daß wir alle gefehlt haben ... Flehen wir zu Gott ..., daß er der Welt bald einen gerechten Frieden geben möge. Daß er das Volk Israel, das in diesen Tagen so bitter geprüft wird, stärken möge und es zur wahren Erlösung in Christus Jesus bringen möge[4]." Diese lebendigen, zeitnahen Worte waren Ausdruck der Hirtensorge der Bischöfe und Gemeindeältesten Hollands. Trotz der gefürchteten Folgen legten sie, in einer Atmosphäre des Hasses und der Menschenfurcht, Zeugnis ab für die Forderungen Christi. Nach der Verlesung war die Bevölkerung erregt. Was würden die Feinde unternehmen? Am 28. Juli traf die schreckliche Nachricht ein, daß Edith Steins Geschwister in Breslau, die Familie ihres Bruders Paul und ihre Schwester Frieda nach Theresienstadt abgeführt worden waren. Edith Stein und ihre Schwester Rosa machten sich täglich auf das gleiche Schicksal gefaßt. Eine Woche nach dem Protest der Bischöfe erfolgte der gefürchtete Racheakt. Mit einem Schlag wurden am 2. August alle katholischen Juden und die jüdischen Mitglieder der niederländischen Klöster verhaftet. Da die Agenten des Nationalsozialismus sich nicht an die Kirchenvorsteher heranwagten, fiel ihr Haß mit ganzer Wucht auf die katholischen Juden. Sie waren die Opfer, die mithineingerissen wurden in den Todesmarsch nach dem Osten. Im Karmel zu Echt ahnte man noch nichts. Die letzten Tage waren ruhig. Eine erneute Zusicherung des Bischofs hatte Entspannung gebracht. Edith Stein schrieb am 29. Juli auf einer Karte nach Deutschland: „Es ist noch sehr die Frage, ob wir die Erlaubnis zur Ausreise bekommen. Jedenfalls dürfte es sehr lange dauern. Ich wäre nicht traurig, wenn sie nicht käme. Es ist ja keine Kleinigkeit, zum zweitenmal eine liebe klösterliche Familie zu verlassen. Aber ich nehme es, wie Gott es fügt[5]."

Der 2. August war ein Sonntag. Edith Stein verbrachte ihn im Gebet und mit der Durchsicht ihres noch unvollendeten Manuskripts über Johannes vom Kreuz. Es endet bei den Worten: „Als der Heilige unbemerkt hinüberging, hielt Bruder Diego ihn in den Armen. Und er sah auf einmal einen Lichtglanz um das Bett . . . ‚Unser Vater ist in diesem Licht in den Himmel gegangen', sagte er zu den Anwesenden. Als er mit Pater Franziskus und Bruder Matthäus den Leib zurechtlegte, strömte süßer Duft davon aus[6]."

Um fünf Uhr nachmittags wurde die Priorin in das Sprechzimmer gerufen. Zwei SS-Offiziere erwarteten sie und fragten sie nach Edith Stein. Sr. Antonia glaubte, es handle sich um die erwartete Ausreise in die Schweiz, und schickte Edith Stein zu den SS-Leuten. Diese forderten sie auf, das Gitter zu entfernen und in fünf Minuten das Haus mit ihnen zu verlassen. Die Schwestern waren bestürzt. Sr. Antonia suchte zu verhandeln, vergeblich. Edith Stein bat die Schwestern um ihr Gebet. Diese halfen ihr, das Nötigste einzupacken. Edith Stein war wie geistesabwesend. Sie bat die Schwestern, sie möchten sich an das Schweizer Konsulat wenden und an die Einreiseerlaubnis erinnern.

Rosa Stein wartete an der Klausurtür. Beide Schwestern nahmen von den Mitschwestern traurig Abschied. Die Straße hatte sich inzwischen mit Menschen gefüllt. Die Leute waren über diese neue Gewalttat aufgebracht. Rosa Stein war bei der Bevölkerung beliebt. Jetzt war sie über den plötzlichen Abschied mit unbekanntem Reiseziel verstört. Eine Bekannte sah, wie Edith Stein sie an der Hand nahm und zu ihr sagte: „Komm, wir gehen für unser Volk[7].“ Edith Stein wußte, daß die letzte Etappe ihres Weges begonnen hatte. An der Straßenecke nahm der Überfallwagen die Schwestern auf, und in eiliger Fahrt entschwanden sie dem Gesichtskreis ihrer Freunde.

Aus den Berichten der wenigen Überlebenden wissen wir, wie sich die letzten Tage der Todgeweihten abgespielt haben. – Von Echt ging es in rasender Fahrt nach Roermond auf die Ortskommandantur. Von dort nach dem Sammellager Amersfoort, das die Gefangenen mitten in der Nacht erreichten. War die Behandlung der SS bis dahin höflich, wurden die Juden jetzt mit Schlägen und Kolbenstößen in die Schlafsäle getrieben. In Amersfoort wurde es klar, daß die Verhaftung der katholischen Juden ein Racheakt auf das Hirtenschreiben der Bischöfe war. Die evangelischen Juden und Halbjuden wurden entlassen, gegen 1000 andere blieben mit den katholischen Juden inhaftiert. Der 3. August war ein quälend langer Tag. Das Elend im Lager, besonders der Frauen, war groß. Ein Augenzeuge, Dr. Lenig, berichtet, daß Edith Stein, sich mutig für die Frauen einsetzte[8]. Ein anderer Überlebender, Peter Loesen, der Edith Stein an ihrer Familienähnlichkeit erkannte, schreibt: „Was mir aber doch noch stark in Erinnerung bleibt, ist eine Sorglosigkeit und fast eine Heiterkeit, mit der sie und die anderen Schwestern und Brüder sich in ihr Los schickten. Es war ihnen nicht anzusehen, daß sie nur wenige Stunden zuvor von der Polizei überrascht worden waren . . . Sie hatten sogar Kinder bei sich. Ihre Haltung unterschied sich so sehr von der der anderen Lagerinsassen, die sich natürlich alle sehr fürchteten[9]."

Unter den dreihundert Katholiken befanden sich ungefähr fünfzehn Ordensleute, darunter die fünf Geschwister Löb, zwei Patres, ein Bruder und zwei Schwestern, alle aus dem Trappistenorden. Edith Stein traf auch mit ihren aus Deutschland geflüchteten Freundinnen, Dr. Ruth Kantorowicz aus Venlo und Alice Reis, die bei den Schwestern vom Guten Hirten in Almelo arbeitete, zusammen. In aller Not war dies ein dankbar empfundenes Wiedersehen. Die Gruppe der Ordensleute traf sich im Brevier- und Rosenkranzgebet und scharte sich um Edith Stein. „Denn es war unverkennbar", berichtete ein Zeuge, „daß von ihrem stillen Wesen ein starker Einfluß ausging[10]."

In der Nacht vom 3. auf den 4. August wurden die Gefangenen, etwa 1200 Menschen, bei verhangenen Zugfenstern weiterverfrachtet. Auf unbewohnter Strecke hielt der Zug gegen Mittag bei Hooghalen. – Die Juden waren in den Norden des Landes verschleppt worden, um im Sammellager Westerbork ihr weiteres Schicksal abzuwarten. „Nun begann eines von den ärgsten Dingen, die einem Menschen in seinem Leben passieren können: die Einregistrierung. Stundenlang zog die Gruppe von einem Tisch zum anderen, und endlose Listen und Papiere mußten ausgefüllt werden . . . Als zum Schluß alle in die für sie bestimmten Baracken gebracht worden waren . . ., sahen sich die Männer von den Frauen getrennt, ohne die Möglichkeit der geringsten gegenseitigen Verbindung. Was das bedeutet, läßt sich gut begreifen . . . Vor dem Freitag des Abtransportes ist die Verbindung auch nicht wiederhergestellt worden[11]." Todgeweihte Menschen mußten sich sinnlosen Schikanen der Registratur unterwerfen und wurden mit der Gefangenennummer in der Hand fotografiert. Es fehlte an allem zum Leben Notwendigen, und das Auseinanderreißen der Familien hatte schreckliche Folgen. Die Mutter des Dominikaners Pater Bromberg ergänzt seinen Bericht mit den Worten: „Der große Unterschied zwischen Edith Stein und den andern Schwestern lag in ihrer Schweigsamkeit. Mein persönlicher Eindruck ist, daß sie zuinnerst betrübt war, nicht angstvoll. Ich kann es nicht besser ausdrücken, als daß sie den Eindruck machte, ein solch großes Maß von Leiden zu schleppen, daß selbst, wenn sie einmal lächelte, es dich noch mehr betrübte. Sie sprach fast nie, nur blickte sie oft ihre Schwester Rosa unsäglich traurig an. Nun ich dies niederschreibe, kommt mir der Gedanke, daß sie voraussah, was ihrer und der anderen Menschen wartete. Sie war ja schließlich die einzige, die schon aus Deutschland geflüchtet war, und wußte darum mehr als die andern, wie z. B. die Löbs, die noch an Missionsarbeit dachten. Nochmals, das ist mein Eindruck: sie dachte an das Leid, das sie voraussah, nicht ihr Leid, dafür war sie viel zu ruhig, sie dachte an das Leid, das die andern erwartete. Ihr ganzes Äußeres weckte bei mir noch einen Gedanken, wenn ich sie mir im Geiste in der Baracke sitzend vorstelle – eine Pieta ohne Christus[12]."

Viele Frauen und Mütter waren durch die Trennung von ihren Gatten apathisch geworden. Edith Stein nahm sich ihrer an, besonders der hungernden, sich selbst überlassenen Kinder. Sie entfaltete eine so rege Tätigkeit in Waschen und Putzen, daß alle darüber staunten. Herr Marcan aus Köln erzählt: „Unter den eingelieferten Gefangenen fiel Edith Stein auf durch ihre große Ruhe und Gelassenheit. Der Jammer im Lager und die Aufregung bei den neu Eingetroffenen waren unbeschreiblich. Edith Stein ging unter den Frauen umher, tröstend, helfend, beruhigend wie ein Engel. Viele Mütter, fast dem Wahnsinn nahe, hatten sich schon tagelang nicht um ihre Kinder gekümmert und brüteten in dumpfer Verzweiflung vor sich hin. Edith Stein nahm sich sofort der armen Kleinen an, wusch und kämmte sie, sorgte für Nahrung und Pflege[13]."

Drei Tage lang bangte der Karmel in Echt um das Geschick der entführten Schwestern. Am 5. August traf durch die Vermittlung des Jüdischen Rates in Venlo und Echt ein Telegramm ein. Sie hatten den gleichen Wortlaut und erbaten für Edith Stein und Ruth Kantorowicz warme Decken, Medikamente und ähnliches. Die Schwestern in Echt waren erleichtert. Jede wollte den Gefangenen etwas Liebes mitgeben. Ein wahrer Wettstreit der Liebe begann. Zwei Männer erklärten sich bereit, die vollgepackten Koffer nach Westerbork zu bringen.

Während die Leute aus Echt am Morgen des 6. August die schwierige Reise unternahmen, war für die Juden der letzte Tag im Lager angebrochen. Die Kirche feiert am 6. August das Fest der Verklärung Christi. Die Gefangenen erfuhren, daß sie am nächsten Morgen nach dem Osten abtransportiert würden. Es wurde ihnen erlaubt, Briefe zu schreiben. Das letzte Briefchen Edith Steins besteht aus zwei kleinen Zetteln eines Abreißkalenders. Darauf stehen in großen gestrafften Buchstaben ihre Wünsche für Rosa Stein. Es handelte sich um warme Kleidung und Gebrauchsgegenstände. Der Ton ist sachlich, fast froh. Die Unterschrift lautet: „1000 Dank, Grüße an alle, E. E. dankbares Kind B[14]." Ein kleiner Zettel war beigefügt, auf dem noch einmal die Bitte an das Schweizer Konsulat um Einreise stand.

Obwohl es von vornherein festlag, daß niemand von diesem Transport entlassen würde, mußten noch einige Männer und Frauen die zerreißende Spannung zwischen Hoffnung und Aussichtslosigkeit auf sich nehmen. Zu diesen gehörten Sr. Judith aus dem Kloster Bilthoven und Edith

Stein. Sr. Judith war Glied der portugiesischen Judengemeinde, dadurch wurde sie freigelassen. Die Anforderung vom Eidgenössischen Konsulat half Edith Stein nichts. Sr. Judith, die zwei Jahre später getötet wurde, berichtete: „Morgens gegen elf Uhr mußte ich wieder zu dem Kommandanten. Viele Leute warteten in einer kleinen Stube, bis sie an die Reihe kamen. Wir sollten einer nach dem andern in einem anstoßenden Lokal den Ausgang erfahren, denn alle diese Menschen hatten Aufschub bekommen. Jedesmal, wenn jemand zurückkam, sah man betrübte Mienen. Hier spielten sich die traurigsten Szenen ab. Ein leises Murmeln ging durch die Wartenden, es war wie ein Entsetzen: ‚Alle Entlassungen sind widerrufen worden'. Ich bereite mich auf das Schlimmste vor . . . Ich sah auch die deutsche Karmelitin. Auch ihre Entlassung war annulliert worden. Sie sah blaß, aber gelassen aus und tröstete noch ihre Leidensgefährtinnen[15]."

Am Donnerstagmittag wußte Edith Stein, daß alle Aussicht auf Rückkehr vergeblich war. Die Ungewißheit war vorbei. Zusammen mit ihren jüdischen Mithäftlingen würde sie den Kreuzweg zu Ende gehen. Die Männer aus Echt trafen sie in gelöster, fast heiterer Haltung. Durch den Sandwagenverkehr und die Gutmütigkeit der holländischen Polizei hatten sie Einlaß ins Lager gefunden. Sie berichteten: „Nach einigen Augenblicken voll Spannung ging der hohe Stacheldraht auf, und wir sahen in der Ferne schon das braune Kleid und den schwarzen Schleier von Edith Stein, die von ihrer Schwester Rosa begleitet war . . . Die Begegnung war froh und traurig zugleich. Wir drückten uns die Hand, und aus lauter Freude, Echter Leute zu sehen, wollten die ersten Worte nicht gut heraus. Doch schnell war das Eis gebrochen, und wir übergaben alles, was der Karmel uns mitgegeben hatte[16]." Edith Stein erzählte den Männern von der Güte des Jüdischen Rates, besonders gegen die katholischen Juden. Sie war froh, daß einige Priester unter den Gefangenen waren, diese und die Ordensfrauen seien ein Trost für die gequälten Menschen. „Sie erzählte das alles ruhig und gefaßt ... Während des Erzählens rauchten wir beide Zigaretten. Um die Spannung etwas zu verringern, boten wir auch Schwester Benedicta lachend eine Zigarette an. Auch sie lachte darüber und erzählte uns, daß sie früher in ihrer Studienzeit wohl Zigaretten geraucht und getanzt habe ... Es lag eine glückliche Fröhlichkeit in ihrer ernsten Ruhe. In ihren Augen leuchtete der geheimnisvolle Glanz einer heiligen Karmelitin. Ihr tiefer Glaube schuf eine Sphäre himmlichen Lebens um sie. Mehrmals wiederholte sie, die ehrwürdige Mutter brauche sich um sie und ihre Schwester Rosa keine Sorgen zu machen ... Im Lager würde berichtet, daß die Häftlinge noch in der gleichen oder der folgenden Nacht nach Schlesien, ihrem Heimatland, weitergeleitet werden sollten. Die Deportierten müßten in den Bergwerken Schlesiens arbeiten ... Wohin sie kommen sollten, welche Arbeit auch immer sie bekommen würde, das Gebet würde immer die erste Stelle einnehmen. Ihre Leiden wollte sie aufopfern für die Bekehrung der Ungläubigen, der Verfolger und für alle, die Gott aus dem Herzen verloren hätten[17]."

Dieser Bericht wurde von den Boten aus Venlo ergänzt: „Nachdem die SS-Streife durch einen schrillen Pfiff kundtat, daß die Häftlinge wieder zurück müßten in ihre Baracken, rief Fräulein Ruth (Kantorowicz) die Karmelitin zu uns und stellte uns kurz vor. Es war erstaunlich für mich, wie ruhig und gesammelt diese Schwester war. Als ich mein Mitgefühl ausdrückte, sagte die tapfere Schwester: ‚Was auch kommen mag, ich bin auf alles gefaßt.' Mit einem kräftigen Händedruck wünschte sie mir und den Meinigen Gottes Segen. Als ich meine Wünsche ausdrücken wollte, sagte sie, um sie brauchten wir uns nicht zu sorgen, sie stünden in

Gottes Hand. Nun verabschiedeten wir uns auch von all den anderen, wobei mir die Worte in der Kehle steckenblieben. Sie gingen geschlossen weg zu ihrer Baracke. Alle winkten nochmals zurück, Edith Stein aber ging gesammelt ihres Weges[18]."

Diese Zeugnisse über Edith Steins gelassene Haltung bestätigt der Bericht des holländischen Beamten Wielek. Dieser schrieb 1952 in der Zeitschrift ‚De Tijd': „Die eine Nonne, die mir sofort aufgefallen war und die ich – trotz der vielen abscheulichen ‚Episoden', deren Zeuge ich war – nie habe vergessen können, die Frau mit ihrem Lächeln, das keine Maske war, sondern wie ein warmes Leuchten aufging, ist diejenige, die durch den Vatikan vielleicht heiliggesprochen wird . . . Als ich dieser Frau im Lager Westerbork begegnete . . . wußte ich sofort: Das ist ein wahrhaft großer Mensch. In dem Hexenkessel Westerbork lebte sie einige Tage, ging, sprach und betete sie . . . wie eine Heilige. Ja, das war sie. Das war das Bild dieser älteren Frau, die so jugendlich wirkte, die so ganz und wahrhaftig und echt war. Bei einem Gespräch sagte sie: ‚Die Welt besteht aus Gegensätzen . . . Letzten Endes (aber) wird nichts bleiben von diesen Kontrasten. Die große Liebe allein wird bleiben. Wie sollte es auch anders sein können?' So sicher und demütig sprach sie, daß es die Zuhörer packen mußte. Ein Gespräch mit ihr...das war eine Reise in eine andere Welt. In solchen Minuten bestand Westerbork nicht mehr . . . ‚Daß Menschen so sein können, habe ich nicht gewußt', sagte sie einmal . . . ‚Und daß meine Schwestern und Brüder so leiden müssen, das habe ich wahrhaftig auch nicht gewußt . . . Jede Stunde bete ich für sie. Ob Gott mein Gebet hört? Ihre Klage hört er ganz gewiß.' . . . Als kein Zweifel mehr bestand, daß sie mit den anderen Getauften nach ein paar Stunden weitertransportiert werden sollte, fragte ich sie, wen ich davon verständigen sollte und wie ich vielleicht helfen könnte. Ob einer von den zuverlässigen Gendarmen Utrecht anrufen sollte? Wieder lächelte sie. Nein, nicht tun, bitte nicht tun. Warum eine Ausnahme für sie oder diese Gruppe? War dies nicht gerade Gerechtigkeit: daß sie keinen Vorteil ziehen konnten aus der Tatsache, daß sie getauft waren? Wenn sie nicht das Los der andern teilen sollte, sei ihr Leben wie vernichtet. Nun aber nicht! . . . Und sie ging betend neben ihrer Schwester zu den Wagen. Ich sah ihr Lächeln – ihre ungebrochene Festigkeit . . . die sie nach Auschwitz begleiteten[19]."

In der Nacht von Donnerstag auf Freitag wurden die Häftlinge aufgeschreckt. Lange Listen wurden verlesen mit den Namen derer, die sich zum Abtransport bereit halten sollten. Außer sechs Namen fielen alle darunter. Am Morgen des 7. August, bei Sonnenaufgang, zogen endlose Reihen von Frauen, Männern und Kindern quer durch das Lager. Die Polizei wurde von SS-Leuten abgelöst. Ihr grober Kommandoton begleitete die Kolonnen zum Lager hinaus. Seltsam hoben sich die Ordensgewänder von den Kleidern der andern ab. Die Zurückgebliebenen winkten dem Zug lange nach.[20]

XVII Nachwort

Allen Nachfragen nach Edith Steins Schicksal seit ihrem Abtransport von Westerbork war wenig Erfolg beschieden. Der Osservatore Romano brachte 1947 einen kleinen Bericht über Edith Stein und ihre Verhaftung, aber mit ungenauen Daten. „Im März des Jahres 1947 teilte Herr Professor Dr. Max Budde mit, daß sein Freund Dr. Lenig in demselben Lager Amersfoort zu gleicher Zeit interniert gewesen und als einziger der Haft entkommen sei, weil er als Führer der gegen das Dritte Reich gerichteten Widerstandsbewegung von außen her Hilfe erhielt[1]." Lenig schrieb im April 1947 nach Köln: „Die Angaben auf dem Totenzettel der Opfer sind nach menschlicher Voraussicht zutreffend. Die Transporte der Opfer sind sicherlich auch über Schifferstadt geleitet worden. Es ist von anderen Transporten her bekannt, daß auf Stationen solche Unglückliche sich zufällig anwesenden Bekannten bemerkbar machen konnten, folglich ist die Möglichkeit, daß die Verewigte gesehen und vielleicht sogar gehört wurde, absolut im Bereich des Möglichen. Der Tod ihrer Mitschwester muß als gerichtsnotorisch sicher angesehen werden. Es steht sicher fest, daß sie den Tod in Auschwitz gefunden hat und nicht in den Niederlanden ermordet wurde[2]."

Lenig bezieht sich hier auf ein Ereignis, das im Kölner Selig- und Heiligsprechungsprozeß über Edith Stein in folgenden Worten berichtet wird: »Die letzte zuverlässige Nachricht einer Begegnung mit Edith Stein berichtet der damals als Stationsvorsteher in Schifferstadt (Pfalz) beamtete Herr Valentin Fouquet. Er stand am 7. August 1942 auf dem Bahnsteig, als der D-Zug aus Saarbrücken einlief, dem ein verschlossener Wagen mit Gefangenen angehängt war. Aus diesem Wagen heraus sprach ihn eine dunkel gekleidete Dame an und fragte, ob er die Familie des Herrn Dekan Schwind kenne. Ja, sagte er, Herr Dekan sei ein Schulkamerad von ihm... Die Dame bat nun, Herrn Dekan und Familie Schwind von ihr zu grüßen: sie sei Edith Stein und wäre auf der Fahrt nach dem Osten[3]."

Frau Anna Heckmann, Schülerin von Edith Stein in den Jahren 1930/31 und später berufstätig als Lehrerin, ergänzte 1982 den Bericht von Fouquet. Sie berichtet: „Meine Freundin Else Eckrich war befreundet mit Familie Schwind. Frau Eckrich stieg am 7. August 1942 mit ihrer Freundin Marie Berkel, geb. Schwind, auf dem Bahnhof Schifferstadt aus einem Zug. Der Stationsvorsteher Fouquet ging auf beide zu und sagte: ‚Eben fährt der Zug ab, in dem Edith Stein sich befindet, mit Fahrtrichtung Osten.' Fouquet erzählte ihnen, Edith Stein habe Grüße aufgetragen an die Familie Schwind in der Ludwigstraße[4]."

Der Informationsdienst des holländischen Roten Kreuzes gab bekannt, daß das Ziel des Transportes, der in der Frühe des 7. August 1942 Westerbork verließ, Auschwitz war. Der niederländische Staatsanzeiger veröffentlichte am 16. Februar 1950 die Namen aller Juden, die am 7. August aus Holland deportiert worden waren. In der Liste 34 steht: „Nr. 44074, Edith Theresia Hedwig Stein, geb. 12. Oktober 1891 zu Breslau, von Echt, gestorben 9. August 1942". Da gerichtsnotorisch feststand, daß niemand von diesem Zug am Leben geblieben war, wurde für die Opfer der 9. August als Todestag erklärt.

1964 berichtete das Bayerische Landeskriminalamt: „Auf Ersuchen der Staatsanwaltschaft München II, bei der die Ermittlungen unter Az. AR VI 206/64 erfaßt sind, gestattet sich das Bayerische Landeskriminalamt, Ihnen folgenden abschließenden Bericht über das Schicksal der Geschwister Stein zu geben: Die Dienststelle ‚Der Befehlshaber der Sicherheitspolizei und des SD für die besetzten niederländischen Gebiete' hat am 15.7.1942 begonnen, die in den Niederlanden lebende jüdische Bevölkerung in wöchentlich zwei Transporten nach Auschwitz und in andere Konzentrationslager zu deportieren. Über den daher von kirchlicher Seite geleisteten Widerstand berichtet der Vertreter des Auswärtigen Amtes beim Reichskommissar für die besetzten niederländischen Gebiete, Gesandter Bene, am 31.7.1942 wie folgt an das Auswärtige Amt in Berlin: „...Auch die niederländischen Kirchen aller Konfessionen hatten sich veranlaßt gefühlt, einen Schritt bei dem Herrn Reichskommissar zu unternehmen. Von dem Herrn Reichskommissar wurde aber der Standpunkt eingenommen, daß die Kirchen sich höchstens für die den christlichen Kirchen angehörenden Juden einsetzen könnten. Es bestand die Absicht, diese sogenannten christlichen Juden bei dem Abtransport auszunehmen, unter der Voraussetzung, daß die Kirchen sich wegen der übrigen Juden nicht bemüßigt fühlen würden, irgendwelche Schritte zu tun. Die protestantischen Kirchen haben sich diesem Gedankengang nicht verschlossen und ihrerseits keine Kundgebungen, Gebete usw. in ihren Kirchen veranlaßt. Die katholische Kirche hingegen hat am letzten Sonntag in ihren Kirchen den Abtransport der Juden behandelt. Angeblich sei der von dem Herrn Reichskommissar eingenommene Standpunkt nicht überall rechtzeitig bekannt geworden. Ich füge eine Abschrift aus dem heutigen Geheimbericht des Befehlshabers der Sicherheitspolizei und des SD an den Herrn Reichskommissar über die Vorfälle in den Kirchen am letzten Sonntag (26. Juli 1942) bei und bitte, diesen Bericht streng vertraulich zu behandeln'[5]."

Inzwischen war aber über das Schicksal der katholisch getauften Juden bereits entschieden. Es liegt diesbezüglich ein Vermerk des Befehlshabers der Sicherheitspolizei und des

SD für die besetzten niederländischen Gebiete in Den Haag, Dr. Wilhelm Harster, vom 30.7.1942 vor, der auszugsweise wiedergegeben wird: „Betr. Evakuierung der christlich getauften Juden. Am 27.7. fand beim Reichskommissar eine Besprechung statt, an der teilnahmen: Reichskommissar SS-Gruppenführer Rauter, Generalkommissar Schmidt, Generalkommissar Wimmer, BdS. Der Reichskommissar hat folgende Anordnung getroffen: 1. Durch den BdS so schnell wie möglich festzustellen, in welchen evangelischen Kirchen die Kanzelverkündigung mit dem Reichskommissar-Telegramm verlesen worden ist. 2. Da die katholsichen Bischöfe sich – ohne beteiligt zu sein – in die Angelegenheit gemischt haben, werden nunmehr sämtliche katholische Juden noch in dieser Woche abgeschoben. Interventionen sollen nicht berücksichtigt werden. Generalkommissar Schmidt wird am Sonntag, dem 2.8.42, in einer Parteiveranstaltung in Limburg die öffentliche Antwort an die Bischöfe geben... 5. Auf meinen Vorschlag soll in Erwägung gezogen werden, daß irgendwelche großen karitativen Einrichtungen der Kirche verstaatlicht werden. Von Generalkommissar Schmidt wurde hierbei auf die großen katholischen Krankenhäuser in Groningen hingewiesen. gez. Dr. Harster[6]."

In Amsterdam wurden 1964 Zeugenverhöre durchgeführt bei drei Überlebenden: Maurice Schellekes, Josef van Rijk und Jesaija Veffer. Sie konnten über Edith Stein keine Auskunft geben. Aber ihre Berichte erhärten die unmenschlichen Vorgänge der Liquidierung jüdischer Frauen, Männer und Kinder, wie sie in zahlreichen Büchern bereits beschrieben sind. Zum 40. Todestag Edith Steins erschien in der „Kölner Rundschau" ein Bericht von Johannes Wieners. Auch wenn der Berichterstatter nach vierzig Jahren nicht beweisen kann, daß die Dame, die ihn am 7. August 1942 aus einem Güterwagen heraus ansprach, Edith Stein war, ist seine Schilderung ein glaubwürdiges Zeugnis dafür, unter welchen Bedingungen unschuldige Menschen in der Hitlerzeit in den Tod geschickt wurden. Wieners schreibt: „Als Postomnibusfahrer im Postamt Köln-Deutz wurde ich am 15. Juni 1942 zu einem Feldpostamt zusammengestellt, bestehend aus 18 Mann, davon drei Offiziere. Dort bekamen wir sechs Wochen militärischen Unterricht. So wurden wir ein Feldpostamt ZBV (zur besonderen Verwendung). Ich bekam einen großen Omnibus als fahrendes Postamt eingerichtet. Wir wurden auf Waggons verladen, Richtung Rußland, 6. Armee. So standen wir am 7. August 1942 im Verschiebebahnhof Breslau. Unsere Lok hatte abgehängt, um Wasser zu füllen. Nun lief auf unserem Nebengleis ein Güterzug ein und hielt neben uns an. Kurz darauf öffnete ein Wachposten die Schiebetür. Wir sahen nun Menschen zusammengepfercht, sehr apathisch auf dem Wagenboden gekauert. Wir waren erschrocken über den Gestank, der uns aus dem Wagen entgegenkam. Dann erschien an der offenen Tür eine Frau in Nonnenkleidung. Weil ich ihr teilnahmsvoll aussah, sagte sie: ‚Es ist schrecklich, wir haben nicht einmal Behälter, um unsere Notdurft zu verrichten'. Sie sah in die Ferne auf die Stadt Breslau und sagte zu mir: ‚Das ist meine geliebte Heimat, ich werde sie nie mehr wiedersehen'. Ich sah sie fragend an, da sagte sie ganz zögernd: ‚Wir fahren jetzt in den Tod'. Darüber war ich sehr erschrocken. Dann fragte ich sehr ernst: ‚Glauben ihre Mitgefangenen das denn auch?' Sehr stockend antwortete sie: ‚Besser ist, sie wissen es nicht.' Einige meiner Kameraden schimpften, wie ich mich denn mit einer Jüdin unterhalten könnte. Aber ein Kamerad hatte unsere Unterhaltung mit angehört und stellte sich dann auf meine Seite. Wir überlegten, ob wir den armen Menschen wohl etwas anbieten könnten. Die Frau hatte ja auch gehört, wie die Kameraden mich getadelt hatten. Ich fragte: ‚Können wir Ihnen etwas zu trinken und zu essen geben?' Ihre Antwort: ‚Nein danke, wir nehmen nichts an.' An dem Güterwagen war zu ersehen, daß er aus Holland kam. Unsere Lok hängte wieder an, es ging weiter nach Polen. Als ich 1948 aus der Gefangenschaft kam, las ich in einem Heftchen über Edith Stein. An ihrem Foto erkannte ich dann die Schwester vom 7. August 1942 wieder. Als ihr Todestag wird der 9. August angegeben[7]."

P. Hirschmann SJ, der Edith Stein in den Jahren vor ihrem Tod näher kennengelernt hatte, sprach aus seinen Erinnerungen über sie auf dem 86. Deutschen Katholikentag in Berlin. Das Thema seines Forums lautete: „Durch seine Wunden sind wir geheilt." Das Tagesthema hieß: „Liebe verwandelt Angst, Schuld und Leid". Hirschmann zeichnete Edith Steins Gestalt als ein Zeichen dieser verwandelnden Liebe. Zwischen Edith Steins Taufe und ihrem Eintritt in den Karmel, so führte er aus, „lag der zunehmende Schatten des Judenhasses in Deutschland. Er versperrte ihr den Weg zur Tätigkeit an der deutschen Universität und zu einem intensiven schriftstellerischen Wirken. Er eröffnete ihr gleichzeitig den Weg, einmal in die katholische Frauenarbeit, in die katholische Schule, schließlich aber vor allem in den Orden und die Kreuzesliebe dieses Ordens. Im Geiste der Kreuzestheologie ihres großen Ordensbruders Johannes vom Kreuz, vermag sie das ihr geschichtlich auferlegte Kreuz der Zugehörigkeit zum jüdischen Volk mit dem Kreuz Jesu Christi intensivst zu verbinden. Sie muß nun damit rechnen, daß sie als Jüdin, trotz ihrer christlichen Taufe und Ordensgelübde, das Leiden ihres Volkes mittragen muß. Da verpflichtet sie sich Gott gegenüber dazu, nicht diese Taufe und Gelübde zum Anlaß zu nehmen, um es irgendwie besser zu haben als der Letzte und die Letzte ihres verfolgten Volkes. Edith Stein war nicht nur eine ihrem Volk in Liebe verbundene Jüdin; sie war gleichzeitig eine dem deutschen Volk verbundene Deutsche. Und als solche hat sie sich gefragt – sie hat es mir oft gesagt –: ‚Wer sühnt für das, was am jüdischen Volk im Namen des deutschen Volkes geschieht?' Sie hat gelitten darunter, daß getaufte Christen wie Hitler und Himmler diese entsetzliche Schuld am jüdischen Volk auf sich nahmen. ‚Wer wendet diese entsetzliche Schuld zum Segen für beide Völker?' – Die, die die Wunden, die hier der Haß schlägt, nicht neuen Haß gebären lassen, sondern die, obwohl sie selbst Opfer dieses Hasses sind, das Leid unter den Gehaßten und das Leid der Hassenden auf sich nehmen? Nie werde ich die Gespräche mit dieser wahrhaft christlichen Philosophin und Zeugin vergessen, wenn sie darüber sprach: Niemals darf doch in der Welt der Haß das letzte Wort haben. Es muß doch möglich sein, dem Haß – betend und stellvertretend für ihn sühnend – so zu begegnen, daß das Tragen dieses Hasses zu einer letzten Gnade für die Hassenden zu werden vermag. Wurden nicht durch das Gebet für die Hassenden, die, die Jesus kreuzigten und seine Seite durchstießen, die Wunden Jesu zum Zeichen jener Liebe, die sich selbst wahrhaft „stärker" erwies? Es bleibt eine erschütternde Offenbarung, wozu menschliche Lieblosigkeit fähig ist, wenn wir das Wort „Auschwitz" hören und bedenken. Es bleibt aber auch eine und die erste unendlich übertreffende Offenbarung, wieviel stärker eine das Kreuz und die Wunden aushaltende Liebe ist, die zu ihnen gleichsam sagen kann: Um der Liebe willen, die in Christi Kreuz, in seinen Wunden Menschen umfängt, liebe ich euch und kann bezeugen, daß Haß nicht stärker ist als die Liebe[8]."

Mögen Edith Steins Worte, die sie in ihrer Rede über Elisabeth von Thüringen 1931 in Wien sagte, auch uns wachmachen, daß wir in unserer Zeit nicht nur Jubiläen und Gedenktage feiern, sondern uns vom Wesen und Handeln der „Gefeierten" anrühren lassen: „Warum wohl unsere Zeit eine so jubiläumsfreudige, man möchte fast lieber sagen, jubiläumssüchtige geworden ist: Vielleicht durch die drükkende Last der Not, die das Verlangen erweckt, sich wieder und wieder für eine kurze Atempause der grauen, beklemmenden Gegenwartsatmosphäre zu entziehen und sich ein wenig zu wärmen an der Sonne besserer Tage? Aber eine solche Flucht aus der Gegenwart wäre eine unfruchtbare Art, Jubiläen zu feiern, und wir dürfen wohl annehmen, daß ein tieferes und gesünderes Verlangen, wenn auch seiner selbst nicht klar bewußt, die Blicke in die Vergangenheit lenkt: ein geistarmes und nach Geist dürstendes Geschlecht wendet sich überall dahin, wo einmal Geist in Fülle strömte, um davon zu trinken. Und das ist ein heilsamer Trieb. Denn der Geist ist lebendig und stirbt nicht. Wo er einmal am Werk war, Menschenleben und Gebilde von Menschenhand zu gestalten, da hinterläßt er nicht nur tote Denkmäler, sondern führt darin ein geheimnisvolles Dasein, wie eine verborgene und wohlbehütete Glut, die hell aufflammt, leuchtet und zündet, sobald ein belebender Hauch darüber hinstreicht[9]."

Bibliographie über die Edith-Stein-Forschung

1. Werke Edith Steins

1.1. Einzelne zu Lebzeiten veröffentlichte Schriften

Zum Problem der Einfühlung (Dissertation), Halle 1917, Reprint: Mit einer Einführung von Johannes Baptist Lotz, München (Kaffke) 1980.

Über das Wesen der Bewegung, in: Adolf Reinach, Gesammelte Schriften, Halle (Niemeyer) 1921, 406–461.

Psychische Kausalität, in: Jahrbuch für Philosophie und phänomenologische Forschung Bd. V, 1922, 2–116.[1]

Individuum und Gemeinschaft, in: Jahrbuch für Philosophie und phänomenologische Forschung Bd. V, 1922, 116–283.[2]

Eine Untersuchung über den Staat, in: Jahrbuch für Philosophie und phänomenologische Forschung Bd. VII, 1925, 1–123.[3]

John H. Kardinal Newman, Briefe und Tagebücher 1801–1845. Übertragen von Edith Stein, hrsg. v. Erich Przywara, München (Theatinerverlag) 1928.

Husserls Phänomenologie und die Philosophie des heiligen Thomas von Aquino, in: Jahrbuch für Philosophie und phänomenologische Forschung, Ergänzungsband 1929 (Husserl-Festschrift), 315–338.[4]

Die theoretischen Grundlagen der sozialen Bildungsarbeit, in: Zeit und Schule 27, 1930, 81–85 und 90–93; 159–162 und 167.

Grundlagen der Frauenbildung, in: Stimmen der Zeit 120, 1931, 414–424.

Das Ethos der Frauenberufe, Augsburg (Haas & Grabherr) 1931.

Der Intellekt und die Intellektuellen, in: Das heilige Feuer, 18, 1931, 193–198 und 267–272.

Elisabeth von Thüringen, in: Das Neue Reich 13, 1931, 779–781 (Nr. 37, 13. Juni) und 801–802 (Nr. 38, 20. Juni).

Des heiligen Thomas von Aquino Untersuchungen über die Wahrheit, Bde. 1–2. Mit einer Einleitung von Msgr. Grabmann und einem latei-

1 Nachdruck in: Beiträge zur philosophischen Begründung der Psychologie und der Geisteswissenschaften, Tübingen (Niemeyer) 2. unveränderte Aufl. 1970, 2–116.

2 Ebd., 116–183.

3 Ebd., 285–407.

4 Nachdruck in: Festschrift Edmund Husserl, Tübingen (Niemeyer) 2. unveränderte Aufl. 1974, 315–338.

nisch-deutschen Wörterverzeichnis, worin sie die scholastischen Begriffe in modernem Deutsch wiedergibt. Breslau (Otto Borgmeyer) 1932.

Beruf des Mannes und der Frau nach Natur- und Gnadenordnung, in: Die christliche Frau, 30, 1932, 5–20.

La Phénoménologie, in: Journées d'Études de la Société Thomiste, Paris (Edition du Cerf), 1932, 101–109.

Das Gebet der Kirche, in: Ich lebe und ihr lebet, Paderborn (Bonifatius-Druckerei) 1937, 69–84.

Theresia von Jesus, Konstanz (Canisiusverlag) 1934.

Margareta Redi, Würzburg (Ritaverlag) 1934.

Eine Meisterin der Erziehungs- und Bildungsarbeit: Teresia von Jesus, in: Katholische Frauenbildung im Deutschen Volk 48, 1935, 114–133.

Eine deutsche Frau und große Karmelitin: Mutter Franziska von den unendlichen Verdiensten Jesu Christi OCD, (Katharina Esser) 1804–1866, in: Die in deinem Hause wohnen, hrsg. v. Eugen Lense, (Benziger) Einsiedeln/Köln 1938, 147–163

1.2. Gesamtausgabe der Werke

Das Archivum Carmelitanum Edith Stein in Brüssel hat unter Leitung von Pater Romaeus Leuven OCD und Frau Dr. Lucie Gelber bisher 10 Bände aus dem Nachlaß von Edith Stein veröffentlicht. Bände I–VII erschienen bei Nauwelaerts-Louvain/Herder-Freiburg; Bände VIII–X bei de Maas & Waler Druten/Herder-Freiburg.

Edith Steins Werke, hrsg. v. L. Gelber und Romaeus Leuven:

Band I: Kreuzeswissenschaft. Studie über Joannes a Cruce, 1950, ^{3}1985.

Band II: Endliches und Ewiges Sein, Versuch eines Aufstiegs zum Sinn des Seins, 1950, ^{3}1986.

Band III: Des Hl. Thomas von Aquino Untersuchungen über die Wahrheit. I. Teil: Quaestio 1–13, 1952.

Band IV: Des Hl. Thomas von Aquino Untersuchungen über die Wahrheit. II. Teil: Quaestio 14–29, 1959.

Band V: Die Frau. Ihre Aufgabe nach Natur und Gnade, 1959.

Band VI: Welt und Person. Beitrag zum christlichen Wahrheitsstreben, 1962.

Band VII: Aus dem Leben einer jüdischen Familie. Das Leben Edith Steins: Kindheit und Jugend, 1985. Vollständige Ausgabe.

Band VIII: Selbstbildnis in Briefen, 1. Teil: 1916–1934, 1976.

Band IX: Selbstbildnis in Briefen, 2. Teil: 1934–1942, 1977.

Band X: Romaeus Leuven, Heil im Unheil. Das Leben Edith Steins: Reife und Vollendung, 1983.

Romaeus Leuven, Edith Stein. Mijn Weg naar de Waarheid, 1980. Dieses Buch erschien als unnumerierter Zwischendruck zwischen Band IX und Band X.

1.3. Veröffentlichungen aus dem Nachlaß und Nachdrucke außerhalb der Gesamtausgabe

Diese Werke erschienen in folgenden Verlagen:

a) = Schnell und Steiner München
b) = Herder Freiburg i. Br.
c) = Glock und Lutz Nürnberg
d) = Niemeyer Tübingen
e) = G. Kaffke Aschaffenburg
f) = Kanisius-Verlag Konstanz

a) Frauenbildung und Frauenberufe, München ^{4}1956.

b) Die Frau in Ehe und Beruf. Bildungsfragen heute (Herder Bd. 129), Freiburg ^{2}1963.

c) Mein erstes Göttinger Semester. Mit einem Nachwort und Chronologie (Nürnberger Liebhaberausgaben Bd. 35), Nürnberg 1979.

d) Beiträge zur philosophischen Begründung der Psychologie und der Geisteswissenschaften (Psychische Kausalität; Individuum und Gemeinschaft; Eine Untersuchung über den Staat), Tübingen ^{2}1970.

d) Husserls Phänomenologie und die Philosophie des hl. Thomas von Aquino, in: Festschrift Edmund Husserl. Zum 70. Geburtstag gewidmet, Tübingen ^{2}1974, 315–338.

e) Wege der Gotteserkenntnis. Dionysius der Areopagit und seine symbolische Theologie. Mit einer Einführung von Waltraud Herbstrith und Veronika E. Schmitt, München 1979.

e) Zum Problem der Einfühlung (Dissertation), Reprint München 1980.

e) Wege zur inneren Stille. Gesammelte Schriften. Mit einer Einführung von Waltraud Herbstrith, Aschaffenburg 1987 (Weihnachtsgeheimnis – Das Gebet der Kirche – Wege zur inneren Stille – Sancta Discretio – Der Intellekt und die Intellektuellen – Teresa von Avila – Elisabeth von Thüringen – Geschichte und Geist des Karmels.)

e) Gedichte und Gebete aus dem Nachlaß. Eingeführt von Waltraud Herbstrith (Schriftenreihe zur Meditation Nr. 13), München ^{3}1985.

f) Teresia von Avila, Konstanz ^{4}1965.

1.4. Ausgewählte Texte

Briefe an Hedwig Conrad-Martius, München (Kösel) 1960.

Worte und Briefe. Hrsg. v. Waltraud Herbstrith (Sr. Teresia a Matre Dei OCD), München (Ars Sacra, Otto Müller) 1965.

Briefauslese 1917–1942. Mit einem Dokumentenanhang zu ihrem Tod, hrsg. vom Kloster der Karmelitinnen Maria vom Frieden Köln (Teresia Margareta Drügemöller OCD), Freiburg (Herder) 1967.

Vom Endlichen zum Ewigen. Gedanken für jeden Tag, hrsg. v. Maria Amata Neyer OCD, Kevelaer (Butzon u. Bercker) ^{5}1983.

In der Kraft des Kreuzes, hrsg. v. Waltraud Herbstrith OCD, Freiburg (Herder) ^{3}1987.

Gedichte und Gebete aus dem Nachlaß, hrsg. v. Waltraud Herbstrith OCD (Schriftenreihe zur Meditation Nr. 13), München (Kaffke) ²1981.

1.5. Unveröffentlichte Werke

Archivum Carmelitanum Edith Stein, Brüssel:
Einführung in die Philosophie
Aufbau der menschlichen Person
Theologische Anthropologie
Akt und Potenz
Das mystische Sühneleiden des hl. Johannes vom Kreuz
Letztes Heft aus Köln
Die Hochzeit des Lammes
Ave Crux – Spes unica
Ein ausgewähltes Gefäß der göttlichen Weisheit: Sr. Marie Aimée de Jesus.

1.6. Übersetzungen

1.6.1. In englischer Sprache

The Science of the Cross, transl. by Hilda Graef, (Ed. Regnery) Chicago 1960. (Kreuzeswissenschaft)

On the Problem of Empathy, transl. by Waltraud Stein with a foreword by Erwin Strauss, (Ed. M. Nijhoff) The Hague 1964. (Zum Problem der Einfühlung; Diss.)

Ways to know God, translated by M. Rudolf Allers, in: The Thomist, July 1946. (Wege der Gotteserkenntnis)

1.6.2. In französischer Sprache

La Science de la Croix, trad. par Etienne de S. Marie OCD, (Edit. B. Nauwelaerts) Paris 1957. (Kreuzeswissenschaft)

Etre fini et Etre éternel, trad. par F. Viallet et G. Casella, (Edit. B. Nauwelaerts) Paris 1967. (Endliches und Ewiges Sein)

Le mystère de Noel, trad. par L. et E. Zwiauer, (Ed. de l'Orante) Paris 1955. (Das Weihnachtsgeheimnis)

La prière de l'Eglise, trad. par L. et E. Zwiauer, (Ed. de l'Orante) Paris 1955. (Das Gebet der Kirche)

La femme et sa destinée, trad. par Marie-Laure Rouveyre, (Ed. Amiot-Dumont) 1956. (Frauenbildung und Frauenberufe)

1.6.3. In italienischer Sprache

Sciencia Crucis. Studio su S. Giovanni della Croce, trad. da Edoardo di S. Teresa OCD, (Editrice Ancora) Milano 1960. (Kreuzeswissenschaft)

La scelta di Dio: Lettere 1917–1942, (Città nuova) Roma 1973. (Selbstbildnis in Briefen)

Il misterio di Natale, (Ed. Corsia) Milano 1955. (Das Weihnachtsgeheimnis)

Formazione e vocazione della donna, (Ed. Corsia) Milano 1957. (Frauenbildung und Frauenberufe)

Via della conoscenzia di Dio, eingeleitet und mit Anmerkungen versehen von C. Bettinelli, Padua 1983. (Wege der Gotteserkenntnis; Textauswahl)

1.6.4. In spanischer Sprache

La Scienzia de la Cruz, version por los PP. Carmelitas del Carmelo de Bogogna, (Ed. Dinor S.L.) San Sebastian 1959. (Kreuzeswissenschaft)

Seleccion epistolar 1917–1942, hrsg. v. S. Guerra und F. Brändle, (Logos 19) Madrid 1976. (Briefe; Textauswahl)

1.6.5. In niederländischer Sprache

De wetenschap van het kruis, vert. door Romaeus Leuven OCD, (Uitg. Desclée de Brouwer) Brugge 1958. (Kreuzeswissenschaft)

De Vrouw, vert. door Romaeus Leuven OCD, (Uitg. Desclée de Brouwer) Brugge 1961. (Die Frau)

Mijn jeugd, vert. door Romaeus Leuven OCD, (Uitg. Desclée de Brouwer) Brugge 1967. (Aus dem Leben einer jüdischen Familie)

Het Kerstmysterie, (Uitg. P. Brand, Oasenserie) Bussum 1958. (Das Weihnachtsgeheimnis)

1.6.6. In kroatischer Sprache

Znanost Križa, (Kršćanska Sadašnjost i Hrvatski Karmelićani i Karmelićanke) Zagreb 1983. (Kreuzeswissenschaft)

1.6.7. In polnischer Sprache

Z Własnej Głębi. Listy, z niemieckiego przełozyła S. Immakulata J. Adamska OCD, (Wydawnictwo OO. Karmelitów Bosych) Kraków 1979. (ausgewählte Briefe 1916–1942)

Z Własnej Głębi. Wybór pism duchownych. Pisma różne, z niemieckiego przełozyła S. Immakulata J. Adamska OCD, (Wydawnictwo OO. Karmelitów Bosych) Kraków 1978. (ausgewählte Werke)

Pisma Tom I. Edyta Stein, s. Teresa Benedykta od Krzyża OCD, Autobiografia, (Wydawnictwo OO. Karmelitów Bosych) Kraków 1982. (Aus dem Leben einer jüdischen Familie)

Pisma Tom II. Edyta Stein, s. Teresa Benedykta od Krzyża OCD, Listy 1916–1942; (Wydawnictwo OO. Karmelitów Bosych) Kraków 1982. (Selbstbildnis in Briefen 1916–1942)

Światłość w ciemności. Wybór pism duchownych, Tom I, Autobiografia, z niemieckiego przełozyła S. Immakulata J. Adamska OCD, (Wydawnictwo OO. Karmelitów Bosych) Kraków 1977. (Aus dem Leben einer jüdischen Familie. – Das Leben Edith Steins: Kindheit und Jugend; Auswahl autobiografischer Texte)

Światłość w ciemności. Wybór pism duchownych, Tom II, Wiedza Krzyża – Twierdza duchowa, z niemieckiego przełozyła S. Immakulata J. Adamska OCD, (Wydawnictwo OO. Karmelitów Bosych) Kraków 1977. (Kreuzeswissenschaft; Die Seelenburg)

2. Sekundärliteratur über Edith Stein

2.1. Buchveröffentlichungen

2.1.1. Zu Person und Leben Edith Steins

Bienias, Maria, Begegnung mit Edith Stein, Leipzig 1963.

Böhm, Wilhelmine, Im Schatten von Golgotha – Edith Stein, Reihe Theologie und Leben 56, Freising 1980.

Drügemöller, Teresia Margareta OCD, Edith Stein – Eine Heilige?, München/Köln 1953.

Eckert, Willehad Paul OP, Edith Stein – Der Opfergang einer großen Jüdin und Deutschen, Schriftenreihe der Kölnischen Gesellschaft für Christlich-Jüdische Zusammenarbeit, Heft 3, Juni 1959.

Graef, Hilda, Zeugnis des vernichteten Lebens, Freiburg 1979 (5. Auflage von: Leben unter dem Kreuz).

Herbstrith, Waltraud (Sr. Teresia a Matre Dei OCD), Edith Stein – Auf der Suche nach Gott, Kevelaer ²1965.

– Edith Stein, Reihe Theologie und Leben 12, Freising 1972.

Herbstrith, Waltraud / Linke, Eberhard, Verwandlung durch Meditation – Edith Stein, Frankfurt/M. 1976 (Bildband).

– Edith Stein – Zeichen der Versöhnung. Mit einem Geleitwort von Bischof Georg Moser, München 1979.

– Beten mit Edith Stein, Schriftenreihe zur Meditation Nr. 1, München ³1983.

– Das wahre Gesicht Edith Steins, Aschaffenburg ⁶1987.

– Edith Stein – Bilder des Lebens (Bildband), München ²1982.

– Edith Stein – Neues Lebensbild, Herder Taschenbuch Bd. 1035, Freiburg 1983.

Huning, Alois, Edith Stein und Peter Wust. Von der Philosophie zum Glaubenszeugnis, Münster 1969.

Kawa, Elisabeth, Edith Stein. Die vom Kreuz Gesegnete, Berlin 1953.

Kempner, Robert M. W., Edith Stein und Anne Frank. Zwei von Hunderttausend, Herderbücherei Bd. 308, Freiburg 1968.

Kölner Selig- und Heiligsprechungsprozeß der Dienerin Gottes Sr. Teresia Benedicta a Cruce – Edith Stein, hrsg. v. Sr. Teresia Renata Posselt OCD und Sr. Teresia Margareta Drügemöller OCD, Köln 1962.

Lüthold, Ida, Edith Stein. Ein Leben für die Wahrheit, München 1960.

de Miribel, Elisabeth, Edith Stein, Paris 1954.

Paulus, Martha, Edith Stein. Aus Leben und Werk, München/Zürich 1960.

Pohl, M. Baptista OCD, Edith Stein, Kaldenkirchen 1962.

Posselt, Teresia Renata OCD, Edith Stein, eine große Frau unseres Jahrhunderts, Herderbücherei Bd. 3, Freiburg ⁹1963 (7 Auflagen bei Glock und Lutz, Nürnberg).

Schanz, Johannes, Edith Stein heute, Würzburg 1971.

Schlafke, Jakob, Edith Stein. Dokumente zu ihrem Leben und Sterben, Köln 1980.

Unverzagt, Karl, Edith Stein – Wort und Bild, hrsg. v. Paul Mons, Ramstein 1981 (Bildband).

2.1.2. Zum philosophischen Werk Edith Steins

Bajsic, Aloisius, Der Begriff einer christlichen Philosophie bei Edith Stein, Bozen 1961 (phil. Diss.).
Höflinger, Anton, Das Universalienproblem in Edith Steins Werk Endliches und Ewiges Sein, Freiburg/Schweiz 1968.
Hofmann, Anna, Edith Steins philosophischer Zugang zu Gott in ihrem Werk: Endliches und Ewiges Sein, Würzburg 1977.
Płaszczyński, Ireneusz, Motivation der Glaubensentscheidung bei Edith Stein, Vallendar 1982/83 (Diplomarbeit).
Ruf, J., Das Abbild der Dreifaltigkeit in der Schöpfung in Edith Steins Buch: Endliches und Ewiges Sein, Augsburg 1974 (phil. Diss.).
Salmen, Josef SVD, Das Personverständnis bei Edith Stein, Rom 1978 (phil. Diss.).

2.2. Einzelbeiträge in Zeitschriften und Sammelveröffentlichungen

2.2.1. Zu Person und Leben Edith Steins

Bald Seligsprechung Edith Steins?, in: prisma der frau, Zeitschrift für kath. Frauen, 63, 1980, 53.
Bienias, Maria, Das Lebensopfer der schlesischen Konvertitin Edith Stein im Karmel und in Auschwitz, in: Schlesisches Priesterjahrbuch, Bd. III, 1961, 69–101.
Buchmüller, Maria, Edith Stein. Weg und Sendung, in: Erbe und Auftrag, Benediktinische Monatsschrift, 38, 1962, 41–52.
Eckert, Willehad Paul OP, Edith Steins Versöhnungsopfer, in: Kontakt, Freundesgabe der deutschen Dominikaner der Teutonia, Köln, Heft 8, 1981, 33–35.
Eichmann-Leutenegger, Beatrice, Eine weniger bekannte Edith Stein, in: Orientierung, Zürich, 45, 1981, 176–178.
– Edith Stein – Leuchtschrift und Sternverdunkelung, in: Neue Zürcher Zeitung, Okt. 1981, 68.
– Komm wir gehen für unser Volk, in: Weltbild, hrsg. im Auftrag der dt. Bischöfe, Nr. 23, Nov. 1981, 36–38.
Edith Stein zum Gedächtnis, in: Herder-Korrespondenz, 6, 1952, 532–534.
Feuling, Daniel OSB, Edith Stein, in: Die Frau in Ehe und Beruf, Bildungsfragen heute (Herderbücherei Bd. 129), Freiburg ²1963, 162–165.
Frings, Josef Kardinal, Selig- und Heiligsprechungsprozeß. Edith Stein, in: Schlesisches Priesterjahrbuch, 1964, 162–164.
Frommherz, Uta, Edith Stein. Jüdin, Philosophin, Karmelitin, in: Reformatio, Zeitschrift für ev. Kultur und Politik, Zürich, 18, 1969, 76–90.
Gelber, Lucie, Edith Stein. Theresia Benedicta a Cruce, in: Tijdschrift voor Philosophie, Louvain, 30, 1950, 129–149.

Gerstner, Hermann, Das heilige Siebengestirn. Edith Stein, München 1974.

Gordan, Paulus OSB, Edith Stein zum Gedächtnis, in: Erbe und Auftrag, 38, 1962, 97–100.

Grohmann, Johannes, Um des Judentums willen gestorben. Der Lebensweg der Philosophin und Karmelitin Edith Stein, in: Freiheit und Recht, Zentralorgan der Widerstandskämpfer und Verfolgtenverbände, 9, 1963, 16–20.

Hartmann, Norbert, Edith Stein, in: Geist und Geistesgaben, hrsg. v. Anton Rotzetter (Seminar für Spiritualität 2), Zürich 1980, 201–224.

Hauke, M. Johanna OCD, Hic et nunc. Edith Stein – Symbol der Zukunft, in: Ordensnachrichten, Wien 20, 1981, 238–257.

Herbstrith, Waltraud OCD, Edith Stein. Ein Mensch unserer Zeit, in: Christliche Innerlichkeit, Wien 1962, 56–67.

– Edith Stein. Zum 30. Jahrestag ihrer Einkleidung, in: Geist und Leben, 37, 1964, 64–67.

– Das Urbild wahren Frauentums, in: Rosenkranz, hrsg. v. der Provinz der Pallottiner, Limburg 71, 1964, 318.

– Gott ruft uns nicht, damit wir schlafen. Zum 80. Geburtstag Edith Steins, in: Christ in der Gegenwart, 23, 1971, 325–326.

– Edith Stein und ihre Beziehung zum benediktinischen Mönchtum, in: Regula Benedicti Studia, hrsg. v. Bernd Jaspert u. Eugène Manning, Bd. 3/4, Hildesheim 1974/75, 101–112.

– Edith Stein. Ihr Beitrag zu Frieden und Versöhnung, in: Die christliche Frau, Köln, 64, 1975, 144–154.

– Edith Stein, in: Große Deutsche aus Schlesien, hrsg. v. Herbert Hupka, München [2]1975, 312–320.

– Edith Stein, in: Zeitgeschichte in Lebensbildern, hrsg. v. R. Morsey, Bd. II, Aus dem Deutschen Katholizismus des 20. Jahrhunderts, Mainz 1975, 25–36.

– Mit Christus am Kreuz gestorben – 35. Todestag Edith Steins, in: KNA – Katholische Korrespondenz, Bonn, 30, 1977, 2–3.

– Edith Steins Weg als ökumenisches Zeugnis, in: Christ in der Gegenwart, 29, 1977, 261–262.

– Edith Stein – Was ist Wahrheit?, in: Leben das sich lohnt, Trilogie: Teresa von Avila – Therese von Lisieux – Edith Stein, Frankfurt/M. 1977, 303–446.

– Weg in die Tiefe – Edith Stein, in: Dasein für andere. Geistliche Berufung heute, Frankfurt/M. 1977, 76–85.

– Edith Stein. Meilensteine ihres Lebens, in: Heute, Zeitschrift Vinzentinischer Gemeinschaften, Fulda 11, 1979, 32–35.

– Wie erfahre ich Gott – Neugründung des Edith-Stein-Karmel, in: Christ in der Gegenwart, 31, 1979, 76.

– Recht, Wirklichkeit, Sein. Zur Rolle der Frau in Welt und Kirche. Gedanken von Edith Stein, in: Christ in der Gegenwart, 32, 1980, 221–222.

– Edith Stein und das Judentum, in: Christ in der Gegenwart, 32, 1980, 357–358.
– Die erlösende Kraft des Kreuzes – Edith Stein, in: Gelebte Nachfolge. Wortgottesdienste, hrsg. v. Bischöfl. Ordinariat, Rottenburg 1980, 27–30.
– Edith Stein, in: Verweilen vor Gott, Freiburg [4]1980, 93–106.
– Edith Stein – Die Wahrheit suchen, Gott finden und die Menschen, in: Deutsche Glaubenszeugen. Zum Besuch des Papstes, hrsg. v. Emil Spath, Freiburg 1980, 94–100.
– Das Zeugnis Edith Steins, in: Von Gottes Barmherzigkeit und der Gerechtigkeit der Menschen II, hrsg. v. d. Reinhold-Schneider-Stiftung Hamburg, Heft 16, 1981, 13–16.
– Edith Stein – eine Frauengestalt für unsere Zeit, in: Gemeinde aktuell. Gemeindezeitung der Kath. Kirchengemeinde St. Johannes in Leonberg, Nr. 5, Nov. 1981.
– Zum 40. Todestag Edith Steins, in: Treffpunkt, Kontaktblatt des teresianischen Karmels in Deutschland, 12, 1982, 135–138.
– Glaube in der Bewährung, Edith Stein, in: Kehrt um und glaubt – erneuert die Welt. 87. Dt. Katholikentag, Düsseldorf 1982. Die Vortragsreihen: Fragen zur Zeitgeschichte nach 1945 – Gestalten des Glaubens – Zeugen des Glaubens, Paderborn 1982, 43–52.
Hilberling, Brigitte, Edith Stein, in: Hochland, 42, 1949, 91–94.
Hillig, Franz, Edith Stein, in: Stimmen der Zeit, 145, 1949/50, 33–38.
Hirschmann, Johannes SJ, Schwester Teresia Benedicta vom Hl. Kreuz, in: Hirschberg, 34, 1981, 124–126.
Jaegerschmid, Adelgundis OSB, Edith Stein, ein Lebensbild, in: Intern. Kathol. Zeitschrift Communio, 10, 1981, 465–478.
Karmel Tübingen, Tübingen, in: Karmel in Deutschland. Information - Reflexion, hrsg. v. Ulrich Dobhan OCD und Veronika E. Schmitt OCD, München 1981, 105–107.
Lauer, Nikolaus, Lebendige Liebesflamme. Edith Stein zum Zeugnis, in: Pilgerkalender 1972, 23–39.
Leber, Annedore, Edith Stein, in: Das Gewissen steht auf, Bd. 2: Das Gewissen entscheidet. Lebensbilder aus dem deutschen Widerstand, Berlin – Frankfurt/M. 1957.
Leuven, Romaeus OCD, Edith Stein, in: Ephemerides Carmeliticae, Teresianum Rom, 19, 1968, 237–281.
Liebrecht, Hans, Eine große Schlesierin unserer Zeit. Zum 60. Geburtstag Edith Steins, in: Christ unterwegs, München, 5, 1951, Nr. 10, 3–8 u. Nr. 11, 5–10.
Neyer, Maria Amata OCD, Edith Stein. Eine Heilige für unsere Zeit; Artikel in Fortsetzungen, in: Christliche Innerlichkeit, Zeitschrift für Gebet und gelebtes Christentum, Wien, 7/6, 1972, 15–24; 8/1, 1972, 6–19; 8/5, 1973, 38–53; Edith Stein als Kontemplative: 9/1, 1973, 47–54; 9/6, 1974, 44–53.

– Edith Stein – eine ökumenische Gestalt, in: Jetzt, Wien, 6, 1973, 18–19.
– Edith Stein – die Schlesierin, in: Heimatbrief der Katholiken des Erzbistums Breslau, 3, 1976, 8.
– Die Philosophin und die Kinder, in: Christliche Innerlichkeit, Wien, 14/6, 1979, 273–284.
– Edith Stein und ihre Begegnung mit einzelnen Priesterpersönlichkeiten, in: Pax-Korrespondenz Köln, 2, 1982, 2–6.
– Edith Stein und die Liturgie; Artikel in Fortsetzungen, in: Christliche Innerlichkeit, Wien, 18/2, 1983, 74–82.

Niebler, Else, Edith Stein. Ein Leben im Zeichen der Versöhnung, in: aktuelle informationen, hrsg. v. d. Abteilung für Öffentlichkeitsarbeit im Bischöflichen Ordinariat Mainz, Nr. 24, 1982.

Nigg, Walter, Edith Stein spricht: Dies ist die Wahrheit, in: Vom beispielhaften Leben, Olten/Freiburg ²1976, 225–243.

Nota, Jan H. SJ, Schwester Benedicta vom Kreuz – Edith Stein. Philosophin, Karmelitin, Märtyrin. Manuskript der Vorträge im Kathol. Bildungswerk Bonn, hrsg. v. Kathol. Bildungswerk Bonn 1967.
– Edith Stein und der Entwurf für eine Enzyklika gegen Rassismus und Antisemitismus, in: Freiburger Rundbriefe, Beiträge zur christlich-jüdischen Begegnung, 26, 1974, 35–41. Sowie in: Internationale Kathol. Zeitschrift Communio, 5, 1976, 154–166.

Posselt, Teresia Renata OCD, Edith Stein, in: Gesetz und Geheimnis, Köln 1959, 162–166.

Przywara, Erich SJ, Edith Stein. Zu ihrem 10. Todestag, in: E. Przywara, In und Gegen, Nürnberg 1955, 61–67; sowie in: Die Besinnung, 7, 1952, 238–242.
– Die Frage Edith Stein, in: E. Przywara, In und Gegen, Nürnberg 1955, 67–73.

Repges, Walter, Vor 40 Jahren starb Edith Stein, in: Renovatio 38, 1982, 178–184.

Rossi, G., Menschen begegnen Christus. Aus dem Leben moderner Karmeliten, Luzern ²1952, 131–147.

Rozumek, Angela, Edith Stein. Zum Gedächtnis ihres Todes vor 25 Jahren, in: Freiburger Rundbriefe 14, 1967, 63–68.

Scherer, Alice, Edith Stein, in: Frauen im Umbruch der Zeit, Reihe Theologie und Leben 37, Freising 1976, 79–87.

Schmidbauer, Robert, Edith Stein, in: Zeugen der Wahrheit, hrsg. v. Waltraud Herbstrith OCD, München 1980, 131–136.

Schmitt, Veronika Elisabeth OCD, Gebet als Lebensprozeß. Teresa von Avila – Edith Stein, München 1982, 71–112.

Schneider, Reinhold, Die Sendung der Edith Stein, in: Christ in der Gegenwart, 1, 1949, hier zit. nach: Von Gottes Barmherzigkeit und der Gerechtigkeit der Menschen II, Reinhold-Schneider-Stiftung Hamburg, Heft 16, 1981, 9–12.

Scholz, Susanne, Edith Stein. Festreden zur Schuleinweihung, in: Unser Bocholt, Heft 4, 1957, 19–23.
Schömig, Richard, Edith Stein, Gestalt und Werk, in: Katholische Bildung, 81, 1980, 385–403.
Wust, Peter, Edith Stein, in: P. Wust, Briefe an Freunde, hrsg. v. Wilhelm Vernekohl, Münster 1955, 93–99.

2.2.2. Zum philosophischen Werk Edith Steins

Brunner, August, Edith Steins geistige Gestalt, in: Stimmen der Zeit 178, 1966, 300–303.
Dempf, Alois, Endliches und Ewiges Sein, in: Philosophisches Jahrbuch 62, 1953, 201–204.
Ingarden, Roman, Über die philosophischen Forschungen Edith Steins, in: Znak, Krakau, 23, 1971, 389–409; sowie in: Freiburger Zeitschrift für Philosophie und Theologie 26, 1979, 456–480.
Jaegerschmid, Adelgundis OSB, Gespräche mit Edmund Husserl 1931–1936, in: Stimmen der Zeit 199, 1981, 48–58.
– Die letzten Jahre Edmund Husserls 1936–1938, in: Stimmen der Zeit 199, 1981, 129–138.
Herbstrith, Waltraud OCD, Edith Stein, in: Große Gestalten christlicher Spiritualität, hrsg. v. J. Sudbrack und J. Walsh, Würzburg 1969, 385–404.
– Edith Stein und Thomas von Aquin. Zum 700. Todestag des hl. Thomas von Aquin, in: Wort und Antwort 15, 1974, 181–186.
– Weg und Zeugnis der Karmelitin Edith Stein (1891–1942), in: Archiv für schlesische Kirchengeschichte Bd. 41, hrsg. v. Joachim Köhler, Hildesheim 1983, 97–121.
v. Hippel, E., Edith Stein, Untersuchungen über den Staat, in: Die Kirche in der Welt 9, 1957, 53–58.
Rombach, Heinrich, Edith Stein – Christliche Philosophie unserer Zeit, in: Anzeiger für die katholische Geistlichkeit 59, 1950, 80–81.
Sladeczek, Franz M., Das Verhältnis der Intentionalität zum Gegenstande im Anschluß an Edith Stein als Voraussetzung der Erfassung der objektiven Wahrheit, in: Philosophisches Jahrbuch 80, 1973, 320–338.

2.2.3. Rezensionen

Zu: Endliches und Ewiges Sein

Coreth, E., in: Zeitschrift für Katholische Theologie, Wien, 75, 1953, 110–112.

2.2.4. Film- und Rundfunksendungen

Edith Stein – Stationen eines ungewöhnlichen Lebens. Film von Karlhans Reuss und Ulrich Dobschütz 1982, Süddeutscher Rundfunk Stuttgart, Abteilung Fernsehen.

Biolek, Josef, Endliches und Ewiges Sein. Leben und Werk der Edith Stein, Manuskript einer Sendung des Südwestfunks Baden-Baden vom 20. 1. 1980, Redaktion: Jürgen Hoeren.

Ketteler, Paul, Sehnsucht nach der Wahrheit – Ein Lebensbild über Edith Stein. Sendung im Deutschlandfunk vom 10. 7. 1982, Manuskript des Deutschlandfunks.

Herbstrith, Waltraud, Edith Stein, Zum 40. Todestag Edith Steins am 9. 8. 1982. Sendung im Süddeutschen Rundfunk Stuttgart vom 8. 8. 1982.

Dana Horakova, Tod Nummer 44 074. Edith Stein 1891–1942. Manuskript eines Hörspiels des Bayerischen Rundfunks München vom 1. 11. 1982. Redaktion: Angela Sussdorff.

2.3. Ausländische Veröffentlichungen

2.3.1. In englischer Sprache

Braybrooke, Neville, Edith Stein und Simone Weil, in: Hibbert Journal, Quartalzeitschrift für Religion, Philosophie und Theologie, London, Bde. 64, 65, 66; Nr. 253, 75–80.

– The called and the chosen: a comparative study of Edith Stein and Simone Weil, in: Religion and Life, New York, 28, 1958/59, 98–103.

Collin, James, Edith Stein, in: The Advance of Phenomenology Thought, New York, 17, 1942, n. 67.

Hanley, Boniface OFM, The Slaughter of an Innocent, in: The Antonian, hrsg. v. The Franciscans, Paterson, New Jersey 1979.

Herbstrith, Waltraud OCD, The Way of the Cross – Edith Stein, (Das wahre Gesicht Edith Steins), hrsg. v. Lee Marill, Frankfurt/M. 1974.

– From Atheism to Sanctity – Edith Stein, in: Carmel, Zeitschrift der Unbeschuhten Karmeliten, Dublin 1976, 8–9.

Österreicher, John M., Edith Stein, in: Walls are crumbling. Seven jewish philosphers discover Christ: Bergson, Husserl, Renio, Picard, Scheler, Candslay, E. Stein, London 1953, 288–329.

Rezensionen

zu: Endliches und Ewiges Sein

Allers, R., in: The New Scholasticismus, Washington, 26, 1952, 480–485.

– in: The New Scholasticismus, Washington, 32, 1958, 132–133.

Kaufmann, F., in: Philosophy and phenomenological Research, Buffalo, 12, 1952, 572–577.

Klubertanz, G. P., in: The modern Schoolman, St. Louis/Missouri, 39, 1961/62, 420.

zu: Kreuzeswissenschaft

Klubertanz, G. P., in: The modern Schoolman, St. Louis/Missouri, 28, 1951, 308.

zu: Die Frau
Sr. Marie Caterine, in: The New Scholasticismus, Washington, 37, 1963, 94–97.

2.3.2. In französischer Sprache

Textauswahl: La puissance de la Croix, hrsg. v. Waltraud Herbstrith OCD und Martin Battmann, Paris 1982 (Übersetzung von: In der Kraft des Kreuzes).
Barukinamwo, Matthieu, Edith Stein. Pour une ontologie dynamique, ouverte à la transcendance totale. Verlag P. Lang Frankfurt/M. 1982 (European University Studies).
Bordeaux, Henri, La vie pathétique d'Edith Stein, Méditations, Paris 1955.
Dubois, Marcel J., L'itineraire philosophique et spirituel d'Edith Stein, in: Révue Thomiste, Toulouse, 73, 1973, 181–216.
Guilead, Reuben, De la Phénomenologie à la science de la croix. L'itineraire d'Edith Stein, Editions Nauwelaerts, Louvain und B. Nauwelaerts, Paris 1974.
de Fabrègues, Jean, La Conversion d'Edith Stein, Patronne de l'Existentialisme, Paris 1963.
La Font, Dom Ghislain, Edith Stein ou le mystique et son peuple, in: Témoignages, Paris (Saint-Léger-Vauban), 52, 1955, 412–421.
Edith Stein, in: Les Etudes philosophiques, hrsg. v. G. Berger, Paris (mit Beiträgen von: André A. Dévaux, Paulus Lenz-Médoc und Erich Przywara), 1956, Nr. 3, 405–472.

Rezension

zu: Endliches und Ewiges Sein
Héring, J., in: Révue d'Histoire de l'Église de France, Paris, 32, 1952, 157–159.

2.3.3. In italienischer Sprache

Alvarez, Tomas OCD, Una filosofa ebreo-tedesca: Edith Stein, in: Fuoco da Avila; Il „Castello interiore" di S. Teresa compie 400 anni: 1577–1977, Nr. 7/8, 1977 de „Il Messaggero del S. Bambino Gesù di Praga", Arenzo, S. 34.
Bortone, Emilio SJ, Suor Teresa Benedetta della Croce – Edith Stein, Postulazione Generale OCD, Roma 1976.
D'A, Atanagora OCD, La chiesa in un membro vivo d'Israele. Edith Stein, in: Ephemerides Carmeliticae, Rom, 17, 1966, 441–476.
Di Muzio, Luigi Carlo OCD, Edith Stein. La verità e il calvario, in: „Il Messaggero del S. Bambino Gesù di Praga", in collaborazione con la Postulazione Generale dei Padri Carmelitani Scalzi, Arenzano, Nr. 4, 1980.
Galofaro, Jole, Dalla cattedra al Lager – Edith Stein, Postulazione Generale OCD, Roma 1959.

Gli Sritti della Serva di Dio Edith Stein, Studio Ufficiale dei due Teologi censori della S. Congregatione per le Cause dei Sancti, Postulazione Generale OCD, Roma 1977.

Mangiagalli, Maurizio, Gli Intelletuali e la Guida della società politica in un saggio di Edith Stein, in: Valori – Diritti – Norme, hrsg. v. Josef Motal, Salzburger Hochschulwochen, Milano 1978.

Tomas, Simeone OCD, Edith Stein: Nota bibliografica, in: Rivista di vita spirituale, Roma, 28, 1974, 359–370.

2.3.4. In spanischer Sprache

Brockhusen, Gerda, Espiritualidad en Alemania: Corrientes modernas – Edith Stein, Madrid 1968.

Herbstrith, Waltraud OCD, Tragico destino de una mujer fuerte – Edith Stein, in: Mujeres de siglo XX, Madrid 1978, 27–50.

– Tragico destino de una mujer fuerte. Edith Stein 1891–1981, in: Revista de Espiritualidad, Madrid, 148, 1978, 365–388.

Sainz, Celia Lopez, Edith Stein, Bilbao 1965.

2.3.5. In niederländischer Sprache

Als een brandende toorts – Documentaire Getuigenissen over Dr. Edith Stein en medeslachtoffers, hrsg. von Freunden von Edith Stein, Echt 1967.

Rezensionen

zu: Endliches und Ewiges Sein

Nota, Jan H., in: Kathiliek Culturell Tijdschrift, Amsterdam, 6, 1952/53, 183–184.

– in: Tijdschrift voor Filosofie, Leuven, 23, 1961, 343–344.

2.3.6. In polnischer Sprache

Adamska, S. Immakulata J. OCD, Prawda o Miłości, Edyta Stein, (Wydawnictwo Apostolatwa Modlitwy) Kraków 1973. (Biografie über Edith Stein)

– O nocy któraś prowadziła, Kraków 1973.

Anmerkungen

Vorwort zur fünften Auflage

1 Sondermarke Edith Stein, in: Deutsche Tagespost, Nr. 9, S. 6, 21/22. Jan. 1983

Zum Geleit

1 Edith Stein, Selbstbildnis in Briefen, 2. Teil 1934–1942, Edith Steins Werke Bd. IX, De Maas und Waler, Druten-Herder, Freiburg–Basel–Wien 1977, Brief 260, S. 103 (im folgenden abgekürzt: E. Stein, Briefe II)

2 Jan H. Nota SJ, Edith Stein und der Entwurf für eine Enzyklika gegen Rassismus und Atheismus, Freiburger Rundbrief, Beiträge zur christlich-jüdischen Begegnung, XXVI. Folge,1974, Nr. 97/100 (erschien auch in: Internationale Kathol. Zeitschrift Communio, Köln, 5, 1976, S. 154–166)

3 Waltraud Herbstrith, Zum 40. Todestag Edith Steins, in: Treffpunkt, Kontaktblatt des Teresianischen Karmel in Deutschland, 12. Jg, Nr. 5, Okt. 1982, S. 135–138

Einführung zur vierten Auflage 1980

1 W. Herbstrith, Bilder des Lebens – Edith Stein, ²Kaffke 1982, S. 82

I Kindheit und Glaubensverlust

1 Edith Stein, Aus dem Leben einer jüdischen Familie. Kindheit und Jugend, Edith Steins Werke Bd. VII, Nauwelaerts-Louvain/Herder-Freiburg 1965, S. 41 (im folgenden abgekürzt: E. Stein, Jüdische Familie)

2 Teresia Renata Posselt, Edith Stein. Eine große Frau unseres Jahrhunderts, Herder Freiburg–Basel–Wien ⁹1963, S. 10 (im folgenden abgekürzt: Posselt)

3 E. Stein, Jüdische Familie, S. 43

4 Ebd., S. 42

5 Ebd., S. 43

6 Ebd., S. 86

7 Ebd., S. 44

8 Ebd., S. 47

9 Ebd., S. 35

10 Ebd., S. 44

11 Posselt, S. 14

12 Ebd., S. 14

13 Ebd., S. 14

14 E. Stein, Jüdische Familie, S. 97

15 Posselt, S. 15

16 Ebd., S. 15
17 Ebd., S. 15
18 Edith-Stein-Archiv, Karmel Köln
19 E. Stein, Jüdische Familie, S. 36/37
20 Ebd., S. 94
21 Ebd., S. 114

II Von der Psychologie zur Philosophie

1 E. Stein, Jüdische Familie, S. 146 und 123
2 Ebd., S. 150
3 Ebd., S. 123 und 147
4 Possselt, S. 16
5 E. Stein, Jüdische Familie, S. 149
6 Ebd., S. 146
7 Ebd., S. 130
8 Ebd., S. 130
9 Ebd., S. 165
10 Edith-Stein-Archiv, Karmel Köln
11 Edith Stein, Endliches und Ewiges Sein. Versuch eines Aufstiegs zum Sinn des Seins, Edith Steins Werke Bd. II, Nauwelaerts-Louvain/Herder-Freiburg 1962, S. 6 (im folgenden abgekürzt: E. Stein, Endliches und Ewiges Sein)
12 E. Stein, Jüdische Familie, S. 174
13 Edmund Husserl, Logische Untersuchungen, Bd. I, Verlag Niemeyer, Halle 1913, S. 12
14 Hedwig Conrad-Martius, in: Edith Stein, Briefe an Hedwig Conrad-Martius, Kösel-Verlag, München 1960, S. 62–65 (im folgenden abgekürzt: Hedwig Conrad–Martius, in: E. Stein, Briefe an H. Conrad-Martius)
15 E. Stein, Jüdische Familie, S. 125, 126 und 127
16 Edith Stein, Zum Problem der Einfühlung, Inaugural-Dissertation, Halle 1917, Reprint Kaffke, München 1980, S. 129 (im folgenden abgekürzt: E. Stein, Einfühlung)
17 E. Stein, Jüdische Familie, S. 190
18 Ebd., S. 191

III Was ist Wahrheit?

1 E. Stein, Jüdische Familie, S. 174
2 E. Stein, Endliches und Ewiges Sein, S. 16 und 17
3 E. Stein, Jüdische Familie, S. 182
4 Erich Przywara SJ, Edith Stein, in: In und Gegen, Verlag Glock und Lutz, Nürnberg 1955, S. 49 (im folgenden abgekürzt: E. Przywara, Edith Stein)
5 Posselt, S. 47
6 E. Stein, Jüdische Familie, S. 183

7 Ebd., S. 142
8 E. Stein, Einfühlung, S. 130
9 E. Stein, Jüdische Familie, S. 183
10 Ebd., S. 195
11 Ebd., S. 173
12 Ebd., S. 197/198
13 Ebd., S. 201
14 Ebd., S. 183
15 Ebd., S. 214
16 Edith-Stein-Archiv, Karmel Köln
17 E. Stein, Jüdische Familie, S. 250
18 Edith-Stein-Archiv, Karmel Köln
19 E. Stein, Jüdische Familie, S. 154

IV Assistentin Husserls

1 Posselt, S. 49
2 E. Stein, Endliches und Ewiges Sein, S. 109
3 E. Stein, Jüdische Familie, S. 161
4 Edith Stein, Selbstbildnis in Briefen, 1. Teil 1916–1934, Edith Steins Werke Bd. VIII, De Maas und Waler, Druten-Herder, Freiburg–Basel–Wien 1976, Brief 24, S. 35–36 (im folgenden abgekürzt: E. Stein, Briefe I)
5 Posselt, S. 55
6 Edith Stein, Psychische Kausalität, Beiträge zur philosophischen Begründung der Psychologie und der Geisteswissenschaften, in: Jahrbuch für Philosophie und phänomenologische Forschung, Bd. V, Niemeyer, Halle 1922, 2. unveränderte Auflage Tübingen 1970, S. 43
7 Ebd., S. 76
8 Ebd., S. 43/44
9 Ebd., S. 44
10 Ebd., S. 210
11 E. Stein, Jüdische Familie, S. 282

V Taufe

1 Hedwig Conrad-Martius, in: E. Stein, Briefe an Hedwig Conrad-Martius, S. 65 und 72
2 E. Stein, Die Seelenburg, in: Welt und Person, Beitrag zum christlichen Wahrheitsstreben, Edith Steins Werke Bd. VI, Nauwelaerts-Louvain/Herder-Freiburg 1962, S. 66 (im folgenden abgekürzt: E. Stein, Welt und Person)
3 Ebd., S. 67
4 Teresa von Avila, Das Leben der hl. Theresia von Jesus, Kösel Verlag, München–Kempten 1952, S. 92, 93, 96 und 97 (im folgenden abgekürzt: Teresa v. Avila, Leben)
5 Ebd., S. 107

6 Ebd., S. 113
7 Ebd., S. 145
8 Ebd., S. 166
9 Ebd., 175/176
10 Ebd., S. 198
11 Edith-Stein-Archiv, Karmel Köln
12 Ebd.
13 Maria Bienias, Begegnung mit Edith Stein, Leipzig 1963, S. 34
14 Edith-Stein-Archiv, Karmel Köln
15 Posselt, S. 100
16 Ebd., S. 57
17 Ebd., S. 57
18 Ebd. S. 58
19 Teresa v. Avila, Leben, S. 413

VI Lehrerin in Speyer

1 E. Stein, Briefe I, Brief 45, S. 54
2 Posselt, S. 59
3 E. Stein, Briefe I, Brief 123, S. 119/120
4 Posselt, S. 61
5 Ebd., S. 63
6 Ebd., S. 63
7 Ebd., S. 63
8 E. Przywara, Edith Stein, S. 24
9 Posselt, S. 59
10 Ebd., S. 61
11 Edith-Stein-Archiv, Karmel Köln

VII Begegnung mit Thomas von Aquin

1 E. Stein, Briefe I, Brief 45, S. 54
2 Ebd., S. 54
3 Edith Stein, Des hl. Thomas von Aquino Untersuchungen über die Wahrheit (Quaestiones Disputatae de Veritate) Übersetzung, Edith Steins Werke Bd. III und IV, Nauwelaerts-Louvain/Herder-Freiburg 1. Teil 1952, S. 7 (im folgenden abgekürzt: E. Stein, Thomas von Aquin)
4 Edith Stein, Husserls Phänomenologie und die Philosophie des hl. Thomas von Aquino, Ergänzungsband zum Jahrbuch für Philosophie und phänomenologische Forschung, Verlag Niemeyer, Halle 1929, 2. unveränderte Auflage Tübingen 1974, S. 324 (im folgenden abgekürzt: E. Stein, Husserls Phänomenologie)
5 Peter Wust, Briefe an Freunde, hrsg. v. W. Vernekohl, Regensberg-Verlag, Münster 1955, S. 97
6 E. Stein, Thomas von Aquin, 1. Teil, S. 268
7 Ebd., 2. Teil, S. 199/200
8 E. Stein, Husserls Phänomenologie, S. 316

VIII Kraft des Betens

1 E. Stein, Briefe I, Brief 69, S. 71; Brief 45, S. 55
2 Kölner Selig- und Heiligsprechungsprozeß der Dienerin Gottes Sr. Teresia Benedicta a Cruce – Edith Stein, hrsg. v. Teresia Renata Posselt OCD u. Teresia Margareta Drügemöller OCD, Köln 1962, S. 85 (im folgenden abgekürzt: Kölner Selig- u. Heiligsprechungsprozeß)
3 Posselt, S. 69
4 Raphael Walzer, Edith-Stein-Archiv, Karmel Köln
5 Posselt, S. 74
6 Edith-Stein-Archiv, Karmel Köln
7 Ebd.
8 Ebd.
9 Ebd.
10 Ebd.
11 Ebd.
12 Ebd.
13 Ebd.

IX Vorträge für die berufstätige Frau

1 Edith Stein, Die Frau. Ihre Aufgabe nach Natur und Gnade. Beiträge zur Mädchen- und Frauenbildung 1922–1932, Edith Steins Werke Bd. V, Nauwelaerts-Louvain/Herder-Freiburg 1959, S. 205 (im folgenden abgekürzt: E. Stein, Die Frau)
2 Maria Wilkens, Erinnerungen an Edith Stein, in: Katholische Frauenbildung, 63. Jg. 1962, Heft 12, S. 841/842 (im folgenden abgekürzt: M. Wilkens, Erinnerungen)
3 E. Przywara, Edith Stein, S. 64
4 Edith Stein, Frauenbildung und Frauenberufe, Sammlung von Beiträgen seit 1930, Verlag Schnell und Steiner, München 4. Aufl. 1956, S. 13 (im folgenden abgekürzt: E. Stein, Frauenbildung)
5 Edith Stein, Notzeit und Bildung, Vortrag in Essen 1932
6 E. Stein, Die Frau, S. 86
7 Ebd., S. 71
8 Edith Stein, Wege zur inneren Stille. Gesammelte Schriften, bearbeitet v. W. Herbstrith, Kaffke Verlag, Aschaffenburg 1987, S. 48 (im folgenden abgekürzt: E. Stein, Wege zur inneren Stille)
9 E. Stein, Die Frau, S. 217

X Dozentin in Münster

1 E. Stein, Briefe I, Brief 74, S. 75
2 Ebd., Brief 87, S. 85
3 Ebd., Brief 83, S. 82
4 Ebd., Brief 95, S. 92
5 Bericht von Prof. Schulemann, Edith-Stein-Archiv, Karmel Köln
6 E. Stein, Briefe I, Brief 89, S. 86/87

7 Posselt, S. 83
8 M. Wilkens, Erinnerungen, S. 840/841
9 E. Stein, Briefe I, Brief 116, S. 111
10 Posselt, S. 87
11 Ebd., S. 89
12 Ebd., S. 81
13 Bericht von Frau Renand, Edith-Stein-Archiv, Karmel Köln
14 E. Stein, Briefe I, Brief 116, S. 110/111
15 Ebd., Brief 135, S. 131/132
16 Ebd., Brief 126, S. 123
17 Posselt, S. 91/92
18 E. Stein, Briefe I, Brief 126, S. 123, und Brief 139, S. 135
19 Ebd., Brief 126, S. 123
20 Ebd., Brief 117, S. 112

XI Judenverfolgung

1 E. Stein, Briefe I, Brief 52, S. 60
2 Posselt, S. 90
3 Edith-Stein-Archiv, Karmel Köln
4 Ebd.
5 E. Stein, Briefe I, Brief 130, S. 126, und Brief 133, S. 129
6 E. Stein, Briefe I, Brief 130, S. 126
7 Ebd., Brief 133, S. 129
8 Posselt, S. 97
9 Ebd., S. 98
10 Ebd., S. 100
11 Ebd., S. 100
12 Ebd., S. 101
13 E. Stein, Briefe I, Brief 143, S. 139
14 Ebd., Brief 146, S. 143
15 Posselt, S. 106
16 Ebd., S. 108
17 Ebd., S. 107
18 Ebd., S. 108
19 Ebd., S. 109

XII Eintritt in den Kölner Karmel

1 Posselt, S. 125
2 E. Stein, Briefe I, Brief 137, S. 133
3 Ebd., Brief 147, S. 144
4 Edith Stein, Eine deutsche Frau und große Karmelitin: Mutter Franziska von den unendlichen Verdiensten Jesu Christi OCD, (Katharina Esser) 1804–1866, in: Die in Deinem Hause wohnen, hrsg. v. P. Eugen Lense, Verlag Benziger, Einsiedeln/Köln 1938, S. 157
5 Posselt, S. 112/113

6 E. Stein, Briefe I, Brief 159, S. 155
7 Bericht von Sr. Electa, Edith-Stein-Archiv, Karmel Köln
8 Edith Stein, Eine Meisterin der Erziehungs- und Bildungsarbeit: Teresia von Jesus, in: Katholische Frauenbildung im deutschen Volk, 48. Jg. Februar 1935, S. 122/123 (im folgenden abgekürzt: E. Stein, Eine Meisterin der Erziehungsarbeit)
9 Edith Stein, Weihnachtsgeheimnis, in: Wege zur inneren Stille, S. 12
10 E. Stein, Briefe I, Brief 165, S. 161
11 Edith Stein, Briefe II, Brief 171, S. 5
12 E. Stein, Frauenbildung, S. 124
13 E. Stein, Briefe II, Brief 178, S. 13
14 Posselt, S. 126
15 E. Stein, Briefe I, Brief 165, S. 160
16 E. Stein, Briefe II, Brief 171, S. 5
17 E. Stein, Briefe I, Brief 165, S. 161
18 Ebd., Brief 164, S. 159/160
19 E. Stein, Briefe II, Brief 189, S. 26
20 Ebd., Briefe II, Brief 182, S. 18
21 Briefe I, Brief 168, S. 164
22 Kölner Selig- und Heiligsprechungsprozeß, S. 17
23 Hedwig Conrad-Martius, in: E. Stein, Briefe an H. Conrad-Martius, S. 74
24 Persönliche Mitteilung
25 E. Stein, Der Intellekt und die Intellektuellen, in: Wege zur inneren Stille, S. 74/75
26 E. Stein, Briefe II, Brief 204, S. 42
27 Ebd., Brief 213, S. 50
28 Ebd., Brief 254, S. 98
29 Bericht von Sr. Electa, Edith-Stein-Archiv, Karmel Köln
30 E. Stein, Briefe II, Brief 224, S. 64
31 Ebd., Brief 254, S. 97
32 Bericht von Frau Renand, Edith-Stein-Archiv, Karmel Köln
33 E. Stein, Briefe II, Brief 238, S. 80
34 Ebd., Brief 259, S. 102
35 Adelgundis Jaegerschmid OSB, Die letzten Jahre Edmund Husserls, in: Stimmen der Zeit, 106. Jg. Band 199, Freiburg 1981, S. 137
36 Ebd., S. 138
37 Ebd., S. 138
38 E. Stein, Briefe II, Brief 262, S. 104/105

XIII Edith Steins Philosophie – Die Frage nach Wesen und Aufbau der Person

1 E. Przywara, Edith Stein, S. 65/66
2 Josef Möller, Edith Stein – Persönlichkeit und Vermächtnis, hrsg. v. A. Hufnagel, Stuttgart 1967, S. 15 (im folgenden abgekürzt: J. Möller)

3 Daniel Feuling OSB, Edith Stein, in: Edith Stein. Die Frau in Ehe und Beruf. Bildungsfragen heute, Herderbücherei Bd. 129, Freiburg 1963, S. 162/163
4 E. Stein, Jüdische Familie, S. 279
5 Roman Ingarden, Über die philosophischen Forschungen Edith Steins, in: Freiburger Zeitschrift für Philosophie und Theologie 26. Jg. Freiburg/Schweiz 1979, S. 471 (im folgenden abgekürzt: R. Ingarden)
6 Ebd., S. 473
7 Ebd., S. 473
8 Ebd., S. 472/473
9 Alois Dempf, Endliches und Ewiges Sein, in: Philosophisches Jahrbuch, hrsg. v. d. Görresgesellschaft, 62. Jg. München 1953, S. 202/203
10 R. Ingarden, S. 475/476
11 Ebd., S. 468
12 J. Möller, S. 14

XIV Leben mit Gott

1 E. Stein, Weihnachtsgeheimnis, in: Wege zur inneren Stille, S. 13
2 Ebd., S. 15
3 Ebd., S. 16
4 Ebd., S. 16
5 Ebd., S. 22/23
6 Edith Stein, Die ontische Struktur der Person und ihre erkenntnistheoretische Problematik, in: E. Stein, Welt und Person, S. 197
7 E. Stein, Das Gebet der Kirche, in: Wege zur inneren Stille, S. 26
8 Ebd., S. 33/34
9 Ebd., S. 33
10 E. Stein, Endliches und Ewiges Sein, S. 405
11 Ebd., S. 409
12 E. Stein, Das Gebet der Kirche, in: Wege zur inneren Stille, S. 36
13 Ebd., S. 38/39
14 E. Stein, Endliches und Ewiges Sein, S. 407/408
15 E. Stein, Das Gebet der Kirche, in: Wege zur inneren Stille, S. 40/41
16 E. Stein, Briefe I, Brief 76, S. 77
17 E. Stein, Eine Meisterin der Erziehungsarbeit, S. 129
18 Ebd.
19 E. Stein, Sancta Discretio, in: Wege zur inneren Stille, S. 53
20 Ebd., S. 51
21 Edith Stein, Gedichte und Gebete aus dem Nachlaß, hrsg. v. Waltraud Herbstrith, Verlag G. Kaffke, München 2. Aufl. 1981, S. 23/24

XV Flucht nach Holland

1 E. Stein, Briefe II, Brief 281, S. 121
2 Ebd., Brief 277, S. 116
3 Ebd., Brief 278, S. 118

4 Posselt, S. 211
5 E. Stein, Briefe II, Brief 287, S. 124
6 Bericht von Sr. Teresia Margareta Drügemöller OCD, Edith-Stein-Archiv, Karmel Köln
7 E. Stein, Briefe II, Brief 290, S. 127
8 Ebd., Brief 293, S. 129
9 Ebd., Brief 290, S. 127
10 Ebd., Brief 294, S. 131
11 Ebd., Brief 300, S. 136/137
12 Ebd., Brief 296, S. 133
13 Edith-Stein-Archiv, Karmel Köln
14 Edith Stein, Ave Crux, Spes Unica, Edith-Stein-Archiv, Karmel Köln
15 E. Stein, Briefe II, Brief 330, S. 167
16 Posselt, S. 168
17 E. Stein, Gedichte und Gebete aus dem Nachlaß, S. 21
18 Ebd., S. 17
19 E. Stein, Briefe II, Brief 320, S. 157
20 Michel Carrouges, Charles de Foucauld. Forscher und Beter, Herder Freiburg 1957, S. 338
21 E. Stein, Briefe II, Brief 311, S. 146
22 Ebd., Brief 316, S. 153
23 Ebd., S. 153
24 Ignatius von Antiochien, Briefe, Herder Freiburg 1942, S. 35
25 E. Stein, Briefe II, Brief 328, S. 165
26 Ebd., S. 165

XVI Letzte Zeugnisse

1 E. Stein, Briefe II, Brief 328, S. 166
2 Posselt, S. 178
3 Telegramm der Niederländischen Kirchengemeinden an Reichskommissar Seyß-Inquart, 1942 in: Jakob Schlafke, Edith Stein. Dokumente zu ihrem Leben und Sterben, Köln 1980, S. 33
4 Hirtenbrief der niederländischen Bischöfe vom 20. Juli 1942, vgl. Posselt, S. 181/182
5 E. Stein, Briefe II, Brief 339, S. 175
6 Edith Stein, Kreuzeswissenschaft. Eine Studie über Joannes a Cruce, Edith Steins Werke Bd. I, Nauwelaerts-Louvain/Herder-Freiburg, 2. Aufl. 1954, S. 279
7 Kölner Selig- und Heiligsprechungsprozeß, S. 92
8 Posselt, S. 201
9 Edith-Stein-Archiv, Karmel Köln
10 Posselt, S. 211
11 Ebd., S. 213
12 Ebd., S. 214: Bericht von Julius Marcan
13 Ebd., S. 192

14 E. Stein, Briefe II, Brief 342, S. 178
15 Posselt, S. 210
16 Ebd., S. 188
17 Ebd., S. 189
18 Ebd., S. 191
19 Bericht von Herrn Wielek, in: „De Tijd", 1952
20 Posselt, S. 214/215

XVII Nachwort

1 Posselt, S. 200
2 Ebd., S. 200/201
3 Kölner Selig- und Heiligsprechungsprozeß, S. 23
4 Bericht von Anna Heckmann, Archiv Edith-Stein-Karmel Tübingen
5 Teresia Margareta Drügemöller, Briefauslese 1917–1942, Freiburg 1967, S. 141ff.; und Jakob Schlafke, Edith Stein, Köln 1980, S. 9ff.
6 Drügemöller, S. 143
7 Johannes Wieners, Meine Begegnung mit Edith Stein, in: Kölnische Rundschau, 9. August 1982
8 Johannes Hirschmann SJ, Sr. Teresia Benedicta v. Hl. Kreuz, in: Hirschberg, Monatsschrift des Bundes Neudeutschland, 34. Jg. 1981, S. 125/126.
9 E. Stein, Die Frau in Ehe und Beruf. Bildungsfragen heute, Herderbücherei Bd. 129, Freiburg 1963, S. 106

Wichtige Neuerscheinungen in der Edith-Stein-Forschung seit 1983

Bejas, Andrés E. OP, Edith Stein. Von der Phänomenologie zur Mystik. Eine Biografie der Gnade, Frankfurt/M. 1987.

– (Hrsg.), Edith Stein: Im verschlossenen Garten der Seele, Freiburg 1987.

Eichmann-Leutenegger, Beatrice, Edith Stein – Menorah und Christuskreuz. Jüdische und christliche Einflußbereiche als Stadien einer inneren Biografie, in: Judaica, Basel 1984, Heft 3, S. 187–189.

Garcia Rojo, Ezequiel, Edith Stein o el gozo de la Cruz. In: Revista de espiritualidad, N. 167, Madrid 1983, S. 219–242.

– Presupuestos para una filosofia de la persona en Edith Stein. In: Ephemerides Carmeliticae 35, Rom 1984, S. 359–384.

Hartmann, Norbert OFM, Edith Stein. Am Kreuz vermählt, Reihe: Klassiker der Meditation, Köln 1984.

Herbstrith, Waltraud OCD, Edith Stein. A Biography, translated by Father Bernard Bonowitz OCSO, San Francisco 1985.

– (Hrsg.), Edith Stein – eine große Glaubenszeugin. Leben – Philosophie – Neue Dokumente, Annweiler 1986.

– Edith Stein – Gestalt des Widerstandes im Nationalsozialismus, in: Glaube als Widerstandskraft. E. Stein, A Delp, D. Bonhoeffer, Frankfurt/M. 1986, S. 70–91.

– Edith Stein – eine Gestalt des geistigen Widerstands, in: Gottes Freunde – unsere Freunde. Erfahrungen mit Heiligen, Freiburg 1986, S. 91 bis 103.

– Glauben heute. Edith Stein – gelebte Theologie des Kreuzes, SWF Baden-Baden, Abteilung Kirchenfunk, Baden-Baden 1986.

– Edith Stein – Suche nach Wahrheit, Kevelaer 1987.

(Hrsg.), Edith Stein. Wege zur inneren Stille, Aschaffenburg 1987.

– (Hrsg.) Edith Stein – In der Kraft des Kreuzes (Textauswahl), Freiburg ^{3}1987.

Kruseno Ho, Wolfram, Wallfahrt auf den Spuren von Edith Stein. Bildband. Iserlohn 1987.

Koepke, Cornelia, Edith Stein (1891–1942). Philosophin und Ordensfrau, Freiburg/Schw. 1985.

Manshausen, Udo Theodor, Die Biographie der Edith Stein. Beispiel einer Mystagogie, Europäische Hochschulschriften, Reihe 23. Theologie Bd. 233, Frankfurt/M. 1984.

Neyer, M. Amata OCD, Edith Stein. Bildband, Würzburg 1987.

Nota, John H. SJ, In His Image. Edith Stein (1891–1942). Carmelite Nun – Martyr of Auschwitz, in: Canadian Catholic Review, 1986 (Juni), S. 208 bis 210, 212.

Reifenrath, Bruno H., Erziehung im Lichte des Ewigen. Die Pädagogik E. Steins, Frankfurt/M. 1985.

Schiller, Edeltraud, Edith Stein (1891–1942), in: Imhof, Paul (Hrsg.), Frauen des Glaubens, Würzburg 1985, S. 239–252.

Schmidbauer, Robert OCD, Die christologische Offenheit der Philosophie Edith Steins, in: Praesentia Christi, FS Johannes Betz zum 70. Geburtstag, hrsg. von Lothar Lies, Düsseldorf 1984, S. 467–473.

Stein, Edith, Life in a jewish family 1891–1916. An Autobiography. Translation by Josephine Koeppel OCD, Washington 1986.

– L'empatia (zum Problem der Einfühlung), Editione italiana, a cura di Michele Nicoletti, Presentazione di Achille Ardigo, Milano 1986.

Wetter, Friedrich, Edith Stein – zur Wahrheit berufen – vom Kreuz gesegnet. Ein Lebensbild, hrsg. vom Pressereferat der Erzdiözese München und Freising, München 1984.